本书系广东省教育科研"十二五"规划 2013 年度重点研究项目"清远市中小学教师专业发展的策略和机制研究"（项目编号：2013ZQJK007）的研究成果。

卓越教师培养的
"道"与"术"

中小学教师专业发展的"清远样本"

林海龙　张玉兰　著

暨南大学出版社
JINAN UNIVERSITY PRESS

中国·广州

图书在版编目（CIP）数据

卓越教师培养的"道"与"术"：中小学教师专业发展的"清远样本"／林海龙，
张玉兰著 . —广州：暨南大学出版社，2020.8
ISBN 978 – 7 – 5668 – 2983 – 2

Ⅰ. ①卓…　Ⅱ. ①林…　②张…　Ⅲ. ①中小学—师资培养—研究　Ⅳ. ①G635. 12

中国版本图书馆 CIP 数据核字（2020）第 184440 号

卓越教师培养的"道"与"术"：中小学教师专业发展的"清远样本"
ZHUOYUE JIAOSHI PEIYANG DE DAO YU SHU：ZHONGXIAOXUE JIAOSHI ZHUAN-
YE FAZHAN DE QINGYUAN YANGBEN
著　者：林海龙　张玉兰

出 版 人：张晋升
责任编辑：高　婷
责任校对：曾小利
责任印制：汤慧君　周一丹

出版发行：暨南大学出版社（510630）
电　　话：总编室（8620）85221601
　　　　　营销部（8620）85225284　85228291　85228292　85226712
传　　真：（8620）85221583（办公室）　85223774（营销部）
网　　址：http://www.jnupress.com
排　　版：广州市天河星辰文化发展部照排中心
印　　刷：广州市穗彩印务有限公司
开　　本：787mm×1092mm　1/16
印　　张：14. 25
字　　数：242 千
版　　次：2020 年 8 月第 1 版
印　　次：2020 年 8 月第 1 次
定　　价：56. 80 元

序

教师承担着传播知识、塑造灵魂的重任。《孙子兵法》说："道为术之灵，术为道之体；以道统术，以术得道。"教育工作亦应如此。育人者发之于"爱"，心中有"道"，手中有"术"。教育之"道"与"术"，相辅相成。

"道"，即规律。教育是科学，科学价值在于求真。教育的根本任务就是为学生终身发展奠基。"学然后知不足，教然后知困。知不足，然后能自反也；知困，然后能自强也"，这是对"教学相长"的诠释。教育的基本原则应该是"以人为本"，既包含"以生为本"，也包含对教师终身发展的关注。作为教育的资源之一，教师队伍的专业水平决定着教育水平。内因是根源，外因是条件。教师的专业发展，以至于卓越教师队伍的培养，也应循之以"道"，即教师专业发展的内涵、基本逻辑及动力机制。在教育教学的世界里，教育工作者的心境及情感有其独立的价值，它们不是知识或技能的附庸。每个教育工作者都要努力形成自己的教育教学理论体系和话语体系，不唯书、不唯上，只唯实。

"术"，即方法。仅有教育理论思想和观念还不够，我们必须用具体的方法使其落地，就是以怎样的顶层设计，用什么样的教师培养模式和教育教学模式去承载我们的教育思想，去承载我们追求的教育目标。模式与模式化不能混为一谈，做任何事情都需要科学的框架和流程。模式就是具体的流程，它是介乎思想和方法的中间环节。教育工作体现了教育的科学性。同时，每个教育工作者都应该是行动家。行动是第一法则。我们年复一年地扎根于教育实践与探索中，大胆改革，勇于创新，用实践行动影响和带领教师队伍成长。我们不断总结教师成长和教师培养的经验与模式，以期让更多的教育工作者对于教育职业"行之以忠"和"居之不倦"，从而把我们对教育的理想和追求变成美好的现实。

清远是一片富有改革精神的热土。2012 年，清远在全省乃至全国较早地推行"县管校聘"，探索教师队伍从"学校人"向"系统人"的转变，在教师调配、职称评聘方面赋予教育行政部门和学校较大的自主权。之后，清远市委、市政府出台了实施"强师工程"等"1+1+N"系列文件，全面加强校长、教师、教研三支队伍建设，并划拨强师工程费用，提供政策和资金的支持。自此，清远全面系统地开启了教师队伍专业化建设的大幕，推动了一系列的改革创新举措，推动了中小学教师专业发展的实践创新、制度创新到理论探索，并取得了一批标志性成果。

建设一支高素质专业化创新型教师队伍是新时代党和国家对教师发展的总目标和总要求。根据这个要求，我们建构了促进教师专业发展的内驱力和外驱力相互作用与纵横联动的理论模型。内驱力主要是通过构建教师学习共同体，推动教师自主发展和互助发展，让教师把职业当专业、当事业来看待，寻求内心的富足和智慧的灵气。外驱力主要表现在政策供给、教师培训、联片教研，提高教师的政治地位、经济地位和社会地位，并促进激励与约束机制的构建等。内驱力和外驱力的纵横协调联动为教师发展注入强大动力，从师德修养、课堂教学、教研和科研等全方位为教师发展赋权增能。

教师专业发展使教师的综合素质、专业素养、学术能力得到了提升。首先，教师的学历层次、教育教学能力、教育信息化能力等硬实力得到了提升。其次，师德修养、专业素养和学术能力等软实力发生了深刻的嬗变，教师树立主动变革意识，不断增强课程开发整合能力。同时，在教书育人过程中不断增强自身的责任意识和使命意识，从专业发展中充分感受到职业的获得感、成就感和幸福感。

教师专业发展也成为推动教育内涵式发展的强大动力。在教育治理体系中，体制机制改革是关键，制度建设是保障，人才培养是核心，提高教育教学质量是目的。教师的素质决定了人才培养这个核心环节，也决定了教育教学质量这个教育的根本目的和出发点。

教师专业发展促进了教育教学质量的大幅提升，推动了教育事业的跨越式发展。2013年以来，清远高考高分层学生人数、本科上线率出现井喷式增长。人民群众对教育的认可度、满意度大大增强。义务教育阶段学生出现大幅回流，甚至出现流入多于流出的现象。清远的推进教育现代化工作取得显著成效，2014年6月成为粤东西北首批"广东省教育强市"，2017年11月被评为"全国未成年人思想道德建设工作先进城市"，2019年9月成为粤东西北首批"广东省推进教育现代化先进市"等。

　　本书以粤北清远作为教师专业发展的样本。采用文献研究法、数据统计、调查研究分析法对中小学教师专业发展进行理论分析和实证研究，借鉴省内外先进城市的经验和做法，探索并实践中小学教师专业发展的策略和路径。限于时间仓促，书中难免有错漏之处，祈请方家批评指正。

林海龙　张玉兰

2020 年 7 月

目　录

第一章　中小学教师专业发展理论综述

随着我国中小学课程改革的普遍实施及教师培养由扩充数量向注重质量阶段的过渡，新时期中小学教师队伍建设问题逐渐成为关系教育改革事业是否顺利进行的关键因素。中央政府和各地教育部门都非常重视教师的未来发展，甚至将它与国际人才的竞争、我国的繁荣昌盛和可持续发展战略联系在一起。因此，教师专业化及教师专业发展已经成为当前和今后世界各国教育界所共同关注的一大热点问题。本章通过对教师专业发展的概念内涵和外延特征，中小学教师专业发展的基本逻辑，教师专业素质的构成以及教师专业发展机制理论等进行梳理和分析，以期抛砖引玉，推动中小学教师专业发展的研究和实践。

第一节　教师专业发展的概念内涵及其特征

一、教师专业发展的概念内涵

教师是专业人员。教师职业的专业性被普遍认可与自觉建设是在20世纪中叶以后才出现。20世纪80年代以来，教师专业发展成为教师专业化的方向和主题。人们逐渐认识到，提高教师专业地位的有效途径是不断改善教师的专业教育，从而促进教师专业发展。只有不断提高教师的专业水平，才能使教学工作成为受人尊敬的一种专业，成为具有较高社会地位的一种专业。

教师专业发展，是指教师作为专业人员，在专业思想、专业知识、专业能力、专业品质等方面由不成熟到成熟的发展过程，即由一名专业新手发展成为专家型教师或教育家型教师的过程。教师专业发展固然与从教时间有关，却又不仅是时间的累积，更是教师专业素养的不断提高、专业理想的逐渐明晰、专业自我的逐步形成。

从社会意义上讲，教师专业发展是科教兴国的重要保证。时代的发展对教师专业素质的要求，不仅体现在传统的品德、知识、能力等方面，而且体现在专业素质的内涵要随时代的变化不断丰富和发展上。因此，只有清楚地认识教师职业的专业性，建立教师职业的专业标准体系，加快教师专业化进程，才能不断提高教师的专业素质，保证学校的教育教学质量，为科教兴国提供重要的人才保障和智力支持。

从教育意义上讲，教师专业发展是教育改革的必然，是教师成长的必由之路。基础教育课程改革在课程目标、课程功能、课程结构、课程评价和课程管理等方面提出了许多新的观念和要求。只有当教师成为学生学习的组织者、参与者、帮助者、引导者、促进者，成为课程的研究者、开发者、决策者，才能担当起教育改革的重任。基础教育课程改革，将教师的专业发展问题提到了前所未有的高度，教师的培训、学习显得比以往任何时候都更加重要。

二、教师专业发展的特征

1. 专业发展的自主性

教师的专业自主性是教师专业发展的前提和基础，教师在设计课程、规划教学活动，以及选择教材时，应有充分的自主性，教师本人必须把外在的影响转化为自身专业发展过程中的动力，必须具有自我专业发展的意识。具有自我专业发展的意识可增强教师对自己专业发展的责任感，使教师不断寻求自我发展的机会，逐渐获得自我发展的能力。教师专业发展要通过各种相关的制度激发教师的自我控制、自我引导和自我成长。

2. 专业发展的阶段性和连续性

教师专业发展过程呈现出明显的阶段性，有发展、有停滞、有低潮。研究教师专业发展阶段性有助于教师选择、确定个人的专业发展计划和目标。教师专业发展又具有连续性，教师只有不断地进修和研究，以终身学习为基本理念，才能不断促进自身的发展，以确保教学的知识和能力符合时代的需求。

3. 专业发展的情境性

美国学者特拉弗斯（Travers）说过："教师角色的最终塑造必须在实践环境中进行。"教师的许多知识和能力是依靠个人经验和对教学的感悟而获得的，教师应该不断反思自己的教育教学理念与行为，不断自我调整、自我建构，从而获得持续不断的专业发展。另外，教学情境既具有不确定性，又具有挑战性，教师专业发展必须与教学实践、教学情境相联系，并与同事、专家、家长合作，在学校中建立一种相互合作的文化，以促进教师的成长。

4. 专业发展的多样性

教学工作的复杂性决定了教师专业结构的复杂性，从而决定了教师专业发展的多样性。教师工作包括观察学生、创设学习情境、组织教学活动、训练学生、评价学生学习等多种活动，教师专业发展体现在这些不同的活动中。教学既是对知识、技能的传授，更是师生之间的情感交流，教师专业发展不仅应注重教育知识、技能层面的发展，也应兼顾认知、技能、情意各方面的成长。

第二节　中小学教师专业发展的基本逻辑

中小学教师专业发展的问题已被广泛关注，随着教育信息化的深入推进，我国中小学教师专业发展更是面临重大挑战。在新课程改革的浪潮中，广大中小学教师应根据课程与教学改革的目标和要求，遵循教育教学规律，直面教育教学实践和自身发展的实际，不断提升自身的课程意识、理论素养和实践智慧，改革教育教学方式，促进学生全面而有个性的发展。

一、稳固专业思想

专业思想是教师在感受教育工作和专业理解的基础上所形成的关于教育本质、目的、价值和生活等的理想与信念。在确立正确的专业思想过程中，教师必须不断完善自身的人格，增强人格影响力。积累专业知识，稳固专业思想，构建扎实而又系统的专业知识体系是教师专业发展的核心内容。中小学教师具有稳固的专业思想，有利于自身增强对教育本质的认识和责任感，形成对专业发展的自觉意志，深化对职业幸福感的透视与体验，规范教育教学行为，不断提高专业水准；有利于社会、家庭对教育的理解和支持；有利于拓展教育视野，提升教育境界，提高教学研究和管理的能力。

二、加深课程理解

美国课程理论家威廉·派纳（William F. Pinar）教授认为，课程理解是对课程现象、课程"文本"、课程事件的意义的解读过程，其着眼点在于对种种课程和课程事件的历史、现状与未来意义的理解。课程理解就是理解课程的多样性，就是要从政治的、种族的、性别的、现象学的、后现代的、自传或传记性的、美学的、神学的、生态学的等角度来理解课程。从中小学教师的工作性质和任务来看，加深课程理解，需要从以下三个方面展开思考，做出努力：①明确课程理解的目的。广大教师要进一步更新教育观念，确立课程意识，增进课程理解，形成科学的课程价值观。②加强课程研究与实践。课程研究不是教育科研人员的专利，每位教师都有责任与能力来研究课程，特别是研究国家课程校本化实施的策略和校本课程的开发问题。③参与课程评价。课程评价是对课程全过程的评价，即对课程设计、课程实施和课程效果进行的综合评价活动。

三、改进教学实践

加强教学研究，是广大中小学教师转变教育观念、转换生存状态、提升教学水平的有效途径。改进教学实践，提升教学水平，有利于促进学生最大限度地开发潜能，成为一名有理想、会学习、具有社会责任感的合格公民；有利于增强教师的职业认同感和幸福感，不断提升教师的教学领导力，促进教学系统的变革和教学效益的提高。教师在教学实践中，需要贯彻落实教学设计、课堂教学、布置课后作业、评价学习进程等的基本要求；准确理解、把握课程标准和教学内容的深广度，引导学生实现知识与技能、过程与方法、情感态度与价值观的有机融合；积极开展网络教研活动，在更广阔的时空和更多的同行、专家开展更加深入的对话与交流活动，促进自身提升提取、分析、应用信息的能力和水平；积极参与校本教研，加强教研组建设，努力促进教研成果的转化，不断提升自身素质和教学效果。

四、提炼教育经验

教育经验是指符合教育规律的有效做法。经验既然是通过摸索、尝试而总结概括出来的一种做法，它便带有工作的程序性、个体或区域的局限性、作用的有限性、产生的偶然性等。目前，许多优秀教师处于一种"会做不会说"的状态，这需要一定的外力推动，但更重要的是自身对经验的反思和总结提炼。教师叙说自己的故事，反思和提炼自身的教育经验，有利于自己敢于超越、勇于创新，逐步形成有利于学生发展的、独特的教育教学风格和教育教学方式；有利于形成教育教学研究的合作共同体，提升研究的品质；有利于扩大受益面，影响和带动教师积极开展教育科研，提高教学能力。在这一复杂而又漫长的过程中，教师需要不断加强理论学习，重视对自身教育教学经验的总结、概括和提炼；坚持开展教学反思，明确"教师即课程""教师即研究"的内涵，努力走向"自传""自创"的教学研究新思路。

第三节 教师专业素质的构成

百年大计，教育为本。教育大计，教师为本。随着知识和教育理念的不断更新，教育必须实现从"有学上"到"上好学"的转型升级，广大中小学教师正面临着巨大挑战。教师如何顺应教育改革的需求，更好应对挑战，根本策略之一就是提升自身的专业素质，完善自身专业素质结构。

一、教师专业素质内涵

教师专业素质内涵是教师教育和专业发展必须解决的核心问题，已经成为教育学研究的重要领域和重大理论问题。在我国，教师是"专业人员"的观念是由1993年颁布的《中华人民共和国教师法》确立的。1995年国务院颁布《中华人民共和国教师资格条例》，开始实施教师资格制度，教师是一种专业的观念逐渐被人们所接受，教师专业化已经成为教育界努力奋斗的目标。

《教育大辞典》中指出："教师专业素质是教师为完成教育教学任务所应具备的心理和行为品质的基本条件。"由此我们可以看出，教师专业素质的基础是具有良好的心理和端正的品质，否则就难以较好地履行岗位职责，成为一名合格高效的教师。

不同的学者对教师专业素质内涵有不同的理解。叶澜教授认为，新型教师应具备的素质有专业精神、教育观念、专业知识、专业能力和教育智慧。王长纯教授认为，教师应具有良好的职业道德、学科知识、教育教学能力。教师应成为研究者，对自己的工作具有反思态度和积极探索的能力。教师应是一名成功的教育合作者，善于和学生、同事、领导、社区、家庭沟通与联系。同时教师还应是学校管理的积极参与者。

林崇德、申继亮教授认为，教师素质就是教师在教育教学活动中表现出来的、决定其教育教学效果、对学生身心发展有直接而显著影响的心理品质的总和，主要包括职业理想、知识水平、教育观念、教学监控能力以及教学行为与策略。教师的职业理想是其献身于教育工作的根本动力；教师的知识水平是其从事教育工作的前提条件；教师的教育观念是其从事教育工作的心理背景；教师的教学监控能力是其从事教学活动的核心要素。

朱宁波教授认为，理想的教师专业素养主要由三个方面构成——专业理想、专业知能、教育智慧。其中专业理想主要解决专业服务的方向问题；专业知能是构成一门专业的核心要素，是指"用什么"去服务，主要解决专业服务的本领问题；教育智慧是指教师运用其所积累的全部综合知识来对教育过程中出现的问题准确作出判断和解决问题的能力，主要解决服务质量问题，建立在前二者基础之上。

学术界对教师专业素质内涵的不同构想，一方面繁荣了学术研究，另一方面为教师专业发展提供了多种发展模式与方向。同时也说明了教师职业离成熟专业的标准还有一定差距，教师职业是一个"形成中的专业"，教师专业化是一个不断深化的历程。因此，教师专业素质是指经过系统的师范教育，并在长期的教育实践中逐渐发展而成的具有专门性、指向性和不可替代性的素质。教师职业具有特殊性和标志性。

二、影响教师专业素质的因素

1. 社会政策因素

社会对于教育与教师的地位以及存在价值的认识和看法、社会经济文化的发展水平、教育改革与发展对学校教育和教师的要求、行政部门的政策导向以及奖惩机制等都能对教师专业素质的提高产生一定影响。

2. 学校因素

学校因素是指学校作为社会大系统的一个教育组织,创造并维持着一定的环境。在这个环境中,人与人之间相互作用和影响,内部成员的思想观念、态度观念、价值观念、道德规范和行为习惯都会对教师产生潜移默化的影响。这种校园文化和学校氛围是一种观念形态,是无形的,却对教师专业素质有最直接的影响。

3. 个人因素

个人因素包括个人家庭环境因素和个人专业技能发展结构因素两个方面。前者是影响教师专业素质发展的个人生活环境,后者是教师特征对教师专业素质发展的影响。制约和影响教师专业素质发展的根本因素,是来自教师头脑中的思想、观念,特别是教师的自我发展意识。教师对于职业价值的认识和追求、教师自主发展的需求和动力、教师应对教育改革挑战的态度和能力等,是从根本上影响教师专业素质发展的关键因素。

三、教师专业素质结构

教师专业素质结构是当今教师教育和专业发展研究关注的一个话题,克拉茨(Kratz)于1896年最先对教师专业素质结构展开了研究,随后该方面的研究逐渐增加,很多学者对这一问题进行了研究(见表1-1)。基于对教师专业素质的已有研究、分析,借鉴学者的观点,我们从教师专业精神、专业知识、专业能力和专业认同四个方面建构教师专业素质结构。

表 1 - 1 教师专业素质结构研究

研究者	代表性观点
林瑞钦	1. 所教学科内容；2. 教育专业知识能力；3. 教育专业技能
艾伦	1. 学科知识；2. 行为技能；3. 人格特征
顾明远	1. 职业意识；2. 业务能力；3. 心理素质
姚念章	1. 认识系统；2. 情意系统；3. 操作系统
叶澜	1. 专业理念；2. 知识结构；3. 能力结构
唐松林	1. 认知结构；2. 专业精神；3. 专业情意
孟万金	1. 专业理念；2. 专业智能；3. 专业情怀；4. 专业规范
谢安邦	1. 教育理念结构；2. 职业道德结构；3. 知识结构；4. 能力结构
林崇德	1. 知识水平；2. 教学监控能力；3. 教学行为与策略；4. 教育观念；5. 职业理想
经柏龙	1. 知识结构；2. 能力结构；3. 教育思想；4. 专业情意
饶见维	1. 学科知能；2. 通用知能；3. 专业知能；4. 专业精神

1. 教师专业精神

教师专业精神是指教师对教师专业所持有的理念、态度和遵守的道德规范等形成的内在动力支持系统，它是教师从事专业工作、实现专业发展的内驱力。教师必须具备较强的专业精神，具体体现在三个方面：一是坚持以教师专业成长为己任。教师要根据时代发展的要求以及实际需要，不断更新教育知识，摸索有效的教育教学方法。二是自觉成为教师专业发展的楷模。教师应在专业实践中成为典范，自觉进行专业发展，在指导学生活动、处理学生问题、评价学生成绩、解决本身角色冲突以及衡量本身工作得失时，均能发挥专业精神，并根据专业知识进行判断，而不是随性而发、任意而为。三是成为客观理性的思考者。教师需要有心理学、教育学、人力资源管理与开发领域的理论修养，具有包容力、亲和力与团队合作精神。

2. 教师专业知识

教师专业知识是指从事教育教学活动所必需的专门知识，它是教师职业成为一种专业的依据。教师专业知识主要包括本体性知识、条件性知识、实践性知识。本体性知识主要是指教师需要掌握的本学科知识，它是教师素质的基础。教师只有在理解并掌握本学科知识的基础上，才能制定合理的教学目标、提升自己的教学设计能力。不具备一定量的专业知识，教师的专业能力无从谈起。条件性知识是指有关教育学、心理学和学科教学理论的知识。教师掌握这些知识，才能更好地对教学内容、教师行为、学生行为进行计划、控制、反馈、评价和调节，即更好地培养教师的教学监控能力。实践性知识是指有关课堂情境及其相关知识。教师掌握了这些知识，才能更好地解决教学实施过程中所遇到的种种教学问题，即更好地掌握教学操作能力。

3. 教师专业能力

教师在教育教学活动中形成的能够顺利完成教育教学工作的能力即其专业能力。教师专业能力是教师素质的显性表现，也是教师专业性的核心要素，其构成要素主要包括教育能力、教学能力与研究能力。教育能力直接关系到教育的目标和方向，包括教师对学生进行思想品德教育、心理健康教育的能力以及教师在教育活动中的组织管理能力。教学能力是教师开展教学活动的能力。教师分析解读教材，了解学生学习水平，结合课程标准进行教学设计，运用恰当的教学手段实施教学，在教学过程中进行有效的组织和课堂管理，并关注教学效果，及时进行教学情况评价，结合反馈与评价进行教学调整的能力都属于教师的教学能力范畴。研究能力是教师运用一定的理论、方法去研究和解决个体所面临的教育教学问题的一种能力。

4. 教师专业认同

教师专业认同意识侧重于教师个体对自我所从事的教育教学工作的接纳和肯定的心理倾向，强调教师对所在专业的肯定性评价。专业认同意识是源动力的基础，它能促使教师获得专业成长的精神力量。有较强专业认同意识的教师会积极地看待自己及所从事的职业，能正确应对在教育教学工作中遇见的问题和困难，积极寻求解决方式，不断促进个体的专业成长。专业认同意识是教师个体获得职业幸福感的基础，教师在认可职业的基础上工作，有利于其对教育教学中遇见的问题进行正确归因，积极寻求解决方案。教师若专业认同意识不强，则容易导致其在遇见问题时应对不够积极，就很难激发其内在潜能。因此，教师专业认同意识是促使其把"生活中的自我"与"专业中的自我"交织起来，并逐渐趋向于认同其专业身份的关键所在。

第四节　教师专业发展机制理论研究综述

一、教师职业生涯发展理论研究

自 20 世纪 40 年代起，心理学、社会学开始探讨职业行为和生涯发展问题。随着教师专业化进程的推进，20 世纪 60 年代末开始出现了大量教师职业生涯方面的研究，提出了许多关于教师职业生涯发展的理论和模型，极大地促进了各国教师专业化的发展。这些理论和模型对于我国当前的教师教育改革具有重要启示。

生涯是指与个人终身所从事工作或职业有关的过程，也可以指整个人生的发展，除终身事业外，还包括个人生活，甚至是整个生命中的志向与抱负。生涯发展是指个人预备或选择某一行业，决定进入这一行业，适应行业中的种种规定或要求，以及在这一行业中扮演和学习各种角色，逐渐由较低层级发展到较高层级的历程。教师职业生涯发展是指教师的职业素质、能力、成就、职位、事业等随时间轨迹而发生的变化过程及相应的心理体验与心理发展历程。教师职业生涯发展包含两个维度，一是时间维度，二是领域维度，并包括职业理想、知识水平、教育观念、教学监控能力、教学行为与策略以及对教学的心理感受等。

教师作为专业的职业人员，要经历一个由相对不成熟到相对成熟的职业生涯发展历程。追求职业成熟，成长为专家型教师是教师职业生涯发展的最终目的。教师职业生涯发展贯穿于教师职业生涯全过程。由此可见，终身学习是教师职业生涯发展的基础，而教师自身的专业发展是教师职业专业化的核心。

教师职业生涯发展的影响因素主要包括个人环境因素、组织环境因素和社会环境因素。

1. 个人环境因素

在教师职业生涯发展周期中，教师的个人环境因素，如家庭支持、个人特质、兴趣与爱好等都会在某个时期对其产生影响。家庭是教师生活环境的主要组成部分。

父母的支持是教师职业生涯发展的一个非常重要的因素，儿童时代父母的鼓励和支持，对其后的教师职业生涯发展具有促进作用。人格特质影响个体的生涯方向。个体的人格与工作环境之间的适配和对应，是职业满意度、职业稳定性与职业成就的基础。个体的兴趣与爱好可以为其职业生涯发展提供机会。如果教师职业能够满足其兴趣，为其提供一个能够获得成就感的机会，就会对教学活动起促进作用。

2. 组织环境因素

职业生涯既是个人现象又是组织现象，完整的职业生涯是在组织中完成的。学校是一个具有特色的组织系统，这个系统中的规章制度、管理方式、组织气氛和社团组织文化等都对教师职业生涯发展有重要影响。学校为教师个人发展营造一种支持性的环境，将会最大限度地促进教师职业生涯发展。

3. 社会环境因素

教师职业生涯发展从规划到实现都是在一定的社会环境中进行的，国家政策的变化、教育改革、科学技术的进步等都会对教师职业生涯产生影响。国家政策对教师职业生涯起引导作用。教师为了获得聘任就必须按照国家政策来规划、发展自己的职业生涯。教育改革也是影响教师职业生涯发展的因素。如我国从 20 世纪 90 年代以来推行的以素质教育为目标的教育改革极大地影响了教师职业生涯。素质教育对教师提出了新的要求，教师如果无法适应这种变革将有可能退出教师行业。科学技术的进步对教师职业生涯发展的影响越来越大。每一项新技术的发明和应用都对教育产生重要的作用。传统的教育手段正在变革，计算机技术、多媒体技术逐渐应用于教育领域，这对教师来说既是机遇又是挑战。教师为了适应这种变化，就必须加强对教育技术的学习和应用，发展自己的职业生涯。

促进教师职业生涯发展的基本途径主要包括以下几方面：

第一，开展教师终身教育。教师职业生涯是一个不断发展和变化的生命历程，也是一个不断学习、不断接受教育的连续过程。因此，应该将终身教育理念引入教师教育领域，将职前教师培养和在职教师培训有机结合，根据教师不同发展阶段的需求提供各类进修课程，使教师教育贯穿教师职业生涯的全过程。以终身教育理念重新建构教师教育计划，促进教师专业发展。

第二，开发教师职业生涯。依据教师不同的教学生涯阶段设计不同的职位、职务及工作，开发教师职业生涯。教师在不同的阶段，所关注的问题、面临的矛盾是不同的，因此可以将学校的工作、教师的个人特性和教师在职业生涯不同阶段的特征有机结合起来，安排不同的职务和工作，以提高教师的工作能力和职业满意度。

第三，通过反思提高教学能力。反思是教师着眼于自己的活动过程来分析自己做出的每种行为、决策以及所产生的结果的过程，是一种通过提高参与者自我觉察水平来促进能力发展的手段。当教师全面反思自己的教育教学行为时，会使自己变得更加成熟。在这个过程中教师的教育智慧就得以形成。与此同时，教师利用已有的教育智慧，在反思的过程中又不断发现新问题，解决新问题。教师的反思形成了教师的教育智慧，教师的教育智慧又推动着教师的反思，在这种良性循环中，教师得到不断发展。

第四，利用发展性教师评价促进教师职业生涯发展。发展性教师评价制度是一种以教师为核心，注重教师个体发展的评价。发展性教师评价立足现在，兼顾过去，面向未来，不仅注重教师的现实表现，还更加注重教师的未来表现，重在促使教师自身的成长。同时，它更多地关注教师的需要，以一种注重过程的评价方式作为引导，激发教师的内在发展动力，促使教师进行终身学习的愿望的产生并有效促进教师终身学习行为的实施，从而促进教师职业生涯发展。

二、教师倦怠理论研究

随着社会的进步，人们生活节奏加快，倦怠已被视为现代社会的一种职业疾病，普遍发生在各种助人职业的群体中，教师这一职业是高发群体之一。教师的职业倦怠感会对教师自己及学生的身心发展产生严重的影响，因此无论从关注教师身心健康还是从教育事业的角度，都应该对教师职业倦怠给予充分的关注。

职业倦怠（Burnout）一词最早由美国基础临床心理学家弗鲁顿伯格（Freudenberger）于 1974 年提出，用来专指助人行业中工作人员因工作强度过高、工作时间过长，并无视自身的需要所引起的疲惫不堪的状态，也是过分努力去达到个人或社会的较高期望的结果。1979 年，美国国家教育协会（NEA）主席威拉德·麦克古瑞（Willard McGuire）首次提到教师职业倦怠的现象，同年 NEA 把教师职业倦怠作为当年年会的研究主题，职业倦怠研究开始延伸到教育领域，成为研究的重点。比尼（Byrne）认为"教师职业倦怠是指教师由于不能顺利应对工作压力时而体验到的一种极端反应，是教师在长期压力体验下所产生的情绪、态度和行为的衰竭状态"。萨若森（Sarason）认为"倦怠不仅是个人的特征，也是社会面貌在个体心理特征上的一种反映"。强调社会及经济条件对倦怠的产生有着强烈的影响，当社会条件不能提供一个有助于与人联系的情境时，要保持服务工作的投入是很困难的。因此，社会条件要提供各种可能以促进助人职业的发展。马斯拉奇（Maslach）根据职业倦怠的表现，将教师职业倦怠划分为情绪衰竭、人格解体（去人性化）、个人成就感降低三个维度。

我国学者在开展了大量关于职业倦怠的研究后，得到了更能体现中国教师职业倦怠状况的四维模型。王芳、许燕在对国内的中小学教师进行访谈后，提出了教师职业倦怠的四维模型，发现我国教师所描述的职业倦怠状况可以概括为四个维度：一是教师情绪上的疲惫感，二是教师人际上的疏离感，三是教师工作上的无意义感，四是知识上的耗尽感。另外，董淑花、黄依林提出教师职业倦怠通常是指教师不能顺利应对工作的一种应激反应，是教师在长期压力体验下所产生的情绪、态度和行为的衰竭状态。王鹤飞认为，教师职业倦怠是指教师在处理教育教学事务中所表现出的由于工作的压力、紧张的心情及较低的成就感而导致的情绪低落、身心疲惫的心理状态。

教师职业倦怠的成因包括社会因素、组织因素和个人因素。

1. 社会因素

教师肩负着社会责任的同时，也承受着职业压力，这使得教师隐藏真实的内心感受以维持形象，造成心理的疲劳与衰竭，导致教师职业倦怠。徐宁、赵斐研究认为，教师也是人，"圣人"的光辉并不能帮助他们解决实际困难，过高的社会期望值使得教师的倦怠感油然而生。叶绍灿通过调查表明，教师为了为人师表，常常有意压抑自我的正常欲望以满足职业的需要。李金波、许百华、左伍衡等采用建模的方式进行研究，结果表明角色压力是作用于职业倦怠的核心纬度。Brissie 等发现，教师的个人回报感越高，教师的职业倦怠水平越低。

2. 组织因素

Schwab 与 Byrne 认为，在组织方面，影响教师职业倦怠的显著因素是角色冲突与角色模糊。当教师面对冲突情境而又被期待做出角色行为时，就会出现角色冲突。角色模糊则是指教师对其职业的权利、义务、责任等出现认知上的偏差而产生一种不能胜任感。教师的角色冲突与角色模糊极易引起倦怠。教育制度和各种教育规范制定的滞后性、管理体制和激励机制与教师本身的特点和需要之间的不和谐性等造成的教师工作负担，也容易使教师产生职业倦怠。在教学中教师有更大的自由度与更多的自主权、能够参与学校决策，学校对教师教学能够赏罚分明等，教师的倦怠感会降低许多。

3. 个人因素

教师的人格特征、教学效能感以及心理健康状况都会影响教师职业倦怠。国内外大量学者已经通过调查研究证实了这一点。我国学者徐富明、朱从书、黄文锋通过研究发现，教师职业倦怠和自尊存在显著的负相关关系，高自尊的教师易于缓解职业倦怠。教师的控制点和职业倦怠也存在显著的正相关。教师越多地表现为外控，职业倦怠就会越重。相反教师的内控倾向有助于缓解教师职业倦怠。刘晓明的研究表明，教师的教学效能感越低，职业倦怠越严重。Brissie、Glickman 等通过研究发现，教学效能感能够预示教师的职业倦怠水平，低教学效能感的教师职业倦怠的程度较高，最易离开教师行业。

在国外对于教师职业倦怠的研究中，已经有了许多测量教师职业倦怠的量表，如马斯拉奇的职业倦怠问卷（Maslach Burnout Inventory，简称 MBI）、Pines 的倦怠量表（Burnout Measure，简称 BM）等。其中应用最为广泛的为马斯拉奇的职业倦怠问卷。该量表主要是测量马斯拉奇职业倦怠三维模型中的三个维度：情感衰竭、人格解体和个人成就感降低。Schaufeli 和 Enzmann 的统计表明，在已发表的有关职业倦怠的实证研究中，90% 以上都采用 MBI 作为测量工具。

在职业倦怠的研究中，我国许多学者就采用了 MBI—ES 来测量我国教师的职业倦怠感，如赵玉芳、毕重增对中学教师职业倦怠状况及影响因素的研究；伍新春、曾玲娟等人对中小学教师职业倦怠的现状及相关因素的研究。另外，我国的学者也针对中国教师特有的特征，在 MBI—ES 的基础上自编了测量教师职业倦怠的量表。王国香等人在 2003 年编制了 EBI，该量表的三个维度沿用了 MBI 的三个维度，其信度和效度指标都达到了测量学的要求，对于测量我国教师职业倦怠有良好的信度和效度；王芳和许燕在研究我国中小学教师职业枯竭状况和社会支持的关系时，针对知识枯竭这一新的维度对 MBI 进行了修订，在 MBI 的基础上增加了有关知识枯竭的 7 个题目，构成我国的"中小学教师职业枯竭量表"；徐富明等人也进行了中小学教师职业倦怠问卷的编制及信效度检验，编制了符合我国教师特征的职业倦怠量表。

国内外已有的研究为进一步研究教师职业倦怠提供了理论依据和研究思路，但是，教师职业倦怠的研究还是一个新的领域，在很多方面的研究尚需深化和完善。

1. 加强本土化研究

当前对我国教师职业倦怠的研究还不是很充分，很多方面还处在初探的层面，无论是研究理论还是研究工具，大多数是从国外引进的。不同地区、不同文化背景下，教师职业倦怠的状况存在差异，因为他们的工作环境、工作压力等是不一样的。因此，我们要加强对不同层面教师职业倦怠的调查研究，在引用国外有关职业倦怠相关理论的同时，形成适合我国教师职业倦怠的理论和模型，编制出更好的问卷和量表，使研究更加全面、完善。

2. 横向纵向并行研究

横向方面，研究对象主要集中在基础教育和高等教育，而对学前教育和特殊教育关注甚少。纵向方面，对某一教师的职业生涯没有进行追踪性研究，对新老教师也没有进行比较。从研究方法的角度看，目前的研究基本上是采用横切面的方法，对纵向的研究较少。研究主要以调查为主，但很少有人进行广泛、普遍的调查。所以，应该把横向与纵向结合起来，提高材料的可靠性和研究的信效度。

3. 进一步细化研究

在我国，教师职业倦怠的研究还是一个新的领域。在教师职业倦怠影响因素方面，还只是停留在环境、文化背景等外部因素的研究上。教师职业倦怠与人格因素、教师职业价值中的功利性等关系的研究也需要更加深入、全面。在研究内容方面，论文多集中于现状、成因、对策的分析上，而创新研究相对匮乏，研究没有形成系统。因此，应该深入探讨教师职业倦怠的各个方面，使研究更加具体化。

三、教师赋权增能理论研究

学术界关于"教师赋权增能"概念的定义有很多。追溯历史，可以很清楚地发现，教师赋权增能这个概念与组织学中参与管理的观念是密切联系在一起的。管理界于 20 世纪 80 年代开始认识到让雇员参与与其工作相关事务的决策，会提高雇员的工作质量和生产率，从而强调雇员的赋权增能。

在教育领域，教师赋权增能则与西方学校重建运动中所宣扬的分权化精神一脉相承。在美国，从 20 世纪 80 年代开始的第二波教育改革浪潮，对前次教育改革失败的教训进行了总结，发现 20 世纪 60 年代开始的有关学校教育的革新受到了各种力量的阻碍而停滞不前，以致失败。原因主要在于这些革新方案从规划到执行层面，都是采用自上而下的运作方式，忽略了教师、学校及地方这些改革的真正主角，这些主角因不受重视而冷漠应付教育改革。

于是，人们认识到，教师应是教育改革的主导者、行动者，而不应被视为学校教育改革的对象。1986 年，美国卡耐基基金会出版了《准备就绪的国家：二十一世纪的教师》，这份报告建议学校必须创办一个专业化的教学环境，给予教师处理权和自主权，使教师与其他专业化人员一样，享受其领域的自由。由此，从 20 世纪 80 年代开始，赋权作为一个重要的术语出现在美国教育的文献中，到了 20 世纪 90 年代，教师赋权已经被看成是美国重振教育的重要因素。赋权增能理论在美国得到广泛实践，赋权于教师，使教师参与教学和管理决策，从而产生了积极的作用。有授权感的教师相信其具有自主性，拥有专业知识与技能，负有专业责任，能参与校务决策，从而促进学校进步，更好地发挥了自身的教育功能。

麦若夫（Maeroff）指出，教师赋权增能可以提升教师的地位、知识的发展以及参与角色的权威。教师赋权增能是美国重建学校在其重建计划中或跳脱法律的限制，或赋予教师法律所明定之外的额外权利，让教师觉得学校是个有选择和自主机会的地方，从而积极地投入其中。两者相得益彰，教师不但被"赋权"也能"增能"，从而不断地推动教育质量的提升。

威尔逊（Wilson）和库里肯（Coolican）认为，教师赋权增能主要分为内部与外部权利两大构成，并提出了自我赋权增能（Self-empowerment）的重要内容，其主要含义是个体对自身内在力量的感知并且在与他人互动之中得到进一步展现，这种活动是一种自发性的、源于内部的和有价值的。

斯普拉格（Sprague）曾提出扩大社会参与权利与提升专业能力对促进教师专业

发展有着极为重要的意义。在他的研究分析中，教师常常处于"缺势""无权"的地位，例如职业女性化、孤立的工作环境、繁重而琐碎的工作性质等使得教师的专业性受到质疑。并由此导致教师的专业自主权越来越小。因此，有学者认为从某种程度上说，赋权即是专业化的代名词。赋权旨在改进教师专业形象，提升教师地位，促进教师发展。

王丽云和潘慧玲指出，教师赋权增能的本质目的在于提升教师的专业性。从个人部分来说，个人能获得充分发挥自身能力的机会，同时也能够学习新的能力，扩充现有的知识技能，提升教师自身的专业素养。从环境方面来看，组织机构能够提供相应的机会，让个人拥有权利。个人在享有选择权与自主权的同时，也能够享有参与决策的权利。就结果而言，赋权增能的结果是民主参与的表现，是集体感、责任感以及互动关系的建立，是影响力的发挥，是行动意愿的体现，最终是地位的提升。由此可见，教师赋权增能不仅能够帮助教师自身提升专业素养，拥有各项自主权利，而且最终能够有助于教师专业地位的提升。

钟任琴则认为教师赋权增能不仅是"一种动力的专业发展历程"，而且是"一种专业权利的结果"。就过程而言，赋权增能是指教师具备专业自主能力，解决自我问题，助力自我成长；就结果而言，赋权增能是指教师具有丰富的专业知识和教学效能，拥有专业自主权，能参与校务决策，并以此提升教师专业素养。

关于教师赋权增能，仍存在以下几个方面的问题：

1. 概念不清晰

虽然我国在教师赋权增能的问题上有了初步的认识，明确在课程改革的过程中，课程的开发离不开一线教师，但是对教师赋权增能要怎样更有效地实施不明确，主要原因还是对教师赋权增能的概念不清晰，例如，有人认为教师赋权增能的含义即要教师自编教材等，这些认识上的问题，必然影响教师赋权增能的效果。

2. 赋权不足

教师赋权增能与校本课程密不可分，我国的课程体制仍然采取的是"自上而下"的模式，而校本课程占10%～15%。显然，学校的课程自主权不足，教师参与研发课程不足。尽管我国已提出了教材多样化，但大多数学校不可能直接参与教材开发，导致学校和教师不能从课程外走到课程中来，课程管理部门仍旧依靠学科专家来设计课程。

3. 教师的赋权意识不够与课程开发和专业能力薄弱

换言之，教师赋权增能主要靠教师，这不能作为一个命令，而是让教师主动地参与其中并发挥一定的能力和作用。只有教师专业发展了，课程才会发展。课程实施最关键的是要通过教师把好的课程构想变成学生的实际经验。就职前教师而言，我国只侧重其专业知识的掌握，没有开展如何让教师形成课程开发思维的课程；就在职教师而言，我国只注重教学能力与专业知识传授。

教师赋权增能的策略，主要有以下方面：

第一，努力完善政策制度，从而激发教师专业发展的自主意识。受教育政策的影响，给教师赋权时，国家及地方教育行政部门、学校要为教师提供一定的空间。教师的想法和建议应在政策中被考虑。自我实现的需要是教师激发动力的关键所在。通过完善政策制度，为教师专业发展提供更加良好的制度保障，激发教师专业发展的主体意识与动机，从而促进教师的学习能力和自主发展能力。

第二，反思教师教育的培养目标，明确教师自我专业发展的责任。教育改革对教师的专业能力提出了新的要求，要求教师具有包容万家之言的胸怀，善于反思，主动地、创造性地接纳新观念和新的教育理论，博采众长。教师通过反思将自身的教学经验上升为理论，然后再由理论思考转化为理论指导模式来优化教学行为。在教育改革的浪潮中，教师成为反思者的意义尤为显著。它首先使教师对教学现状与改革要求有明确的认识；其次它在本质上就是一个教师赋权的过程，可以增强教师的主动性。教师赋权增能意味着在赋权的同时，也要求教师提高自我的专业能力，并且能积极地调动自身能量更好地进行课程实施。

第三，发挥教师的主体作用，增强教师的自我效能感。在教育领域，教师的自我效能感对教师自身的发展、教师专业化的形成以及整个教育事业都有重大影响。增强教师自我效能感的前提是教师有充分的能力和自信去向面对赋予的权利。在赋权的同时，教师能够精心地设计课程，能够找到课程实施中存在的问题以及改进的方法。教师提高自身专业能力发展、树立专业自信以及增强自我效能感对教师赋权增能有着显著作用。

推进教育改革和提高教育教学水平需要培养一支高素质的教师队伍。而教师赋权增能为教师创设了优越的环境和氛围，能够激发其主观能动性，促使其对自身的能力与责任产生高度的自信，从而具备更多的相关知识和创新意识，努力提高自身的素质和教育教学水平。在教育改革的浪潮中，教师赋权增能是唤醒教师专业发展的责任与义务。只有教师对自身责任与能力有足够的信心，为改革付出不懈的努力，对教学有行动的热情，维护专业尊严，发挥专业能力，才能实现真正意义上的教师专业发展。

第二章　教师专业发展的影响因素及动力机制

第一节 教师专业发展动力机制模型概述

辩证唯物主义认为，事物的发展是内外因共同作用的结果，内因是根源，外因是条件。教师专业发展必然符合这一规律。因此教师专业发展是内外驱动力相互作用、合力推进的结果。通过对相关研究的梳理，构建出教师专业发展动力机制模型，如图2-1所示。内驱动力是教师专业发展的主动力，它决定了教师专业发展行为的发生和变化，包括教师师范专业素养、学历背景、职业发展动机和学习能力等因素。外驱动力是教师专业发展的基础和保障，它可以为教师专业发展提供各种支持和服务，有着重要的影响作用，包括国家政策、尊师重教的社会环境、学校制度、城市经济发展水平、工作环境和教师专业共同体（工作室）等因素。教师的专业能力只有在内外驱动力的共同作用下，才能得以稳定、持久地提升。

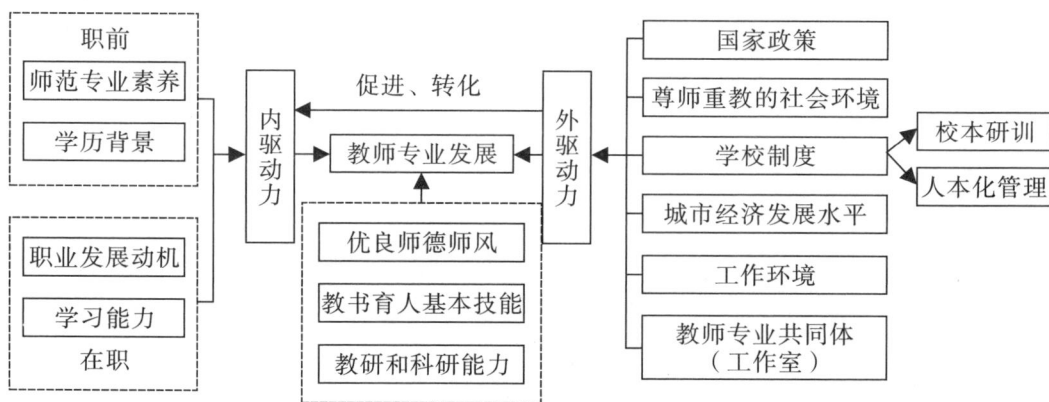

图 2-1 教师专业发展动力机制模型

第二节　影响中小学教师专业发展的内驱动力

一、学历背景

学历是指人们在经教育行政部门批准，实施学历教育，具有文凭发放权力的正规教育机构学习科学文化知识和进行技能训练，并取得相应文凭证书的经历。教师学历背景指的是教师在职前接受的最后的也是最高层次的一段学习经历，它反映的是教师的文化知识水平。本书研究的教师学历背景主要包括两个方面，一是教师是否是师范专业毕业生；二是教师的学历层次。

20 世纪 90 年代以前，我国中小学教师培养以定向的专业师范培养为主。90 年代以后，随着我国职业教育的快速发展，拓宽了教师的来源渠道，非师范生也能进入教师队伍。1993 年颁布的《中华人民共和国教师法》规定，国家实行教师资格制度，具备规定学历或通过教师资格考试，经认定合格的，可取得教师资格。1995 年施行的《中华人民共和国教师资格条例》同样明确非师范生通过经教师资格考试，可依据规定申请认定教师资格。教师资格制度为非师范生打开了进入教师行业的通道，教师培养变得开放和多元化。同时，随着国家对教育事业的重视和投入，教师的社会地位得到巩固和提升，教师的经济收入也不断提高。这些成为吸引非师范生进入教师行业的重要因素，教师队伍中非师范学历教师所占比例在逐年增加。

与非师范学历教师相比，师范学历教师具有较好的教书育人基础和教育理念。师范学历教师的入职动机较明确，多数是出于对教育浓厚的兴趣，在教学过程中有着较高的积极性，乐于将知识和经验传授给学生。同时师范学历教师在接受教育期间已经较为系统地学习了教育学、心理学等教育教学知识，对教育有比较系统全面的理解，能经常对教学活动进行思考，形成了更为清晰的教育理念。师范学历教师有良好的教学素养。师范学历教师在接受教育期间进行了正式、系统、专业的教学实践培训和锻炼，较好地掌握了教学技能，将理论知识转变为实践的能力较强。在课堂教学过程中，能进行合理的课堂教学设计，较好地把握进度，完成教学任务。同时对信息技术手段的应用也较为熟悉和灵活。

在我国教育改革发展过程中，国家对教师的学历要求不断提高。当前，招聘教师时一般要求：小学、初中教师应具备专科毕业及以上学历，高中教师应具备本科毕业及以上学历。因此，小学教师学历层次基本达标，中学教师中本科学历教师占大多数。为建设高素质师资队伍，各地改革人才引进方式，加大人才引进力度，中小学教师队伍中研究生学历教师所占比例也在逐年增加。

高学历教师具有较强的教研科研能力，并能以自身经历和积累给学生带来积极影响。一方面高学历教师认识问题、分析问题、解决问题的能力较强，教学反思能力也较强，对教育教学问题较敏感，易于在日常教学中发现有意义的研究课题。另一方面高学历教师在受教育期间学习过科学研究的方法，也或多或少地进行过论文撰写和学术研究的实践，有教研和科研的基础，更有能力开展教研科研活动。高学历教师能通过自己的学识、见识、思维和视野给学生带来积极影响，这是其他学历教师所不具备的优势。高学历教师知识层次更高，对知识的学习更深入，思维更活跃，视野更开阔，理解运用知识的能力更强，有助于满足学生对知识系统化、多样化、科学化的需要。高学历教师善于把学习方法和学习态度带进课堂，可以用自己成功的学习经验启发学生有效学习，促使学生养成良好的学习习惯，提高学习能力。高学历教师的研究意识和研究思维也有助于培养学生的创新意识和创新能力。

总的来说，师范学历教师和高学历教师能促进教师专业发展。师范学历教师掌握了教书育人的基本素养和技能，高学历教师具有较强的教研科研能力。拥有师范学历或高学历的教师具有较好的专业发展基础，能在一定程度上影响职业发展动机和学习能力，进而促进自身专业能力的提升。

二、职业发展动机

动机是指以一定的方式引起并维持人的行为的内部唤醒状态，主要表现为追求某种目标的主观愿望或意向，是人们为追求某种预期目的的自觉意识，它也是激发和维持个体活动的内在心理过程或内部动力。对于个人而言，职业发展是致力于个人职业道路的探索、建立，取得成功和成就的终身的职业活动。而教师专业发展是教师塑造角色和完成职能的基本路径，是教师专业持续发展的过程，是教师不断接受新知识、提高自身专业素质及改善自身专业地位的过程。

结合上述概念，可以得出教师职业发展动机的内涵。教师职业发展动机指的是教师为提高专业知识和技能，成为专业型教师而不断努力的动力。它在一定程度上会激发和强化教师专业发展行为，即教师职业发展动机越强烈，越愿意投入到专业发展活动中去。

教师只有把专业发展成就视为内在需要，才会对专业发展表现出兴趣，才会积极行动追求专业发展，才会以钢铁般坚强的意志面对和解决发展过程中遇到的困难和挫折，从而实现专业发展。教师只有把追求卓越作为目标，才不会墨守成规，才能不断打破现有格局，寻求自我突破，从而实现职业目标。因此，教师职业发展动机是影响教师专业成长的关键要素。一名教师能否实现从最初的新手型教师到专家型教师的飞跃，根本原因在于个人是否有强烈的职业发展动机，即是否发自内心地追求卓越，是否愿意为追求职业理想做出不懈的努力。

教师职业发展动机越强，其专业发展的意愿和内驱动力就越强，越能促进其专业发展行为的发生、维持和调整。教师对于工作的态度和行为，是其职业发展动机显著的外在体现。职业发展动机强的教师会追求实现自身教育理想，促进学生的专业发展，会为了满足自身对教师知识的兴趣，而不断丰富、更新自己的专业知识。职业发展动机强的教师，其参与学习的主动性、学习的时间和付出的努力都会处于较高水平。而这些投入会在某种程度上决定其专业表现和专业水平，进而影响其专业发展的进程。

三、学习能力

我国教育教学环境的变化以及国家"构建终身学习的现代教育体系"的政策，都要求传道授业的教师必须成为学习者。教师要不断学习以主动建构自身知识体系，使新旧知识经验得以同化和顺应，从而使自身知识经验系统逐步走向完善，提高学习能力，促进专业发展。

　　教师的学习能力主要包括学习意识、学习计划制订与执行能力、学习策略运用能力、学习效果的反思能力和沟通协作能力等。学习意识是教师开展学习、维持学习状态、调节学习机制的驱动力，指的是教师可以根据自身现状，发现自身学习需要的能力。学习计划制订与执行能力是指教师制订学习计划和目标，在学习过程中根据实际情况调整学习行为的能力。学习策略运用能力是指教师根据学习目标，获取学习资源，选择合适的学习策略进行学习并解决学习中遇到的困难，最终高效完成学习的能力。学习效果的反思能力指的是对学习效果进行评价，判断是否达到学习目标并分析总结优缺点的能力。沟通协作能力是指教师在学习过程中可以运用语言与其他学习者进行沟通交流、分享经验的能力。

　　教师专业发展离不开学习。学习能力强的教师可以做到主动学习、持续学习、创造性学习和高效率学习，强学习能力是教师专业发展的重要内驱动力。强学习能力可以为教师专业发展提供源源不断的学习动力，促使教师在已有的基础上不断学习新知识、新理念、新方法，不断进步，持续满足社会发展对教师的专业要求，实现专业超越。学习能力强的教师在专业发展过程中遇到困难，他们会选择迎难而上，能通过学习，快速找到解决困难的方法，并经过分析和反思形成工作实践的宝贵经验。学习能力强的教师可以为学生提供丰富的知识，其不断学习的意识和行为也会对学生的学习产生积极的影响，他们会在教学过程中与学生沟通交流学习经验和心得，使学生的学习能力得到提升，师生共同学习的氛围得以营造，最终必然会形成学生学习进步、教师专业发展的良好局面。

　　因此，教师作为学习者体现在教育实践中，即不能一味地依靠职前教育获得知识技能，不能一味地追求和依靠现成的教育科学理论的指导，而应在批判吸收、合理运用已有教育科学知识的基础上，通过自身不懈的学习、探索、反思、研究，建构个人化教学知识，从而实现专业发展。

第三节　影响中小学教师专业发展的外驱动力

一、国家政策

在当代教育改革发展浪潮中，建设一支高素质、专业化、创新型的教师队伍对我国的教育现代化发展至关重要，我国各级党委政府十分重视教师专业发展。随着教育改革的持续深入，我国制定了一系列与改革要求相适应的政策措施，有效地推动了教师专业发展进程。

1. 国家政策拓宽师资来源，严格教师任职条件

《中华人民共和国教师法》指出"鼓励非师范高等学校毕业生到中小学或者职业学校任教"，师资来源由原来的单一师范院校拓展到越来越多的非师范院校。《中华人民共和国教师法》还规定："国家实行教师资格制度。"符合学历要求的非师范生通过教师资格考试后可取得教师资格。这就为更多适合当教师的优秀人才打开了进入教师行业的通道，可以改善教师队伍结构，优化教师队伍的整体素质。此外，教师行业的竞争在一定程度上被强化，进而倒逼教师不断成长，努力提高自身素养，向专业化发展。教师资格准入制度是教师行业的"把关口"，规范了教师的选拔任用流程，教师资格考试考核的内容与形式突出教师的专业性，有利于公正地选拔出优秀人才，建设一支高素质的教师队伍。

2. 国家政策就如何开展教师的培养和培训提出了指导意见

1998 年制订的《面向 21 世纪教育振兴行动计划》提出，实施"跨世纪园丁工程"，大力提高教师队伍素质。通过不同的方式对中小学教师进行全员培训和继续教育，加强骨干教师队伍建设，注重发挥骨干教师在教学改革中的带动和辐射作用。实力较强的高等学校要承担基础教育师资培养和培训任务。2001 年颁布的《基础教育课程改革纲要（试行）》强调地方教育行政部门应制订持续有效的教师培训计划。2019 年印发的《中国教育现代化 2035》指出："培养高素质教师队伍，健全以师范

院校为主体、高水平非师范院校参与、优质中小学（幼儿园）为实践基地的开放、协同、联动的中国特色教师教育体系。"同时，它强调职前教师培养和职后教师发展同样重要，应做好衔接。教师自身、中小学校、高等学校、地方教育行政部门和教师培训机构应多方发力，共同构建教师专业发展体系，引领并推动教师专业发展。

3. 国家政策明确教师专业发展需重视师德师风建设

2018 年印发的《中共中央　国务院关于全面深化新时代教师队伍建设改革的意见》强调"把提高教师思想政治素质和职业道德水平摆在首要位置"。2019 年印发的《加快推进教育现代化实施方案（2018—2022 年）》提出要加强师德师风建设，实施师德师风建设工程。《中国教育现代化 2035》也提出要推动师德建设长效化、制度化。师德师风是评价教师素质的第一标准，高素质教师除了有深厚的知识修养外，还应有良好的品行作风和高尚的道德情操。我国需要一支专业素养与道德品质同样优秀的教师队伍，教师专业发展既包括教学和科研等专业技能的提升，还包括在教书育人过程中教师道德品质的提升。国家政策对于师德师风建设的要求指明了教师队伍建设和教师专业发展的目标与努力方向。

4. 国家政策完善教师评价制度，构建发展性教师评价体系

《基础教育课程改革纲要（试行）》提出"建立促进教师不断提高的评价体系"，教师评价以自评为主，多方共同参与，教师通过对教学行为的分析与反思，教学水平得以不断提高。2002 年《教育部关于积极推进中小学评价与考试制度改革的通知》指出要建立有利于教师职业道德和专业水平发展与提高的评价体系。对教师的评价要注重发展变化的过程，把形成性评价与终结性评价相结合，强调"不得以学生考试成绩作为评价教师的唯一标准"。国家政策完善教师评价制度，教师评价制度应由奖惩性转变成发展性，即构建以促进教师专业发展为评价目的、以教师自我评价为核心、形成性及多元化的评价体系。这对教师专业发展起着毋庸置疑的促进作用。

国家制定的教育教师政策顺应社会和时代发展的需要，对教师专业发展具有重大的引领和推动作用，有力地促进教师专业发展。

二、尊师重教的社会环境

尊师重教，是中华民族的优良传统，也是我国传统教育思想的重要组成部分。其从字面上来理解就是尊重教师、重视教育。尊重教师可理解为重视教师工作，赋予教师地位；而重视教育就是重视教育的作用，充分发挥教育在社会主义现代化建设进程中的基础性、先导性作用，并把它摆在优先发展的战略地位。

尊师重教的社会环境会给教师带来较强的职业认同感。教师生活在社会上，其思想行为、职业发展容易受到周围环境的影响。社会对教师职业的尊敬程度，会影响教师的职业认同和专业发展。尊师重教的社会环境，能使教师感受到来自社会的尊重和承认，教师会产生较强的职业认同感，从而关注自身的专业成长，自觉主动地进行专业发展。而如果社会对教师职业是轻视的，教师对自身职业也不会看重，更不会主动提高专业发展水平。在尊师重教的社会环境中，教师在学生和家长心中是一种很神圣的职业，这种认可对教师的心理感受起了良好的促进作用，有助于教师克服职业倦怠。因此，尊师重教的社会环境在现代社会仍然非常重要，对教师克服职业倦怠，促进专业发展有着重要的意义。

尊师重教的社会环境会给予教师较多的教学自主权。教师受到社会尊重，教师的教学自主权会增加。教师有较多的教学自主权，意味着教师对教学有选择和创造的权利与空间。教师能拥有良好的教学生态环境，可以按照教育教学规律施教，而不是一味追求高成绩、高升学率这些功利性指标，教师可以立足学生的成长发展，因材施教，享受教学带来的成就感、荣誉感和幸福感。这在一定程度上可以促进教师专业发展能力的提升。

尊师重教的社会环境会对教师专业发展持有更宽容和理解的态度。尊师重教的社会环境会对教师有一个相对宽容的氛围支持，会理解教师专业发展不是一帆风顺、没有困难的，教师就不会感到过重的压力。如果社会对教师专业发展有过高的期望，会引起教师对自身发展的担心和焦虑，甚至会怀疑和否定自己，教师也不能在过重的压力下获得好的专业发展。教师专业发展具有长期性和艰巨性，不是一蹴而就的，而是需要教师在实践过程中通过积累、分析和反思才能逐步达成的。合理的社会期望才能增强教师专业发展的信心和力量。

教师需要社会的尊重、理解和信任。只有当教师这个身份为教师带来尊严感和荣誉感时，教师专业发展意愿才会进一步被激发，教师才会更主动地追求专业的进步和发展。

三、学校制度

学校是教师从事教育教学的主要场所，更是教师专业发展的主阵地，学校制度对生活在其中的教师的成长和发展有着重要的影响作用。学校制度是指为保障学校正常教育教学工作的顺利进行，依照相关法律法规和政策文件制定的，是学校成员需共同遵守的办事规程或行动准则。本书所指的学校制度，指影响教师专业发展的各项制度，包括教师评价制度、教师职务晋升制度、教师培训制度和教师教研科研制度等。制度具有规范性、指导性和约束性等特点。学校制度可以对教师的专业发展方向、教育理念和教育行为进行约束和引导，促使教师将专业意识转变成专业能力发展。本书主要从制度的激励和约束两个功能论述学校制度对教师专业发展的影响。

学校制度的约束功能规范教师专业发展。约束功能是制度最基本的功能。学校通过严格的规章制度对教师的教育教学行为予以管理和控制，明确规定教师的工作内容和工作标准，规范教师的工作行为和工作界限。教师评价制度除了可以用于了解和评价教师的业务水平，还可以为教师提供反馈，帮助教师进行反思和总结，让教师不断改进教学实践。教师培训制度规定了教师的培训时间、培训方式，要求教师每年参加不同形式的培训，以提高自身专业知识水平。教师教研科研制度是教研科研活动有序开展的保证，可以指引教师开展教研科研活动，规范和约束教师的教研科研行为，强化教师的教研科研认识，调动教师的研究潜能，进而达到通过教研科研促进教师专业发展的目的。在制度的约束下，教师遵守学校各项规定能保证教师价值观和教育观念的端正，保证教师专业发展方向的正确。教师在不断提高认识和规范自己行为的同时，为个人的成长和发展创设了巨大的空间。

学校制度的激励功能引导教师专业发展。制度的激励功能是指通过对学校的教育资源和管理资源进行合理分配，公平公正地评价教师的工作，使其付出得到相应的回报，激发教师工作的积极性、创造性和潜能的发挥，引导教师的行为方向，促进教师的成长和发展。学校制度通常是用目标激励、物质激励和精神激励等方法来激励教师。学校制度明确规定了教师的工作目标和工作要求，教师职务晋升制度可以指引教师树立切合实际的短期、中期和长期目标，朝着正确的方向迈进。物质激励方面，学校采用量化奖惩式管理，通过定量考核、岗位津贴，将教学成果、科研成果和年终绩效考核挂钩等方式，使教师增强自我发展的意识和动力。精神激励方面，学校对在教学、教研、科研、学生工作等方面表现突出的先进教师给予表彰，推广成功经验，将教师进修、校本培训等纳入制度管理中，让制度反映出教师的发展诉求和愿望，继而内化成教师专业发展的自觉行动。

学校为满足教师的专业发展需求，基于学校和教师的实际需要，创建以教师为中心的校本研训模式。校本研训是以教师在教学过程中遇到的具体问题为研究对象，将教师教育活动与教研活动结合起来，达到以研促教、以训促教的目的，是顺应时代发展要求，促进学校发展和教师专业发展的需要。校本研训能有效整合学校的资源，充分调动教师专业发展的驱动力。校本研训有四个特征：一是以学校为本；二是以教师为主体；三是以具体教学问题为对象；四是以教师专业发展为目标。主要形式有同课异构、观摩研讨、同伴互助、自我反思、课题研究和特色创建等。校本研训体现的是学校对教师专业发展提供的长期、系统的支持。

校本研训已经成为许多学校提高教师专业素质、提高教学质量、打造特色和品牌的重要途径。在校本研训活动中，教师由传统的被动接受和服从的身份转变成研训的主体，可以把在教学过程中遇到的问题作为自己研究学习的内容，在研训中找到解决方法。教师通过自主思考、合作互助和分享交流等，促使科研意识、反思能力不断增强，最终实现教学改进和专业素养的提升。学校通过校本研训为教师提供一个民主、和谐、协作的氛围，促使教师在实践中思考，在思考中实践，激发了教师工作的积极性和工作成就感。学校也从单纯的工作场所，变为教师专业素养培育平台，形成了教学进步、重视研究、积极向上的人文环境，在实现教师专业发展的同时，也能促进学校的可持续发展。

学校的人本化管理是助推教师专业发展的制度保障。学校的人本化管理主要指的是要树立教师的主人翁意识，让他们参与到学校的管理中，学校关注教师的需要和发展需求，在管理中体现对教师的人文关怀，挖掘教师的内在潜力，让教师充分发挥主动性和创造性，为教师专业发展提供良好的管理环境。人本化管理的特点主要包括：一要重视教师合理的要求，理解和关心教师；二是激励教师参与学校管理；三是以教师专业发展为管理目标。

人本化管理体现民主，是促进教师专业发展的重要因素。教师在管理中感受到了民主，会激发他们的主人翁意识，当他们觉得自己是学校管理的主体时，他们就会自觉遵守学校的各种制度，会主动参与并积极配合学校的各项工作。学校在制定管理制度时，关心教师，了解他们的需求，认真听取和接受教师的意见与建议，营造一个让教师真正参与学校管理的氛围，这能点燃教师的工作热情，让教师发挥价值，为学校建设贡献自己的力量，最终实现自身专业发展和学校管理水平的提高。

人本化管理通过赋权增能促进教师专业发展。赋权是指学校赋予教师在工作中的主动权和重大决策的参与权。教师在教学中拥有权利的多少会影响其工作效能感和投入度，进而影响专业发展进程。当学校对教师赋权，教师感受到权利感，其专业自主权得以唤醒，教师会更主动发挥能动性。为把握好这种权利，教师会主动追求专业发展，这就是增能。教师对教育教学工作充满信心，并为专业技能和素养的提高付诸行动，为专业发展提供机会。

校本研训和人本化管理是学校管理走向科学高效的现代学校治理的实践。现代学校治理要实现以人的发展为中心，在治理中体现人文关怀，唤醒教师发展的动力，把服务与促进教师发展做到最大化，才能实现教师发展的能量升级。

四、城市经济发展水平

从宏观角度看，城市经济发展水平和教育水平是互相联系的。一般来说，一个城市如果不具备一定的经济水平，则不会有足够的资源去发展教育。教育投入的多少在一定程度上能反映出一个城市的经济发展水平和对教育事业的重视程度。而教师作为教育中的第一资源，其专业发展也必然间接地受到经济发展水平的影响。

教育的发展速度和发展规模很大程度上取决于经济发展水平。2010 年国家在

《国家中长期教育改革和发展规划纲要（2010—2020 年）》中明确指出要加大教育投入，完善投入机制。"各级政府要优化财政支出结构，统筹各项收入，把教育作为财政支出重点领域予以优先保障"，并提出国家财政性教育经费支出占国内生产总值比例要达到4%。我国从 2012 年起如期实现这个目标并一直保持在 4% 以上，2019 年全国教育经费总投入超过 5 万亿元。随着我国经济发展水平的不断提升，在教育方面的投入也在不断增加。

经济发展水平会制约人才培养的规格和质量。当经济发展到一定水平时，人们会对教育提出一定的客观要求，要求不断地提高教育水平。这个要求主要指的是教育应为经济社会发展提供足够数量和质量的劳动力，个人而言也会要求接受更好的教育。同时，经济发展水平会制约课程设置和教学内容。经济发展水平和结构会决定劳动者应具备的知识、能力和技能。这就对教师的素质和专业能力也提出了要求。因此，城市经济发展水平越高，对教师专业能力的要求越高。

从微观层面看，城市经济发展水平与教师薪酬水平有着直接关系。教师薪酬水平关系到教师的工作稳定性和积极性。良好的城市经济发展水平可以为教师专业发展创造良好的环境。经济发展水平较高的城市，教师的工资待遇、工作和生活环境相对较好，能较好地满足教师的生活需要，教师对工作的满意度通常较高，其专业发展的意愿也会较高。相反，经济发展水平较低的城市，教师的薪酬待遇相对较低，工作和生活环境与经济发展水平高的城市的教师相比差距较大，薪酬待遇过低使得教师渐渐失去对教育教学的热情，制约着教师专业发展。

五、工作环境

本书中的工作环境主要是指维持学校正常运转和开展日常教学活动的物质基础，一般包括学校教学场地、功能教室配备、教室多媒体配备、图书馆或阅览室、文体活动场所和设施、生活服务设施等。学校教学场地、功能教室配备、教室多媒体配备这一系列的硬件设施是教师开展教学和保证教学质量的物质基础。图书馆或阅览室是学校的书刊资料信息中心，是服务于教师教育和科研的。文体活动场所和设施是学校实施和加强素质教育的有力保障，有利于学生德、智、体、美、劳全面发展，同时促进教师和学生的身心健康。生活服务设施指的是学校的学生宿舍和教师宿舍。如果教师的生活环境较好，教师必定会安心从教，有心有力地关注个人专业发展。

长期以来我国存在城乡二元结构的社会现状。在城乡二元结构下，教育资源的配置往往遵循"先城市后农村，先重点后普通，先市民后农民；以城市为中心，以农村为外围"的路径流动。农村学校和城市学校的基础设施条件存在较大的差距。城区中小学拥有较好的环境和设施，基本都设置了多媒体视听教室、设备先进的理化生实验室、文体场地和设施、图书阅览室，教室都配备了空调、电视、投影仪。一般来说，农村学校的教学设施相对比较简陋，实验设备和图书资料相对不足，校舍比较陈旧，教师办公条件较差，信息网络设施也没有那么完善，这些导致教师的教育教学活动受到一定的限制。

城乡二元结构还带来了教师配置的城乡差异。优秀的高学历教师大多选择到社会环境优、教学条件好、有发展前景的城市学校任教。农村学校一直存在"优质教师留不下，高质量人才不愿来"的困境。由于地理区位、办学条件、生活环境等多种因素，农村学校很难吸引到优质教师。原来在农村学校任教的教师的培训进修机会较少，在日常教学过程中很难接触到国内外先进教学理念和最新教研动态。因此，农村教师的专业发展相对比较困难。

工作环境是教师教学的物质基础，只有物质基础得到保障，才有可能激发教师专业发展的意愿和积极性。良好的工作环境是教师进行专业发展的重要外部条件。

六、教师专业共同体（工作室）

教师专业共同体是由核心组织或个人发起或领导的，具有共同理念的教师组成的团体，该团体就教育教学问题以协同合作的方式进行学习、探究、实践与反思，追求知识创新和专业发展，达到教师个体和群体持续进步和发展的目的。教师专业共同体主要包括以校为本、以研究学科教学为主的教研组，区域内教育行政部门牵头构建的区域联动教研的教师发展共同体，由骨干教师或名师带领的以教学研究为宗旨的课题研究组或名师工作室。教师专业发展需要一个生态环境良好的学习型组织，而教师专业共同体便是这样一个组织。

　　教师专业共同体帮助教师建构个人教学理论和实践知识。教师在专业共同体中可以收获丰富的、前沿的知识。教师专业共同体首先是一个学习的空间，在这里教师会分享各自积累的知识，包括学科专业、教育学、心理学等方方面面的知识。通过专业共同体的互助学习交流，教师的知识储备量得到扩充，知识体系得到丰富和更新，如此便有助于教师在教学的过程中满足学生的求知欲，并有效地启发学生。在教师专业共同体中通过集体备课、个性研修、示范观摩等方式，让教师之间沟通交流、相互启发、取长补短，在比较和借鉴中丰富教学认知，学习不同的教学思路，探索和改进教学方法，切实提高教育教学能力。

　　教师专业共同体帮助教师提升科研能力。教师专业共同体通过专业阅读、资料研习、交流讨论、研究实践等方式，提升教师的科学研究能力。教师专业共同体注重培养教师进行教育思考的习惯，引导教师发现问题，启发他们进行反思，形成研究课题方向。教师专业共同体带头人教授研究方法，对教师进行辅导，鼓励教师进行研究实践，共同体成员共同探索、相互帮助和支持，将课题丰富和具体化，最终形成研究成果。在教师专业共同体中，教师的研究能力得到提升，积累了研究的实践经验，还养成了在日常教学中主动研究教学、反思教学的习惯。

　　教师专业共同体有利于挖掘和利用教师群体的资源。教师之间在知识结构、思维方式、教学水平和教学内容处理能力等方面存在差异，而这种差异也正是一种宝贵的学习资源。教师通过与其他共同体成员进行交流和对话，可以获得有价值的信息，实现知识和经验的互补、思维的碰撞，从而产生新的思想，完善教学体系，提升专业内涵。这些群体资源可以让教师在成长的路上少走弯路，加速专业发展。

　　教师专业共同体通过协作学习的方式，促使教师的教学和科研能力持续发展。在教师团队中，教师之间相互学习、交流、合作的状态，直接影响着教师成长和发展的心理环境，进而影响其专业发展方向和进程。教师专业共同体建立的互相帮助、共同进步的合作文化，强化了教师的专业发展意愿，教师的积极性和创造性被激发，加快了个人的成长和发展。教师在专业共同体中充分分享知识和信息，互相影响思想和信念，有效推动教师群体的共同发展。

第四节　著名教育家的教育思想

一、孔子的教育思想

孔子（前551—前479），名丘，字仲尼，春秋末期鲁国陬邑（今山东曲阜市东南）人。我国古代著名的大思想家、大教育家、政治家，儒家学派的创始人。

孔子生在鲁国，早年家境贫寒。他曾说过："吾少也贱，故多能鄙事。"年轻时曾做过"委吏"（管理仓廪）与"乘田"（管理放牧）。虽然生活贫苦，孔子十五岁即"志于学"。他善于取法他人，曾说："三人行，必有吾师焉。择其善者而从之，其不善者而改之"（《论语·述而》），他学无常师，好学不厌，乡人也赞他"博学"。孔子"三十而立"，并开始授徒讲学。凡带上一点束脩的，都收为学生，如颜路、曾点、子路、伯牛、冉有、子贡、颜渊等是孔子较早的一批弟子。

孔子开创私人讲学之风，倡导仁义礼智信。有弟子三千，其中贤人七十二。曾带领部分弟子周游列国十四年，晚年致力于整理文献和继续从事教育，修订六经，即《诗》《书》《礼》《乐》《易》《春秋》。鲁哀公十六年（前479年），孔子卒，葬于鲁城北泗水之上。孔子去世后，其弟子及其再传弟子把孔子及其弟子的言行语录和思想记录下来，整理编成儒家经典《论语》。

孔子的教育思想博大精深，在《论语》中，记录了有关教育对象、教育内容、教育方法等诸多方面的内容，许多真知灼见，至今沿用。

1. "有教无类"的教育对象

孔子是中国历史上第一位私人办学的教育家，在教育对象上，孔子奉行"有教无类"的原则。孔子招收学生，有八个不分：一不分贵贱；二不分贫富；三不分智愚；四不分勤惰；五不分恩怨；六不分老少；七不分国籍；八不分美丑。这八个不分说明孔子对各种类型的学生都是一视同仁、平等对待的。孔子的"有教无类"可以看做教育公平学说的起源，同时也体现了孔子对传统教育进行改革的巨大魄力。

孔子主张性本善，认为人的道德品性会受到后天环境的影响，需要经由教育实践来完善。

"有教无类"思想开创了教育普及的先河。它打破了"学在官府"的垄断局面，将教育对象从贵族普及到平民，把学校从"官府"移到"民间"，扩大了学校教育的社会基础和人才来源，让更多的平民有受教育的机会。孔子"有教无类"的教育思想，不仅适应当时统治者的政治统治需要，而且符合当时的政治环境，使教育成为一种独立的活动，顺应了现实发展，具有一定的历史进步意义。

2. "德才并重"的教育内容

子曰："志于道，据于德，依于仁，游于艺"（《述而》第6章），即要学好修身治国的学问，必须先培养高尚的道德品质，孔子在教学中采取品德修养与知识和技能的学习并重的原则。"子以四教：文、行、忠、信"（《述而》第25章），孔子以四项内容教育学生：典制、德行、忠诚、守信。子曰："由也，女闻'六言六蔽'矣乎?"对曰："未也。""居，吾语女。好仁不好学，其蔽也愚；好知不好学，其蔽也荡；好信不好学，其蔽也贼；好直不好学，其蔽也绞；好勇不好学，其蔽也乱；好刚不好学，其蔽也狂"（《阳货》第8章），孔子认为，只注重道德修养而不学习知识技能，则会矫枉过正，而只学习知识技能不注重修行品质亦不会成才，只有将这两者并重才能成为完善的人。孔子在他四十多年的教学生涯中，注重传播古代文化遗产，加强教材建设。他把所收集到的文化材料、精神加以整理，编著成教学用书，被后世奉为儒家经典。他向学生讲授"六经"，传授"六艺"，教育学生怎么做人，这在今天的教育中也有很重要的现实意义。

3. "因材施教"的教育方法

子曰："中人以上，可以语上也；中人以下，不可以语上也"（《雍也》第21章），孔子指出，在教学上要根据不同学生的智力水平，教授难度不同的教学内容。这充分体现了孔子因材施教的原则。人的才智高下有别，要扬长避短，完善学生的德业修养，以更好地达到教育目的，根据这一原则，孔子深入了解弟子的不同兴趣、智力和能力，掌握每个人的特点，施以不同的教育。孔子不仅要求学生学思结合"学而不思则罔，思而不学则殆"（《为政》第15章），而且要求学生"不愤不启，不悱不发，举一隅不以三隅反，则不复也"（《述而》第8章），孔子阐述了自己启发诱导式的教学方法和原则，这种教学方法可以培养学生学习的积极性和主动性，这里孔子还强调了"举一反三"的学习方法，这些对提高学生独立分析文体和解决文体问题的能力无疑是有效和科学的。这种因材施教和启发式的教育方法，对中国教育的影响十分深远。而这两种教育方法的提出，又触及了教育和教学过程中带有根本性的问题，对中国古代教育理论的形成和发展作出了积极的贡献。

二、卢梭的教育思想

卢梭（Jean-Jacques Rousseau，1712—1778）是法国 18 世纪伟大的启蒙思想家、哲学家、教育家、文学家，是 18 世纪法国大革命的思想先驱，杰出的民主政论家和浪漫主义文学流派的开创者，启蒙运动最卓越的代表人物之一。主要著作有《论人类不平等的起源和基础》《社会契约论》《爱弥儿》《忏悔录》《新爱洛伊斯》《植物学通信》等。卢梭经过二十年思考和耗时三载写的《爱弥儿》（1762 年出版），是西方第一个完整的教育哲学以及第一部教育小说，成为世界教育史上的一座丰碑。主要教育思想有如下几方面：

1. 论人的天性

卢梭是坚定的"性善论"者。他认为："出自造物主之手的东西，都是好的，而一到了人的手里，就全变坏了。"在他看来，儿童之所以乖张任性，不是自然造成的，而是由于教育的不良导致的。卢梭的天性哲学体现在教育上，便要求教育脱离社会文化的监牢而使人性得到发展。教育的任务应该使儿童"归于自然"，弃恶扬善，恢复其天性。也就是说，教育要"以天性为师，而不以人为师"，人要成为"天性所造成的人，而不是人所造成的人"。

2. 自然教育理论

卢梭指出："教育有三个来源：或来自自然，或来自人，或来自事物。人的器官和能力的内在发展是自然的教育，学习利用这种器官和能力发展是人的教育，从周围事物经验中获得的是事物的教育。"如果一个人身上这三种不同的教育互相冲突的话，他所受的教育就不好；如果这三方面的教育是一致的，他就能受到良好的教育。

卢梭还进一步指出："教育的这三种要素，其中自然的教育完全非人力所能控制，事物的教育我们对它也只具有一部分的势力，只有人的教育是我们所能够支配的。"卢梭自然教育理论的目的是培养"自然人"。自然人并不是恢复到原始社会的退化之人，而是生活在社会中的自然人，即身体强壮、心智发达、能力强盛的"新人"。

卢梭猛烈地抨击封建教育。他指出，封建教育不顾儿童天性发展、抹杀儿童天性与成人的区别，以致不根据儿童特点施教，硬将适用于成人的教育强加于儿童，使儿童成为教育的牺牲品。因此，他把儿童的发展和教育划分为四个阶段，主张根据每个阶段儿童的年龄和心理发展特点进行教育。因此，卢梭认为应该以自然的教育为中心，使事物的教育和人的教育服从于自然的教育，使这三方面教育相配合并趋于自然的发展规律，才能使儿童享受到良好的教育。

3. 公民教育理论

卢梭认为教育要培养忠诚的爱国者。卢梭主张爱国主义教育应当从一个人诞生的时候开始，在儿童能阅读时就让他看关于本国知识的书籍，以后随着年龄的增大逐渐理解国家的物产、省区及城市，学习本国的历史以及一切法规，20 岁时就是一个良好的公民。同时他也主张由国家掌管学校教育，要求儿童受同样的教育。"即使不可能建立一种完全免费的公家教育，不管是哪一处，所收的费应该是放低到使最贫苦的也能付与。"

卢梭有力地抨击了自古以来传统的教育观点，彻底否定了教室、成人、书本是教育的中心的观念，提出要尊重儿童，重视儿童身心发展的自然规律，教育的一切措施都应根据儿童的需要、能力与兴趣等。当然，卢梭的教育思想也有其局限性，如过分强调儿童的需要、兴趣及个人生活经验的价值；强调家庭教育，忽视学校教育；要求离群索居，脱离社会的影响培养"自然人"，反映了其思想偏激的一面，或者说是反社会的一面。

三、杜威的教育思想

杜威（John Dewey，1859—1952），20 世纪美国著名哲学家、教育家、实用主义哲学的创始人之一，功能心理学的先驱，美国进步主义教育运动的代表，是当时传统教育的改造者,是新教育的拓荒者。他提倡从儿童的天性出发,促进儿童的个性发展,是对现代中国教育影响极大的西方教育家。主要教育著作有《我的教育信条》《学校和社会》《儿童与课程》《明日之学校》《民主主义与教育》《经验与教育》和《人的问题》等。主要教育理论有如下几方面:

1. 教育即生长

杜威认为教育就是促进儿童本能生长的过程,即教育的本质和作用就是促进儿童的本能生长。他提出了著名的"儿童中心主义"的教育原则,并成为他的教育理论甚至整个现代派教育理论中的一个核心论点。同时重视环境的作用,既要正视儿童的需要,又要提供相应的环境,使两者相互作用。

2. 教育即生活

杜威又提出了教育的本质即生活的观点。他指出,儿童本能生长总是在生活过程中展开的,或者说生活就是生长的社会性表现。根据"教育即生活",杜威又提出"学校即社会",要求把学校办成和现有社会制度一样的环境,以便从中培养出能完全适应当前社会生活的人。

3. 教育即经验

这一观点是以杜威的主观经验论为基础提出来的,即认为人的最初经验来源于"先天的能力"与环境的相互作用。

4. 从做中学

这是杜威教育理论的基本原则,实际上就是"从活动中学""从经验中学",他认为,儿童应该从自身的活动中进行学习,教学应该从学生的经验和活动出发。教学不应直接注入知识,而应诱导儿童全身心地参加活动,在活动中以迂回的方式无意识地获取经验和知识。"从做中学"是杜威教学理论的基本指导思想,在理论上是以他的经验论哲学观和本能论心理学思想为基础的,是对传统教育的教学进行全面否定的一个中心论据。

5. 思维与教学

杜威认为,好的教学必须能唤起儿童的思维。在他看来,如果没有思维,那就不可能产生有意义的经验。因此,学校必须提供可以引起思维的经验的情境。作为一个思维过程,具体分成五个步骤,通称"思维五步",一是疑难的情境;二是确定疑难的所在；三是提出解决疑难的各种假设；四是对这些假设进行推断；五是验证或修改假设。杜威指出，这五个步骤的顺序并不是固定的。

由"思维五步"出发，杜威认为，教学过程也相应地分成五个步骤，一是教师给儿童提供一个与现在的社会生活经验相联系的情境；二是使儿童有准备地去应付在情境中产生的问题；三是使儿童产生对解决问题的思考和假设；四是儿童自己对解决问题的假设加以整理和排列；五是儿童通过应用来检验这些假设。这种教学过程在教育史上一般被称为"教学五步"。

6. 儿童中心论

儿童中心论是由杜威提出来的。他提出："儿童是起点，是中心，而且是目的。儿童的发展、儿童的生长，就是理想所在。""以儿童为中心"，体现在教育过程中，就是要求教师应考虑儿童的个性特征，使每个儿童都能发展他们的特长，尊重儿童在教育活动中的主体地位。杜威提出要充分利用儿童的游戏本能，让他们以活动为媒介间接学到知识。儿童中心论强调的是要从儿童的现实生活出发，并且依附于儿童的现实生活。教学要为儿童设想，以儿童心理为根据。

7. 道德教育论

杜威说："道德是教育的最高和最终的目的。""道德过程和教育过程是统一的。"在杜威看来，德育在教育中占有重要地位。杜威极力强调道德才是推动社会前进的力量。在实施方面，杜威首先主张"在活动中培养儿童的道德品质"，其次是要求结合智育达到德育的目的，再次是要注重教育方法的道德教育作用。

四、陶行知的教育思想

陶行知（1891—1946），安徽歙县人，毕业于金陵大学（1952 年并入南京大学）文学系，是我国近代教育史上伟大的人民教育家、教育思想家和教育改革、实践家。著有《中国教育改造》《古庙敲钟录》《斋夫自由谈》《行知书信》《行知诗歌集》《普及教育三编》等。

陶行知的一生竭尽全力，奉献教育，他用自己长期的教育实践经验创立了以具有中国特色的生活教育理论为主要内容的教育学说。陶行知的教育活动是在当时民族危亡、国难当头的社会环境中进行的，因此他的教育实践是与民主爱国的活动相伴而行的。

陶行知最早注意到乡村教育问题，先后创办晓庄学校、生活教育社、山海工学团、育才学校和社会大学。他宣传生活教育，提倡教学做合一及小先生制，要求教育与实际结合，为人民大众服务。提出了"生活即教育""社会即学校""教学做合一"三大主张。

1. 生活即教育

"生活即教育"是陶行知生活教育理论的核心。陶行知指出："生活教育是生活所原有、生活所自营、生活所必需的教育。教育的根本意义是生活之变化。生活无时不变，即生活无时不含有教育的意义。"既然生活教育是人类社会原来就有的，那么生活便是教育，所谓"过什么生活便是受什么教育：过好的生活，便是受好的教育，过坏的生活，便是受坏的教育"。他还指出："生活教育与生俱来，与生同去。"

2. 社会即学校

"社会即学校"是陶行知生活教育理论的另一个重要命题。陶行知认为自有人类以来，社会就是学校，如果从大众的立场上看，社会是大众唯一的学校，生活是大众唯一的教育。统治阶级、士大夫为何不承认此，是因为他们有特殊的学校给他们的子弟受特殊的教育。陶行知反对这种特殊的、不平等的教育，提出"社会即学校"，以此来推动大众的普及教育。

3. 教学做合一

"教学做合一"是陶行知生活教育理论的教学论。用陶行知的话来说，教学做合一是生活现象之说明，即教育现象之说明。在生活里，对事说是做，对己之长进说是学，对人之影响说是教，教学做只是一种生活之三方面，不是三个各不相谋的过程。"教学做是一件事，不是三件事。我们要在做上教，在做上学。"他以种田为例，指出种田这件事，要在田里做的，便需在田里学，在田里教。在陶行知看来，教学做合一是生活法，也是教育法，它的含义是教的方法要根据学的方法，学的方法要根据做的方法，"事怎样做便怎样学，怎样学便怎样教。教而不做，不能算是教；学而不做，不能算是学。教与学都以做为中心"。由此他特别强调要亲自在

"做"的活动中获得知识。

　　生活教育理论是陶行知教育思想的主线和重要基石，它的精神内涵十分明确，即大众教育——为了人民的解放、人民生活的幸福。社会即学校、生活即教育、人人是先生等教育观正是其教育思想的体现。他认为脱离生活、脱离劳动的传统教育，会扼杀儿童的身心发展，其结果是培养了一群无用的、没有创新精神和胆略的"书呆子"。教育必须面向社会，面向生活；要走向社会，走进生活，要为学生提供更多的亲自动手、动脑的机会；要给学生更多选择的机会，包括学习时间的选择、学习方法的选择以及学习内容的选择；鼓励学生依照自己兴趣、需求，开展实践、探索、创新活动。与之相配套的课程设置、教育内容、教育模式等也都应向生活教育理论方向靠近，这样才能使陶行知的"解放学生的脑，解放学生的手"的教育思想得以真正体现，使学生的个性得到全面和谐的发展。

第三章　清远市中小学教师专业发展的实践探索

第一节　政策支持和制度保障

2012—2019 年，作为清远市实施教育均等化、创建"广东省教育强市"和争创"广东省推进教育现代化先进市"建设阶段，清远市先后出台了系列文件。每份文件基本上都涉及加强教师队伍建设，促进中小学教师专业发展的顶层设计。

清远市委、市政府出台《中共清远市委、清远市人民政府关于推进基本公共服务均等化的意见》（清发〔2012〕28 号）、《清远市人民政府办公室关于印发清远市推进基本公共教育服务均等化实施方案的通知》（清府办〔2012〕130 号）、《清远市人民政府关于调整清远市中心区域教育管理体制和学校布局的决定》（清府〔2012〕100 号）、《清远市人民政府关于全面实施"强师工程"加强教师队伍建设的意见》、《清远市人民政府教育督导室关于印发〈清远市督学责任区制度实施方案（试行）〉的通知》（清府教督〔2014〕3 号）、《清远市教育局等八部门印发〈关于推进教育信息化工程的实施意见〉的通知》（清市教〔2014〕5 号）、《清远市教育局印发关于教育教学质量提升工程的实施意见的通知》（清市教〔2014〕82 号）、《清远市教育局、清远市人力资源和社会保障局印发〈关于建设专业化专家化校长队伍的实施意见（试行）〉的通知》（清市教〔2014〕86 号）等一系列政策性文件（简称"1＋1＋N"文件），加快教育事业发展转型升级，推进教师专业发展，促使教育资源向乡镇和农村下移。

2012—2014 年，这一阶段出台"1＋1＋N"文件数量多，涉及面广。两个"1"分别指《中共清远市委、清远市人民政府关于推进基本公共服务均等化的意见》（以下简称《均等化意见》）、《清远市人民政府办公室关于印发清远市推进基本公共教育服务均等化实施方案的通知》（以下简称《均等化实施方案》），这两个文件作为推动教育优质均衡发展的顶层设计，全面具体并分步骤的措施为均等化的实现、师资队伍专业能力的发展打下良好的基础。这两个文件也指明了教育资源从相对集中县城（区）向乡镇下移，从相对集中乡镇向农村下移的具体路径与措施。

《均等化意见》从规划布局、办学条件、教师资源、人事管理制度、教师与学生补贴与保障等方面全面推进基本公共教育服务均等化，在更高层次上实现教育事业均衡发展。《均等化实施方案》从学前教育、高中教育、民办教育、强师工程出发，进行了具体的方案制订，并提及领导机制、财务保障机制、评价机制，在明确权责、确保各级财政安排的教育资金100%用于教育、开创渠道筹措资金等方面都有了完善的制度安排。这些文件措施的出台推动了中小学教师专业发展的制度创新和实践创新。清远市在全省乃至全国较早地推进中小学教师从"学校人"到"系统人"的转变（即"县管校聘"）；实施农村教师岗位津贴和鼓励退休教师到农村任教的"银龄计划"等。

而其中为推进公共教育服务均等化、教师专业能力提升打下良好硬件基础的制度文件应属《清远市教育局等八部门印发〈关于推进教育信息化工程的实施意见〉的通知》。文件里所提及的班级配备多媒体互动教学平台，数字教育资源"班班通"，省、市、县一体化数字化教育公共服务体系等人人可享有的教育信息化基础设施环境能够较快地改善农村教育公共服务落后的现状，这也为农村教师专业能力的提升提供了条件。

2014年出台《清远市人民政府关于全面实施"强师工程"加强教师队伍建设的意见》（清府〔2014〕95号）更是促进教师专业发展的一项重要政策，进行了全面的机制体制的顶层设计，内容详细具体，指导性和操作性强，包括了以下六大方面：建立师德监督考评体系，实施违反师德行为的惩处制度，通过树立高尚师德影响教育学生；构建以师范院校为主体、教师培训机构为支撑、现代远程教育为支持、立足校本的培训体系，建立健全科学的、可操作性强的市、县、校级培训方案，组织教师按类别、学科、职称层次等有针对性地参加专业培训，积极探索"走出去，请进来"、面授与远程教育相结合、研训一体的教研活动等多种培训方式，推动教师培训规范化、制度化、多样化、信息化；通过学费补助，鼓励和支持教师在职进修提高学历层次；针对当前农村中小学教师队伍年龄老化和结构性缺编严重的情况，通过增编或从高校毕业生中以购买服务方式招聘等创新农村教师队伍补充机制，加强落实农村教师岗位补贴制度，支教成绩与评优评先、职称晋升挂钩，建立有序轮岗的刚性约束机制等，加快建立县（市、区）域范围内教师交流；通过全员轮训及现代教育技术运用的专项培训，同时借助广清一体化合作帮扶的契机，建立支援学校与受援学校之间的校际教研和联片教研制度，提升农村教师队伍素质；通过设立市教育科研课题、示范性学科教研组活动评选活动、教育科研成果奖评比、清远市教育教学优秀论文评比，建立名校长、名教师、名班主任工作室、教师教研中心等平台等；完善考核等教师队伍管理体制和机制等。

2015 年 8 月，清远在粤东西北地区率先启动创建"广东省推进教育现代化先进市"工作，加快推进教育高质量发展。根据国家和省中长期教育改革和发展规划纲要，以及《广东省人民政府关于推进我省教育"创强争先建高地"的意见》（粤府〔2013〕17 号）精神，市委、市政府提出了清远教育发展"三步走"战略目标要求，为加快清远市推进教育现代化进程，印发《清远市教育现代化发展规划（2015—2020 年）》（清府〔2015〕126 号）和《清远市创建广东省推进教育现代化先进市实施方案》（清府办〔2015〕41 号），全面推进教育现代化工程。这两份文件对于清远"创强争先"目标、内容、思路、预算、组织领导机制、具体措施等进行了规划，为实现教师队伍现代化、教育治理现代化提供良好的政策保障。

《清远市教育现代化发展规划（2015—2020 年）》就清远市"争先"的背景与现状做了具体分析，分解出阶段性目标以及教育理念、教育体系、教育内容、教育手段、教师队伍、教学治理现代化六方面的具体目标，也将任务分成教育治理能力提升、学前教育普惠促优、义务教育均衡优质、普通高中优质特色、现代职业教育质量提升、终身教育多元建设、阳光教育、强师兴教、科研促教、教育信息化十大工程，使教师专业能力的发展有了更具体的方向与指引。

《清远市创建广东省推进教育现代化先进市实施方案》通过对督导验收指标体系进行任务分解，根据各县区的"创强"时间及具体情况分批次规划"争先"时间表及投入预算表，明确责任分工、协调工作机制、奖补投入激励机制，强化督导制度及监督问责机制，加强了组织保障与领导，建立教师、学校、学生全覆盖的信息化数据库，用现代信息技术推进教育现代化进程。

《清远市深化中小学教师职称制度改革实施方案》（清人社〔2016〕214 号）、《清远市乡村教师支持计划实施办法》（清府办〔2017〕21 号）、《清远市人民政府办公室关于推进全市中小学校教师"县管校聘"管理改革工作的意见（试行）》（清府办〔2018〕31号）、《关于推进清远市教育局直属普通高中学校教师"局管校聘"管理改革的工作方案》（清市教〔2019〕56号）等一系列配套政策，支持中小学教师跨校流动，支持教育资源动态调整，调动中小学教师专业发展积极性，为中小学教师专业化发展提供政策保障。

在师德师风建设的顶层设计方面，从2018年起清远市出台了《清远市教育系统师德师风建设实施方案》（清市教〔2018〕129号）、《2019年清远市教育系统师德师风建设实施方案》、《清远市中小学教师师德考核负面清单（试行）》，加强全市教育系统师德师风长效机制建设，完善了师德师风建设考核的具体实施方案和措施。

校长作为教师队伍的重要组成部分，同时也是学校推动教师队伍建设的第一责任人，其辐射带动作用不可或缺。在校长队伍建设中，2014年清远市出台了《清远市教育局、清远市人力资源和社会保障局印发〈关于建设专业化专家化校长队伍的实施意见（试行）〉的通知》，规范了校长职权责、聘任、监督、轮岗、培训、绩效考核等机制。这些都为清远市教师专业发展提供了全面的政策保障。在"三名"工作室建设过程中，清远市不断总结成效与问题，学习先进经验，于2019年，出台了《清远市校长培养提升工程实施方案》，针对校长队伍领导力、素质及"校长"工作室的辐射带动作用，设计了一套全方位的提升方案。

为切实提高基础教育教学质量，加快推进教育现代化，清远市于2020年8月印发《清远市人民政府关于提升基础教育教学质量的指导意见》，确定了以教学、教研、科研、培训、信息化"五位一体"的教学质量提升方案。通过建设更加规范、精细的教学管理，加强教研支撑作用，更加凸显科研引领作用，继续完善教师培训体系，深度融合信息技术与教学活动，促进教师、校长、管理人员队伍专业能力的全面提升，使基础教育获得更加优质均衡发展。

表 3 - 1   清远市教师专业发展相关政策规定列表

颁布时间（年）	政策	相关规定
2012	《中共清远市委、清远市人民政府关于推进基本公共服务均等化的意见》	合理配置教师资源，创新县域教师管理体制和机制。农村中小学要根据班级数量和班额核定教师编制数，足额配备师资。进一步完善县级教育部门统一管理教师人事档案、统一调配师资的管理模式。健全县域内公办中小学教师、校长定期交流、轮岗制度。完善选调农村教师进城任教工作机制，把在农村学校工作年限和业绩作为主要条件，改变单纯择优选拔的做法。新聘小学教师要优先安排到农村小学和教学点任教。招募和选聘珠三角优秀退休教师到我市进行支教服务工作；在南部地区选拔优秀教师到北部地区进行支教服务工作，解决我市北部地区特别是少数民族地区优秀教师和部分学科教师缺乏问题。各县（市、区）要从县城学校选拔优秀教师到乡镇特别是农村小学进行支教服务工作。实施"银龄计划"，鼓励到退休年龄的优秀教师继续留任，到农村学校从教〔由市教育局牵头，市人力资源和社会保障局、市财政局、各县（市、区）人民政府等单位承办〕。创新政策供给，稳定农村教师队伍。创新工作方法，理顺县（市、区）中小学教师岗位设置与职称聘用问题。加大师资培训力度，重点提高北部地区及农村教师素质。稳步提高教师，特别是北部地区和农村教师待遇，全面落实县域中小学教师工资福利待遇与当地公务员工资福利待遇基本相当政策。从 2013 年起，对北部地区乡镇以下（不含乡镇所在地）农村小学和教学点教师，由市、县两级财政按比例负担的方式，每人每月发放 300 元的岗位补贴，随着经济的发展逐步提高补贴标准，并逐步扩大到给予除县城以外的农村中小学教师发放岗位津贴。力争到 2016 年，北部地区与南部地区农村教师收入水平基本持平。对在农村学校从教满 25 年并在农村从教至退休的教师，实行终身岗位津贴。在培养培训、职称聘用、评优评先等方面向农村教师特别是贫困山区教师倾斜〔由市教育局牵头，市财政局、市人力资源和社会保障局、各县（市、区）人民政府等单位承办〕。

（续上表）

颁布时间（年）	政策	相关规定
2012	《清远市人民政府办公室关于印发清远市推进基本公共教育服务均等化实施方案的通知》	实施"强师兴教"战略，加强三支队伍建设，全面提高教育教学质量。 1. 加强校长队伍建设 实施学校去行政化，实行校长聘任制。校长任职一律不定行政级别，教育行政部门按资格和要求选聘校长。规范中小学校长、幼儿园园长任职资格标准，完善中小学校长、幼儿园园长任职资格制度。改革校长选任制度，进一步完善校长公开招聘、竞争上岗机制。逐步建立适应校长岗位需要、体现能力业绩的校长职级制，提升校长专业化管理能力。建立和完善符合教育规律的中小学校长绩效考评办法，切实加强对校长的履职考核和民主监督。实行县域内校长定期交流制度，校长每届任期为5年，校长在同一所学校任职满2届原则上要进行交流，鼓励城区学校校长到农村学校任职，优质学校校长可以同时兼任一所薄弱学校校长。实行校长岗位津贴。校长岗位津贴可以是同级教师岗位津贴的1.5～2倍，副校长岗位津贴可以是同级教师岗位津贴的1.2～1.5倍，由财政部门直接拨付。设立学校中层干部岗位津贴，具体执行标准由县级教育部门、本级人事、财政部门确定，所需经费由县级财政另行拨付。实施"名校长"培养工程。采取"理论学习""探究交流""专家辅导""挂职锻炼"等有效形式实施培养，使中小学的校长理论水平和工作业务能力得到明显的提高。 2. 加强高素质专业化教师队伍建设 （1）健全教师编制核定机制，足额配备各类师资。农村中小学和教学点要根据班级数量与班额核定教师编制数，不以简单的"师生比"核定编制。根据中小学布局调整等情况，要适当增加农村边远地区教师编制，确保农村中小学和教学点都能开足开齐国家规定课程。采取政府购买服务方式配备学校生活指导教师、安全保卫等专职后勤人员。 （2）创新教师补充机制，优化师资队伍结构。坚持"两个为主"原则，建立中小学教师补充新机制。农村中小学教师补充以应届高校毕业生为主，城镇中小学教师原则上必须有本地农村学校任教3年以上经历。及时补充薄弱学科和紧缺学科教师，优化教师队伍年龄结构和学科结构。针对当前农村中小学教师年龄老化和结构性缺编比较严重的情况，各地要创新工作思路，补充农村中小学急需的英语、计算机、音乐、美术、体育等学科教师。各地新补充教师要优先满足农村义务教育学校紧缺学科需要。新聘小学教师要优先安排到农村小学和教学点任教。落实高校毕业生到农村从教上岗退费政策，引导、鼓励高校毕业生到农村、山区任教。

（续上表）

颁布时间（年）	政策	相关规定
2012	《清远市人民政府办公室关于印发清远市推进基本公共教育服务均等化实施方案的通知》	（3）建立健全教师合理流动机制，促进城乡师资均衡配置。县级教育部门在县域范围内统一管理师资，行使教师资格认定、职务评聘、招聘录用、培养培训、调配交流、考核奖惩等管理职能。按照因地制宜、县域统筹、政策引导、城乡互动的原则，建立县域内教师定期流动的刚性约束机制。以镇域、县域、市中心区域为单位对在同一所学校任教满10年的教师有计划地进行轮岗。县域内每年义务教育阶段教师城乡交流人数占教师总数的比例为10%左右。城镇中小学教师申报高级职称、特级教师以及参加评优评先，要有1年以上在农村学校或薄弱学校任教经历。选调农村教师进城任教必须以在农村学校工作年限和业绩为主要条件。鼓励到退休年龄的优秀教师继续留任，到农村学校从教（不占学校编制）（"银龄计划"）。支持有条件的地区探索教师从"学校人"向"系统人"转变，从根本上解决师资配置不均衡的问题。 （4）创新培养培训机制，提升教师综合素质。全面建立教师专业发展培训制度，确保教师选择权落实到位，确保地方按教职工工资总额的2%和教育费附加总额的5%，学校按日常公用经费总额的5%，提取安排教师培训经费。从2013年起，市级财政安排"强师工程"专项经费1 200万元。健全教师培训制度，落实教师周期不低于360学时培训规定，提高培训质量和效益。建立全员培训以远程和送教下乡为主、骨干教师以面授和跟岗学习为主、个性化培训以校本和专题培训为主的培训体系。坚持面向全员、倾斜农村、突出骨干原则，组织实施各项培养工程和培训工作。此项经费纳入"强师工程"专项经费。 （5）建立符合清远地区实际的教师激励机制。从2013年1月起，对在农村学校从教满25年并在农村从教至退休的教师，实行终身岗位津贴。在培养培训、职称聘用、评优评先等方面向农村教师特别是贫困山区教师倾斜。健全保障中小学教师工资福利待遇的长效机制，进一步完善义务教育学校绩效工资制度和教师岗位管理，全面落实中小学教师工资福利待遇"两相当"政策。由县级教育、人事部门对完善学校绩效工资制度和教师岗位管理改革展开深入的调研，提出切实可行的实施办法，进一步调动教师的主动性、积极性和创造性。制定加强教师队伍建设与管理的配套性文件。

（续上表）

颁布时间 （年）	政策	相关规定
2012	《清远市人民政府办公室关于印发清远市推进基本公共教育服务均等化实施方案的通知》	3. 加强教研队伍建设 　　增加教研室学科教研员编制，充实教研力量，强化教育教学科研工作。根据省教育厅的有关规定，教研员岗位配置应占教师总数的千分之五。全市各地教研员配置都明显不足，各地编办要根据实际情况进行核定，增加配备教研员。大力保障教育科研经费，各级财政将教育科研经费列入财政预算，使学校年度教育科研经费占学校总运作经费的8%以上。创新教研工作体制机制，健全市、县、校三级教研网络。市教育教学研究室主要负责全市中学（含中职）教研指导工作和全市教研工作的统筹协调，并依托市一中作为教研基地，实现教学、教研、培训一体化。各县（市、区）教研室主要负责本地区义务教育学校（含幼儿园）教研指导工作，并可以分别依托办学质量高的初中、小学、幼儿园作为教研基地，实现教学、教研、培训一体化。2013年，争取成立市教育科学院，辐射带动全市教育科研和信息化工作。各县（市、区）教育局要逐步配齐中小学学科教研员，发挥专业引领、质量提升功能。各级各类学校要健全教研中心组，落实校本教研、校本培训和校本课程资源的开发。推进"学科名师工作室"建设，探索研训一体的工作机制，结合农村中小学现代远程教育工程，积极开发优秀教师示范课课件和教学光盘，送教下乡，实现优质教育资源共享，促进教师专业化发展。加大力度培训教研员，从2013年开始，市、县两级教育部门每年要有计划安排教研员到广州、佛山等地优质学校跟班学习。建立教育科研激励机制，提升教师参与热情，增强教师科研能力。至2015年，全市100%以上独立建制的中小学有县、市级以上课题，100%的学校有校级课题研究项目。对各级教师获得教研成果予以奖励。探索出台加强教学质量评价、教育科研工作考评的配套性文件。加强对高考的研究和引领，确保全市高考质量从2013年起逐步提高，力争到2016年全市高考成绩达到全省的中等水平。

（续上表）

颁布时间（年）	政策	相关规定
2014	《清远市人民政府关于全面实施"强师工程"加强教师队伍建设的意见》	2014年，为了进一步加强师德建设，不断优化教师队伍结构，缓解农村教师队伍结构性矛盾，使教师队伍在学科、学段及区域结构上趋于合理，实现提高教师学历层次，提升教师业务素质，清远市专门出台师资队伍建设的专门实施意见。并定下量化目标：到2016年，幼儿园、小学、初中教师，普通高中、中等职业学校教师全部达到国家规定学历。其中小学教师具有大专以上学历的比例达到95%以上，初中教师具有本科及以上学历的比例达到80%以上；普通高中、中等职业学校教师具有研究生学历的比例达到8%以上；争取省特级教师达35名，省级学科带头人达200人，市级名教师达200名，市级学科带头人达600人，市级骨干教师达1 000名，市级名班主任达100名。
2014	《清远市人民政府教育督导室关于印发〈清远市督学责任区制度实施方案（试行）〉的通知》	建立督学责任区制度，通过开展经常性的随机督导检查，有利于推进教育督导工作常态化、制度化建设，及时、准确地掌握学校的工作状况，发现存在的问题，加强对学校的指导和监督，规范办学行为，推进中小学素质教育的深入开展。
2014	《清远市教育局等八部门印发〈关于推进教育信息化工程的实施意见〉的通知》	到2016年，实现清远市"十二五"教育事业发展规划所提出的教育信息化目标。通过公共教育信息化基础环境实现教师与学生的教育资源供给均等化，教师信息技术应用能力达到均等化；中心小学以上学校基本实现一体化的教育信息化公共服务体系；教育信息化整体水平明显提高。

（续上表）

颁布时间（年）	政策	相关规定
2014	《清远市教育局印发关于教育教学质量提升工程的实施意见的通知》	实施以科研为引领，以教研为抓手，形成教学、教研、科研、培训、信息化"五位一体"的教育教学质量提升方式。使教学管理更加规范、精细，教育科研和教师专业发展的结合更加紧密，教师队伍整体素质进一步提升，教学资源进一步整合，学生综合素质进一步加强，中小学教学质量进一步提高，促进我市教育均衡优质特色化发展。 强化管理责任，提升教学管理水平。强化以校长为首的学校教学管理责任；强化以班主任为核心的班级教学管理责任；强化以教师为主体的学科教学管理责任；强化以教研组为核心的学科教研团队建设。 搭建教师专业成长的平台，提升教师教学能力。加强师德教育，增强教师教书育人的责任意识；加强教育理论学习，树立正确的教育教学观念；开展教学基本功比赛，夯实教师课堂教学功底；开展教育科研探索，提高教师工作效率，引领专业发展；建立优质学科基地学校，推动校本教研，促进教师专业发展；设立教师工作室，组建学科教学团队，培养骨干教师，发挥名教师的示范带动作用。 优化课堂教学，全面提高课堂教学效率。安排好教师的培训、教学研讨和集体备课活动；优化课堂教学模式，提高课堂教学效率；优化教学手段，促进现代教育技术与课堂教学的深度融合。 开展有效教研，提升教学研究水平。完善教研队伍建设，凝聚教研合力，积极开展形式多样、内容丰富的教研活动，提高教研实效，创建灵活、高效、务实的教研平台，充分利用人力、物力资源，编印教研刊物，建设教研网站，开通个人博客等，使教师有广泛的及时交流平台。 构建"以学生发展为核心、科学多元"的中小学教育质量评价制度，并建立"依进论出，依学评教，公正评价"的教师奖惩激励机制。

（续上表）

颁布时间（年）	政策	相关规定
2014	《清远市教育局 清远市人力资源和社会保障局印发〈关于建设专业化专家化校长队伍的实施意见（试行）〉的通知》	取消中小学校及校长行政级别，学校"去行政化"。建立符合中小学教育特点和校长专业发展的管理体制与运行机制。实施以聘任制为核心的一系列管理制度，建设高素质中小学校长队伍，营造教育教学和学校管理专家办学的良好氛围，加快转变教育发展方式，促进教育事业的转型升级，促进学校的内涵发展，全面提高教育教学质量。
2015	《清远市教育现代化发展规划（2015—2020年)》	教师队伍建设专业化、现代化。教师队伍整体素质高，管理制度完善，具有创新性，充满活力。完善教师"系统人"制度，健全教师合理流动机制，优化教师年龄结构和学科结构。教师队伍数量充足，结构合理，学历水平和专业化水平适应现代化教育要求。教师具有现代教育教学理念和现代信息技术与课程深度融合能力。 教育治理现代化。逐步实现教育"管、办、评"分离。完善决策、执行、监督既相互制约又相互协调的教育运行机制。扎实推进依法治校工作，建立符合教育发展规律的现代学校制度。健全教育督导机制，全面实施督学责任区和中小学挂牌督导制度。
2015	《清远市创建广东省推进教育现代化先进市实施方案》	第一阶段（2015—2016年）：2015年，实现义务教育发展基本均衡县、教育强县（市、区）、教育强镇（乡、街）全覆盖。2016年，清城、佛冈、连南3个县（区）率先创建成为"推进教育现代化先进县（区）"。 第二阶段（2017—2018年）：到2018年底，全市8个县（市、区）创建成为"广东省推进教育现代化先进县（市、区）"，清远市创建成为"广东省推进教育现代化先进市"。具体创建时间：2017年，清新、连州、连山三个县（市、区）；2018年，英德、阳山两个县（市）以及清远市。 第三阶段（2019—2020年）：巩固提高。在实现推进教育现代化先进市的基础上，全面建立以学习型社会为标志的终身教育体系，全面完善城乡教育一体化的现代国民教育体系。

（续上表）

颁布时间（年）	政策	相关规定
2016	《清远市深化中小学教师职称制度改革实施方案》	总目标：建立与事业单位聘用制度和岗位管理制度相衔接、符合教师职业特点、统一的中小学教师职称（职务）制度，进一步简政放权，创新管理体制和扩大学校用人自主权，充分调动广大中小学教师的积极性，为中小学聘用教师提供基础和依据，为全面实施素质教育提供制度保障和人才支持。 具体内容： 1. 健全制度体系 建立统一的中小学教师职务制度。教师职务分为初级职务、中级职务和高级职务。 2. 完善评价标准 要适应实施素质教育和课程改革的新要求，充分体现中小学教师职业特点，着眼于中小学教师队伍长远发展。坚持育人为本、德育为先，注重师德素养，注重教育教学工作业绩，注重教育教学方法，注重教育教学一线实践经历，切实改变过分强调分数、升学、论文、学历的倾向，引导教师立德树人、爱岗敬业、积极进取，不断提高实施素质教育的能力和水平。对农村教师适当倾斜。农村教师评聘职称（职务）时，课题、发表论文数量、计算机成绩、外语成绩等不作刚性要求。在农村学校任教（含城镇学校教师交流、支教）3 年以上、经考核表现突出并符合具体评价标准的教师，同等条件下优先评聘。 3. 创新评价机制，改革和创新评价办法 建立以同行专家评审为基础的业内评价机制。采取说课讲课、面试答辩、专家评议等多种评价方式，对中小学教师的业绩、能力进行有效评价，确保评价结果客观公正，增强同行专家评审的公信力。 4. 实现与事业单位岗位聘用制度的有效衔接 全面实行中小学教师岗位管理制度和聘用制度，发挥学校的用人主体作用，实现中小学教师职务聘任和岗位聘用的统一。建立健全考核制度，加强聘后管理，在岗位聘用中实现人员能上能下。中小学教师岗位出现空缺，教师可以跨校评聘。公办中小学教师的聘用和待遇，按照事业单位岗位管理制度和收入分配制度管理与规范。 5. 完善分级管理服务机制，明确职责，调动基层的积极性

（续上表）

颁布时间（年）	政策	相关规定
2017	《清远市乡村教师支持计划实施办法》	到 2018 年，力争全市乡村学校优质教师来源得到多渠道扩充，乡村教师数量基本满足需要，学科结构相对合理，乡村教师资源配置得到改善，教育教学能力水平稳步提升，工资福利待遇得到较好保障。乡村教师职业吸引力明显增强，职业认同感显著提高。乡村教师队伍逐步形成"下得去、留得住、教得好、能成才"的良好局面，使我市"十三五"期间乡村教育水平有大幅度提高。到 2020 年，努力造就一支数量充足、结构合理、素质优良、甘于奉献、扎根乡村的教师队伍。
2018	《清远市人民政府办公室关于推进全市中小学校教师"县管校聘"管理改革工作的意见（试行）》	按照"总量控制、统筹城乡、结构调整、有增有减"的原则，以提高教师资源使用效益为核心，坚持义务教育"以县为主"的管理体制。全面贯彻落实中央、省和市关于深化教育领域综合改革精神，创新用人机制。加快推进县域内教师无校籍管理，教师队伍县域内统管统用、合理配置，激发教师队伍活力，实现教师由"学校人"向"系统人"转变，为推进我市教育现代化建设提供坚强有力的师资保障。 具体内容： （1）加强师资配置管理，实行"县管编制总量，学校按岗配备"。编制总量核定后，由教育部门统筹使用，因校制宜，合理动态调剂，报同级机构编制部门和财政部门备案。 （2）完善岗位设置管理，实行"县管岗位结构，学校按岗定员"。教育部门在人社部门核定的岗位总量内，按照学校办学规模、教职工编制、师资结构和岗位标准，将岗位具体分配到各学校，并根据教师交流轮岗实际情况及时调整职位数量。 （3）完善岗位聘用管理，实行"县管人员身份，学校管理聘用"。全面落实中小学教师聘用合同管理，签订和严格履行聘用合同。落实学校用人自主权，学校按照有关规定做好教职工考核评价、评优评先、职称评聘、奖励性绩效工资核定发放等管理工作，将考核结果作为评先评优、职称评聘、资格注册、薪酬分配以及续签聘用合同等工作的重要依据。对不能完成工作任务的人员要进行转岗或低聘，逐步建立能上能下、能进能出的竞争性用人机制。

（续上表）

颁布时间（年）	政策	相关规定
2018	《清远市人民政府办公室关于推进全市中小学校教师"县管校聘"管理改革工作的意见（试行）》	（4）强化交流轮岗力度，实行"县管全局统筹，学校择优选派"。教育部门负责县域内统筹交流对象、制订具体方案，采取多种交流轮岗形式，逐步达到学校之间专任教师高一层次学历比例、中高级职称教师比例和骨干教师比例大致相当，实现县域内教师资源的均衡配置。 （5）改进补充方式，实行"县管统一招聘，学校按岗聘用"。学校根据岗位设置和教学实际申报教师需求数，教育部门按照教师编制及师资结构等情况，在区域内进行合理调配。教育部门根据学校的需求调配，调配后仍存在结构性缺员，由人社、教育部门按照规定进行公开招聘。 （6）建立教师退出机制，实行"县管体系标准，学校考评执行"。建立以能力和业绩为导向，以社会和业内认可为核心的中小学教师评价机制。教育部门制定基本评价标准，学校结合实际确定具体考评实施办法。通过严格考核、科学评价，逐步建立教师退出机制。 （7）完善教职工合法权益保障机制，实行"县管权益保障，学校公开竞聘"。
2018	《清远市教育系统师德师风建设实施方案》	着力解决师德师风建设中的突出问题，切实增强师德师风教育的针对性和实效性。通过加强教师党支部和党员队伍工作，建立健全教师全员师德专题教育和日常师德教育制度、新教师岗前师德教育制度、班主任（辅导员）上岗师德教育制度，实行教师师德承诺制度，加强师德师风宣传，规范师德师风考核，建立教师个人信用记录，完善诚信承诺和失信惩戒机制，建立倒查惩处机制及健全师德表彰机制等措施创新师德师风教育、完善监督机制。构建学校、教师、学生、家长和社会广泛参与的"五位一体"，涉及"教育、宣传、监督、考核、奖惩、激励"的全方位师德师风建设工作机制，引导广大教师争做"有理想信念、有道德情操、有扎实学识、有仁爱之心"的好教师，做学生锤炼品格、学习知识、创新思维、奉献祖国的引路人。
2019	《2019 年清远市教育系统师德师风建设实施方案》	为了进一步提高教师的思想政治素质、树立正确的教师职业理想、提高教师的职业道德水平、规范教师的育人行为，通过宣传学习、完善机制、落实措施三个阶段，进行加强"三观"教育，提高教师思想政治教育；加强师德教育，提高教师职业道德水平；营造良好氛围，健全长效工作机制；开展主题活动，落实建设具体措施；关心教师心理健康，提高教师心理调节能力的师德建设主要措施。

（续上表）

颁布时间 （年）	政策	相关规定
2019	《关于推进清远市教育局直属普通高中学校教师"局管校聘"管理改革的工作方案》	加强我市直属普通高中学校教师队伍管理，完善"学校人"到"系统人"的管理机制，对市直属普通高中学校专任教师实行统一考核、统一管理，解决新高考方案实施后造成的教师结构性缺员问题，激发教师队伍的活力，促进教师专业发展。
2019	《清远市校长培养提升工程实施方案》	校长培养提升工程基于"新学校行动研究"国家级课题的相关成果，以"理想学校"构建模型为核心，通过为期三年的系统性、结构型、立体化、导师制的培养体系，着力于30所种子学校，以30名校长培养为抓手，帮助学校管理者优化学校治理结构、提升教师专业发展、提高校本教研能力，推动学校可持续发展。再通过每位参训校长主导成立工作室，参与成员为其学校所在地另外3~5位校长，以工作室形式带动清远150所学校全面发展，从而推动清远教育的整体提升。 培养工程摒弃了传统培训的"拼课""凑课"模式，采用集中研修、入区培训、线上授课、入校指导、常态化线上顾问的混合式工作模式，扩大培养工程工作覆盖面，将线上课程向全体管理干部教师开放，在专家的引导下最大化利用线上资源，使全体参与者进入常态化学习与思考状态；聘请全国知名学校校长、院系教授、"新学校行动研究"课题资深参与者、知名企业高管、教育行政官员以实践顾问、学术顾问、研究顾问、管理顾问、政策顾问的身份组成专家顾问团，帮助学校与顾问团建立常态化线上沟通机制，并为种子学校提供入校针对性指导，随时随地为学校在转型中面临的问题进行帮助指导；在专家指导下，按地域、学段、校情每校建立一个学习分享小组暨校长工作室，每学期根据实际情况和需求安排同课异构、阅读沙龙、主题研讨、联合备课、课程开发等活动，促进学习小组内校长、管理干部、教师的交流，资源共享，互通有无；注重学校转型、教育管理相关工具的传授，帮助参训者通过行动研究生成属于自己的工具并加以传播，提高清远教育者的专业性与声望。以专业素养提升、文化底蕴涵养、跨界视角拓展三大内容主线贯穿始终，解决理想学校转型中学校面临的课程建设、教师专业发展、组织结构优化三大难题。

（续上表）

颁布时间（年）	政策	相关规定
2020	《清远市人民政府关于提升基础教育教学质量的指导意见》	到 2025 年，全市基础教育教学质量进一步提高，德育时代性更突出，教学工作的中心地位、教学质量的重要地位、教学投入的优先地位得到进一步巩固。进一步推行教学、教研、科研、培训、信息化"五位一体"的教学质量提升工程。 （一）加强教育管理，提高课堂教学质量 从教学管理、课堂到监测都进行了设计。①强调校长作为学校提高教学质量的第一责任人，要建立符合本校实际的教学管理制度，定期开展自查、抽查。教育部门要建立健全教学常规管理督查制度，改进督查技术手段，积极利用信息化和大数据实施教学管理督查，促进教学管理水平的提升。②课堂注重启发式、互动式、探究式教学，落实学科核心素养，变讲授中心为学习中心。积极探索线上线下教学融合发展，借力异地对口帮扶机制，开展名师送教下乡、跟岗学习等活动，提升课堂教学水平。全市每两年循环开展中小学全学段全学科的青年教师教学基本功比赛，聚焦课堂教学，注重培育、遴选和推广优秀教学模式、教学案例。③建立以教学改进为目标的监测平台，依据不同学段、不同学科的课程标准制定明确的质量指标体系，落实监测结果二次解读、问题调研、整改方案制定、整改落实、整改跟踪等工作，提高质量监测结果问题整改的成效。 （二）强化教研支撑，深化教育教学改革 从教研队伍建设和教研工作方式创新进行了规定。①市、县教育教研部门要在核定的编制总量内配齐各学科专职教研员，要充分考虑教研员岗位专业要求高的特点，适当提高教研部门专业技术高级岗位比例。建立健全教研员准入和退出机制及全员培训制度。②关注基于信息化教学、实证和数据的教学研究。将教研重心进一步下移，建立专职教研员定期到中小学任教和乡村学校、薄弱学校联系点制度。要因地制宜进行区域教研、网络教研、综合教研、主题教研，组织公开课、示范课、研究课，开展区域联合蹲点教研活动。 （三）坚持科研引领，推动成果转化应用 从积极开展科研课题研究、聚焦新课程教学研究和积极推动成果转化应用三方面进行指导。并建议相关部门把教育科研课题的研究能力作为教师晋升及评优评先的参考条件。

（续上表）

颁布时间（年）	政策	相关规定
2020	《清远市人民政府关于提升基础教育教学质量的指导意见》	（四）健全培训体系，促进教师专业发展 从健全中小学教师发展支持体系、建立分层分类递进式的教师培训体系和完善网络研修加校本实操的师培模式方面进行师资培训框架设计。①加强市、县教师发展中心建设，加快推进县（市、区）整合培训、教研、电教、科研等部门资源。建成覆盖学段的全学科教师研训队伍，遴选建设校本研修示范校，构建市、县、校三级联动，层次分明，协同创新，互联互通的教师专业发展支持体系，推动教师职前培养与职后培训有机衔接、深度融合创新。②构建教师专业发展和学校管理人员发展培养体系，完善教师、校（园）长分层分类培训课程体系。突出育人主线，重点围绕学科育德、学科知识体系、课堂学习指导和有效教学、育人能力等方面设置培训课程。加大名教师、名班主任、名校长、培训专家工作室的建设力度，推动各县（市、区）教育部门逐步完善县级名教师、名班主任、名校长评选及工作室的建设工作，充分发挥基础教育高层次人才在教书育人、教学科研等方面的示范引领作用。③建立"整校推进"混合式校本研修新模式，构建以校为本、基于课堂、应用驱动、注重创新、精准测评的教师专业素养发展新机制，采用网络研修和校本实践应用相结合的培训新方式。 （五）加大信息化投入，培育师生信息素养 ①从加大教育信息化投入，实现优质教学资源"校校通""班班通"到网络空间"人人通"的建设。②深入开展校长信息化领导力培训，市级、县级教师发展中心、学校教务处负责开展提升教师信息素养的培训和相关活动，逐步形成强校带弱校、优秀教师带其他教师的制度化安排，普遍提高教师信息素养。③通过课内外活动，对学生信息技术知识、技能、应用能力以及信息意识、信息伦理等方面进行一体化的培育，全面提升学生信息素养。

资料来源：清远市人民政府办公室。

第二节　清远市中小学教师专业发展成效分析

清远市通过几年创建广东省教育强市的努力，全市 2014 年已完成创建省教育强县（市、区）7 个，占总数的 87.5%；建成省教育强镇（乡、街道）67 个，覆盖面达 79.8%，超过创建省教育强市"两个 70%"的目标要求。2014 年 6 月 23 日至 26 日，广东省专家组对清远市创建省教育强市工作进行督导评估验收。2014 年 8 月 25 日，广东省人民政府授予清远市"广东省教育强市"称号，成为非珠三角地区首批教育强市。教育创强推动了清远市教育综合实力走在粤东西北 12 个地级市的前列。2015 年底，清远市实现 8 个县（市、区）省教育强县（市、区）和国家义务教育发展基本均衡县全覆盖。2016 年全面完成教育服务均等化"两个 80%"目标，教育综合发展水平走在粤东西北地区前列，人民群众对教育的满意度大幅提高。

清远市清城、佛冈、连南、连山 4 区（县）于 2018 年 8 月通过了督导验收，成功创建为广东省推进教育现代化先进区（县），清新、英德、阳山、连州 4 个县（市、区）"创先"评估验收也获得通过。清远市于 2019 年 9 月正式获得广东省教育厅授予的"广东省推进教育现代化先进市"称号，成为粤东西北首批"推进教育现代化先进市"。

在一系列的政策机制促进下，教师专业发展得到提升，在教育信息化、教师队伍发展、教育教学质量、师德师风建设方面成效显著。同时在专业发展培训体系的构建、教师专业发展平台与教师发展中心的建设、人事管理体制机制的改革、教育资源配置的优化、广清协同推进等方面都取得了突破性的发展，为清远市教师专业发展提供广阔的平台与保障。

一、教师专业发展成效概述

1. 教育信息化建设成效显著

教育信息化是带动和促进教育均衡发展、教师队伍现代化的革命性手段，对提升基础教育办学品位和教学层次、缩小城乡教育差距、坚守教育公平底线意义重大而深远。清远市通过基础环境均等化建设、教育资源供给均等化建设、教师信息技术能力均等化建设等,提高农村教育信息化水平,以信息化促进优质教育资源共享,推进基本公共教育服务均等化和农村义务教育均衡化发展。为改变农村学校和教学点信息化落后的现状,清远市将农村学校和教学点"校校通""班班通"工程列入重点建设范围,打通教育信息化服务"最后一公里"。从2013年起,清远由市级财政"托底",每年投入1 459万元用于全市,特别是偏远农村地区的教育信息化建设。建成"全光纤、高带宽,百兆到点、千兆到校"的信息化"高速公路",实现全市"校校通""班班通"全覆盖的目标,全市100%的中小学拥有多媒体教室,为推进教育现代化奠定了坚实的基础。山区和农村学校办学条件明显改善,信息化水平明显提升,南北部地区教育差距逐步缩小,清远教育进入了快速发展的阶段。

2. 师资队伍的能力与素质进步明显

坚持把加强师资队伍建设摆在教育工作的主要位置,制定《清远市人民政府关于全面实施"强师工程"加强教师队伍建设的意见》,创新理念,大胆突破,把师资队伍建设作为推进教育现代化的基础工程。特别是通过以科研为突破口,清远市成立了教育教学研究院,加强对全市中小学开展教育科学研究的指导,负责全市教育科研、教学研究、教师培训、信息服务等业务的专业指导和管理。各县(市、区)、乡镇和学校设有专门教研机构,不断将教学经验丰富的学科带头人和骨干教师充实到教研队伍中,使各学科教研活动做到制度化、常态化,通过打造两个经典品牌(青年教师教学基本功比赛、教育科研市级立项课题)、塑造三个优质项目(名师工作室、送教下乡、学科主题研讨)等活动,引领全市教育的改革与发展。根据清远市地处山区、面积大、学校比较分散等特点,建立了高中联片教研、小学分片教研制度,提高了全市的教研水平和质量,推进了薄弱学校、薄弱学科的建设,教育科研工作富有成效,教师队伍建设取得显著成就,硕果累累。

2015—2019年,清远市中小学教师论文发表数量呈快速增长的趋势;省级以上课题的立项数从2016年的9项增加到2019年的19项,增长1倍以上(见图3-1);在省赛项目中,一等奖的获奖数量从2017年的1项增加到2019年的5项,二等奖的获奖数量也从14项增加到15项,获奖数量有了较大的提升(见图3-2)。2015

年以来，清远市申报省级立项课题有 13 项，其中 10 项为一般课题，3 项为重点课题，有 5 项教学成果在 2017 年广东省教育教学成果评审中获得二等奖。

（立项数）

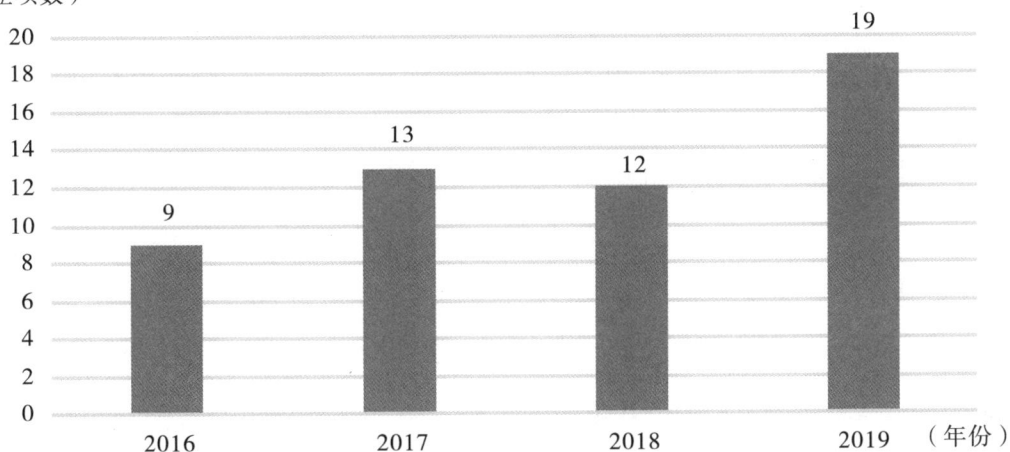

图 3-1　清远市 2016—2019 年中小学教师省级以上课题立项情况

（获奖数）

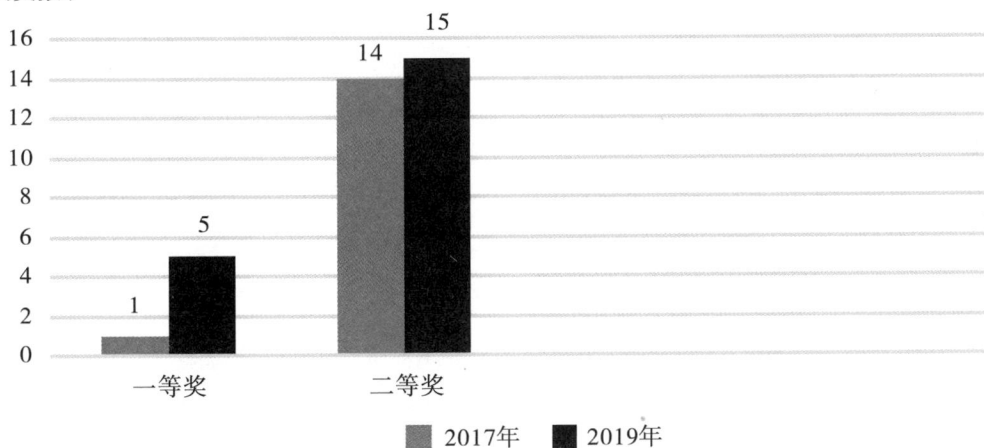

图 3-2　清远市 2017 年与 2019 年中小学教师省赛获奖情况

3. 教师教育教学能力的提高，促进教育教学质量明显提升

2013 年，清远市普通高考一本、二本上线率增幅跃居全省前茅。其中重本上线 1 037 人，首次突破千人大关，增幅 42.2%，是全省平均增幅（20%）的 2.11 倍；本科上线 7 830 人，增幅 11.7%，超过全省平均增幅（6%）。总上线率为 81%，高于全

省78%的水平。2014年清远市高考再创新高：重本上线达1 610人（含重点院校招收贫困地区农村学生专项计划），比2013年增加573人，增幅55.3%，是全省平均增长率的2.6倍；本科上线8 770人，比2013年增加940人，增幅12%，是全省平均增长率的2.6倍；第三批专A以上上线14 081人，比2013年增加354人，增幅2.6%；第三批专B以上上线21 624人，比2013年增加1 597人，增幅8.0%。从纵向对比来看，清远市高考重本上线达1 610人，相比2012年的729人增长了121%；从横向对比来看，清远市高考重本上线率和本科上线率均超过粤东西北一些老地级市，已位列环珠三角地区前列。2015年以来，清远市参加高考人数有所下滑，但重本上线比例稳步上升。到2020年，重本上线达到2 407人，比2019年增加了387人，增幅19.16%，占比10.86%；本科以上上线达到9 886人，比2019年增加594人，增幅6.40%，占比44.60%（见表3-2）。2010—2020年，重本上线率及本科上线率都呈现出向上的趋势（见图3-3、图3-4）。

表3-2　清远市普通高等学校招生上线人数（2010—2020年）

年份	考生人数/人	重本		本科以上	
		人数/人	比例/%	人数/人	比例/%
2010	19 847	720	3.63%	6 373	32.11%
2011	24 239	756	3.12%	7 361	30.37%
2012	23 521	729	3.10%	7 012	29.81%
2013	24 625	1 037	4.21%	7 830	31.80%
2014	25 616	1 610	6.29%	8 770	34.24%
2015	24 791	1 819	7.34%	8 336	33.63%
2016	23 070	1 907	8.27%	8 312	36.03%
2017	22 442	1 905	8.49%	8 422	37.53%
2018	21 958			8 575	39.05%
2019	26 307	2 020	7.68%	9 292	35.32%
2020	22 166	2 407	10.86%	9 886	44.60%

备注：数据来源：清远市教育局；本表报名人数及实考人数不含单考单招、高职考生；2018年因统计口径发生变化，故重本人数未提供。

（％）

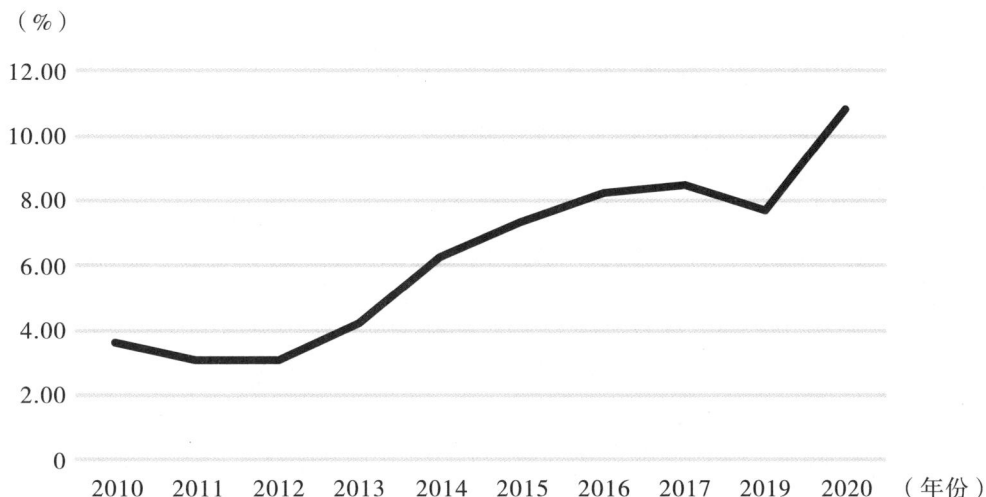

图 3 - 3　清远市 2010—2020 年高考重本上线率

（％）

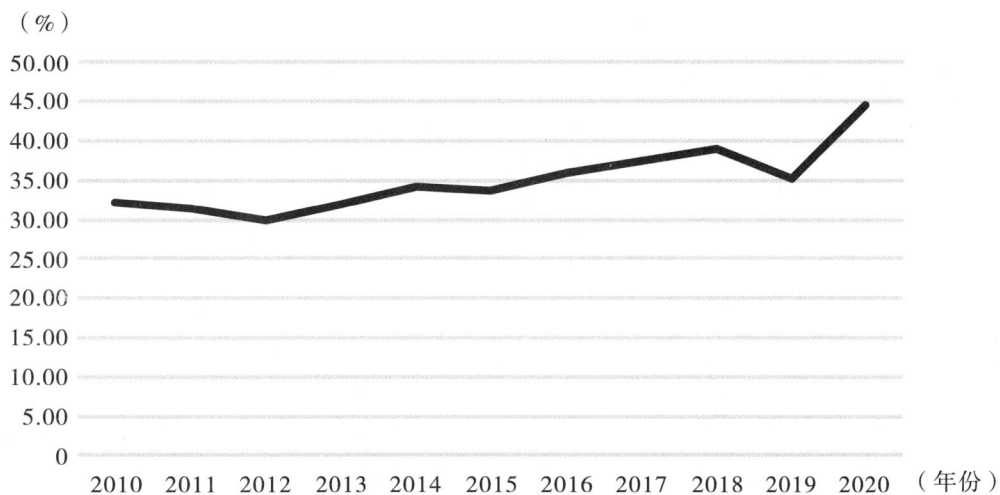

图 3 - 4　清远市 2010—2020 年高考本科上线率

4. 师德师风建设进展与成效

　　清远市重视加强师德师风建设，认真贯彻落实教育部等七部门印发的《关于加强和改进新时代师德师风建设的意见》精神，全面提升教师思想政治素质和职业道德水平，取得突破性进展和成效。

　　完善机制，推动师德师风建设常态化和长效化。清远市教育局成立由局长担任组长的师德师风建设工作领导小组，印发《清远市教育系统师德师风建设实施方案》,各学校建立学校、教师、学生、家长和社会广泛参与的"五位一体"师德师风监督体系和评价机制,师德师风建设全力推进。

强化教育,提高师德师风建设的针对性和实效性。一是印发《关于疫情防控和开学复课期间进一步加强师德师风建设的通知》,开展"同心战'疫',挥笔助力"征文比赛,组织教师支援社区抗疫,号召教师强化使命担当,克服困难,教育教学和疫情防控两手抓,做好疫情防控常态化下的学校教育教学活动。二是开展"厚植爱国情怀,涵育高尚师德,加强新时代教师队伍建设"专题网络培训,提升教师师德素养。三是选树师德典型,组织"最美教师""师德先进工作者""优秀教师"等评优评先活动;加强市"最美逆行者""最美教师"榜样人物事迹宣传活动,组建优秀教师先进事迹报告团,开展宣讲学习和巡回演讲活动88场次,形成"强师德、正师风"的浓厚氛围。

规范考评,加强师德师风建设的监督和激励。建立师德师风预防报告监测制度、师德师风考核评价制度、师德师风建设问责制度等;落实师德师风建设责任制,层层签订责任状,成立师德师风督查组,不定期督查各学校师德师风建设情况;将师德建设纳入学校期末考评及常规工作督查目录,做到了每所学校的师德师风建设有督查、有考核、有反馈,确保师德师风建设工作有实效。建立教师个人信用记录,将师德考核作为教师考核的核心内容,实行师德"一票否决"。印发《关于禁止假期乱补课的通知》,周密部署治理假期乱补课工作。全市未发现教师出现有偿补课及违规收受礼品礼金问题。

通过定期和不定期开展专项整治工作,树立和维护了学校及教师的良好形象,提高了社会满意度。通过深入实施师德师风建设工程,全市形成风清气正的教育生态,涌现了一批教育工作先进单位和先进个人。2019—2020年,3人荣获"全国优秀教师"称号,1人荣获"全国优秀教育工作者"称号,3人被评为"广东省名班主任",10人被评为"广东省名教师",60人被评为"清远市优秀教师",11人被评为"清远市最美教师"。先进教师典型事迹在清远电视台、《清远日报》、清远教育局微信公众号等媒体报道。

通过师德舆论导向,倡导教师以身作则的模范带动效应,共育师生文明素养,在推动未成年人思想道德建设中起到了良好的示范作用。

各级教育行政部门和各级各类学校始终坚持把立德树人，培养一代又一代社会主义建设者和接班人作为教育的根本任务，作为推进教育现代化与教师队伍现代化的方向目标，唱响社会主义核心价值观主旋律。着力在坚定理想信念、厚植爱国情怀、加强品德修养、增长知识见识、培养奋斗精神、增强综合素质六个方面下功夫，让教师教育引导学生立志修身、报效祖国。强化意识形态责任制，守住政治底线。明确各级各类人员工作责任，尤其在工作实践中不断强化教师队伍的政治意识、责任意识、阵地意识和底线意识，要求全体教师站好讲台、守住阵地、遵守课纲，承担起培养社会主义事业合格建设者和可靠接班人的重任。

同时以创建全国文明城市为契机，以创建文明校园为抓手，扎实推进习近平新时代中国特色社会主义思想和社会主义核心价值观进教材、进课堂、进学生头脑、进网络、进学生社区教育活动，构建以社会主义核心价值观为引领的大中小幼一体化德育体系，实施高校思想政治工作质量提升工程。充分发挥教师及课堂教学的主渠道作用，将中小学德育内容细化落实到各学科课程的教学目标之中，融入渗透到教育教学全过程。精心设计、组织开展主题明确、内容丰富、形式多样、吸引力强的教育活动，提高德育实效。社区与学校共建校外活动中心，组织"家庭教育大讲堂""清阅童行·关爱未成年人""书香进万家"等活动，以鲜明正确的价值导向引导学生，以积极向上的力量激励学生，促进学生形成良好的思想品德和行为习惯。把立德树人融入中小学思想道德教育、文化知识教育、社会实践教育各个环节。在全市中小学开展"扣好人生第一颗纽扣""建设大爱清远""建设文明清远""德耀清远、善行北江"等主题活动，未成年人思想道德建设工作取得突破性的成效，有关经验在全省推广。

2017 年清远市荣获"全国未成年人思想道德建设工作先进城市"荣誉称号，成为广东省唯一当选的城市。2018 年，清远市在全国文明城市提名城市未成年人思想道德建设工作年度测评中总得分 96.28 分，在参加测评的全国 141 个地级以上城市、城区中排名第七，在广东省 8 个地级以上城市中排名第一。在 2019 年全国文明城市提名城市未成年人思想道德建设工作年度测评中，清远市总得分 97.77 分，全国排名第四，广东省排名第一。清远市现已创建全国文明校园 3 所，省级文明校园 4 所，市级文明校园 355 所，14 所学校被确定为广东省"创建全国文明校园先进学校"，校园文化建设示范校 83 所,形成文明校园创建梯队。文明校园创建经验得到省文明办的充分肯定。清远市文明校园创建工作经验在全省推广,珠海、韶关、肇庆、揭阳等兄弟市慕名到清远市交流调研,文明校园创建已成为清远市精神文明建设响亮的品牌。

二、构建"三位一体"多方协同教师专业发展培训体系

根据《国家中长期教育改革和发展规划纲要(2010—2020 年)》、《广东省人民政府关于全面实施"强师工程"建设高素质专业化教师队伍的意见》(粤府〔2012〕99 号)、《清远市中长期教育改革和发展规划纲要(2010—2020 年)》、《清远市人民政府办公室关于印发清远市推进基本公共教育服务均等化实施方案的通知》、《清远市人民政府关于全面实施"强师工程"加强教师队伍建设的意见》等文件精神,清远市教育局把"强师工程"作为加强清远市教师队伍建设的核心工程和重要抓手,坚持政治引领、服务改革、突出重点、精准施训、形式多样、注重实效的原则,立足本地,依托省内外师培院校、培训机构(基地),坚持"三位一体"(教育行政部门、委托培训院校、受培学校),采取"请进来走出去、线上线下、现场培训"相结合的系统培训,全面提高清远市中小学(幼儿园)校(园)长、教师、教研员三支队伍的整体素质。

1. 分层分类、市级统筹县市联动全员全方位的教师培训体系

(1)分层分类开展培训。依据清远市教师队伍建设工作规划,以提高教师队伍综合素质为根本,紧密结合学校教育教学一线实际,按照"面向全员、均衡发展"的培训方针,从 2016—2018 年,清远市教育局每年开展"强师工程"项目近 20 个,通过普及全员培训、加强骨干培养、重点开展"三名工程"、注重乡村教师综合素质提升、关注校长能力成长、做深做实信息技术应用能力提升工程项目等措施,在教师分层分类培养上不断努力,通过多年的培训开展,取得了不错的成效,教师整体能力有所提升,尤其是教师的信息技术应用能力和创新能力得到了增强,并培养了一批优秀的骨干教师和校长,尤其是开拓了乡村教师的视野,提升了其教育教学能力。

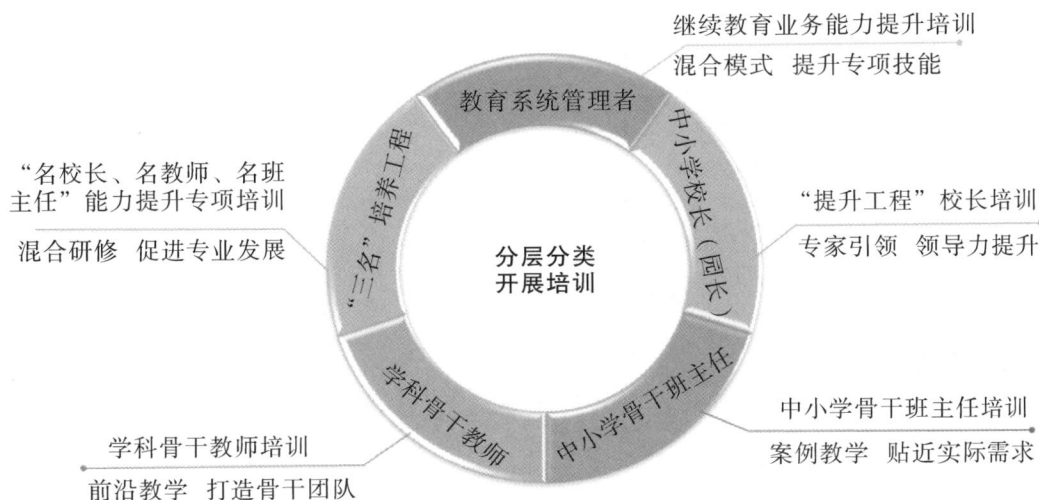

图 3-5　分层分类开展培训

（2）市级统筹落实全员培训。坚持"统筹规划、分类实施、完善制度、加强保障、注重实效"的原则，大力推动开展全员培训，通过多种方式和途径，全面落实国家规定的中小学教师每五年完成 360 学时的继续教育任务。平均每年都有近 4 万人参加全年的培训学习。

图 3-6　全员远程培训

（3）市县联动开展骨干教师培训。自启动"强师工程"以来，清远市按照强师工程实施方案的要求，市县校各负其责、上下联动、形成合力，积极开展教师培训。一是市级示范引领，积极开展骨干教师培训。通过实施中小学学科骨干教师培训、中职学校骨干教师能力提升培训、中小学教师信息技术应用能力提升工程骨干培训、"促进学科教学与信息技术深度融合"专项培训项目、广清合作项目、教育教学质量提升工程等，促进了骨干教师团队的培养与建设。二是各区县结合实际，积极开展特色鲜明的教师培训工作。如清新区实施的"三名混合式"培训项目、连南县实施的中小学德育与安全管理培训、阳山县实施的紧缺学科骨干教师培训、佛冈县实施的中学教学教研管理干部业务培训等。

（4）创新培训模式提升实效。清远市着力创新教师培训模式，努力提高培训质量。一是坚持"三位一体""请进来与走出去"相结合，彰显信息的多样性和开放性。为全面做好清远市中小学校长和教师队伍的能力提升工作，清远市坚持"三位一体"，立足本地，依托省内外骨干师培院校（基地），开展系列培训。"走出去"与名校合作，全面借力，为清远市教师队伍搭建一个更加现代化、更为广阔的学习平台。"请进来"为教师定制及开展专题报告讲座，邀请一批国内知名教育专家来清远市讲学。二是线上学习与线下指导相结合，确保实效性。充分依靠"互联网＋"，大力推进教师远程培训，加强网络研修指导下的校本培训，扩大培训覆盖面，为广大教师尤其是农村教师提供优质资源，提高培训质量。三是理论与实践相结合，突出实践性。在加强集中理论学习的同时，增加实践环节，依托教师、校长培训实践基地和名师、名校长工作室开展跟岗学习与体验式学习。充分发挥清远市10个市校长工作室、10个市班主任工作室、50个教师工作室的示范引领作用，培养本地骨干教师、班主任和校长。

2. 形成需求导向多元结合的培训特色

（1）形成了以教师为本，服务教育教学的人本主义研修文化。基于清远市教师培训实际需求，以人为本，强化服务意识，丰富研修过程，强化互动交流，打造具有"温度"的教师研训模式。

（2）基于教师实际培训需求设计培训项目。摒弃全面撒网、"撒胡椒面"式的培训方式，从教师实际需求出发，基于总体规划设置年度培训项目，提高培训实效性。

（3）培训模式多元化。在各项培训中，充分考虑教师的实际和现状，改变以往培训中培训者"一言堂"的局面，让被培训者参与到培训当中，并加入互动研讨、经验分享、案例教学、合作探究等环节，突出参与性、操作性和体验性，充分调动了被培训者的积极性。

清远市教师培训项目的各项工作严格都按照实施方案有序、高效开展，项目实施严谨，资金配置、使用合理，总体符合省"强师工程"的指导思想与工作要求，取得了良好成效，全市中小学教师队伍师德素养和业务能力得到进一步提升，城乡教师队伍素质发展进一步趋于均衡，教育教学质量得到提高，逐步形成有利于校长、教师队伍和教研队伍专业成长的长效机制。

3. 打造"以赛促学，以赛促研"地方品牌，28年坚持举办中小学青年教师教学基本功比赛

清远市中小学青年教师教学基本功比赛从1992年开始，到2020年从未间断，一共举行了28届，是清远市培养青年教师、提升教育教学质量的重要平台和拳头产品，得到省教育厅领导及各地级市同行的盛赞，成为广东省各地级市学习的标杆。

（1）清远市中小学青年教师教学基本功比赛的发展历程。28年前的清远市，不少优秀教师外流，因此招聘补充了为数众多的青年教师，师资结构中青年教师数量大、比例高。基于"切实提高教师水平是提高教育教学质量的关键"的认识，清远市教育教学研究室决定举办清远市中小学青年教师基本功比赛（以下简称"比赛"），希望通过比赛激励青年教师，调动青年教师的积极性和主动性，让青年教师在备赛和比赛中积累经验，借此促使青年教师加快成长，尽快改变师资力量薄弱的局面。

比赛创始之初，举办单位是清远市教育教学研究室，比赛经费缺乏。随着比赛的影响力越来越大，逐步引起了各方面的注意和重视。一是比赛举办单位升格为清远市教育局，2012年后清远市教育局局长亲自出任组委会主任，各县（市、区）也相应地成立了以教育局局长为主任的比赛组委会。二是财政积极支持。2013年后每届比赛财政拨出专项经费，评委的吃、住、行，比赛场地租用，比赛用品等费用全由财政经费支出。三是相关部门积极配合，一路绿灯。第21届比赛在连山县主办，

比赛期间当时电力部门刚好进行线路整改，要对承办学校停电，连山县政府为了使比赛顺利进行，与电力、交通、公安等部门积极协调，保证了比赛的圆满完成。

28年来社会形势已经发生了很大的变化，特别是现代教育技术手段飞速发展和广泛应用、新课程改革的实施等使教育教学现状与28年前不可同日而语。"世易时移，变法宜矣"，比赛也与时俱进将新课程的改革理念引进来，不断创新，形成了选手相互观摩学习，以课堂教学为必赛项目、技能测试和课后说课自选其一的比赛形式，将当初注重激励性、竞争性的比赛，打造成了青年教师快速成长、展现风采、相互交流，并指引教师践行新课程改革的多功能平台。

（2）构建参与广泛、反思交流的平台。通过整个比赛设计，搭建一个层层选拔、广泛参与、赛后反思交流的成长型平台。

比赛分为初赛、复赛、总决赛三个阶段，各县（市、区）在学校初赛的基础上再进行复赛，相关学科各选出1名青年教师代表参加全市总决赛。这一比赛程序28年来一以贯之。比赛从初赛到复赛再到总决赛全面铺开，广大青年教师踊跃参加比赛，其他教师共同参与，积极出谋划策，剖析教学细节，交流经验心得，思想碰撞中产生全新视角和教学思路。青年教师在团队协作中展现青春与活力，不断吸收他人的优点，完善自我，促进了教研组团队的共同成长。

每届比赛，评委由各县（市、区）、市直各学校推荐产生。评委本着严谨负责的态度，遵循"科学、公平、公开、民主"原则，按照评价指标体系，做到评判有理、给分有据、评价客观，彰显了评委的专业水平。评委还分别对参赛选手的讲课进行针对性点评指导，与参赛选手和观摩教师面对面地进行深入互动交流，这对青年教师的成长会起到极大的帮助和提升作用。

比赛结束后的2个小时的"反思交流"是一项重要的环节。参赛项目虽然结束了，但这时候大家需要齐聚一堂趁热打铁进行再反思、再交流。在反思交流中，大家的肯定能够让选手找到自信，指出的不足让选手找到努力方向，大学从众多精彩发言中得到启发的同时发现自身还有很大的提升空间。反思交流环节是一次充满艺术的再创造活动。有了反思交流环节，比赛就由个体行为变为个体与群体结合的反思行为。教师通过这样的反思积累教学经验，提高教学水平，并运用到今后的教育教学中。

（3）因时制宜，推动比赛不断改进。比赛在实践中不断推陈出新。2004年前的比赛主要是在市区举行，后来各地纷纷要求承办比赛，2005年后赛事改革，实行赛事申办制。2006年，清远市在调研实施了两年来的新课程改革时，发现效果不尽如人意，究其原因，是教师对新课程理念理解不到位，甚至有的教师还产生了抵触情绪。要加快推进新课程改革，就必须提高教师教育教学理论水平，所以，从2007年开始，在课堂教学和技能测试两项以"行"为主的比赛中增加了"说"，要青年教师"说理"。比赛项目为"课堂教学＋课后说课"或"课堂教学＋技能测试"（其中必须有说题、演讲、答辩等"说"的部分），两种形式各学科自行选择。

被称为"奥运周期"的每届4个学科，每个学科4年一次轮回的学科安排，2013年起也进行了调整，改为一年一届两次。5月份举行义务教育阶段比赛，10月份举行高中阶段比赛，并将学科轮回缩至3年。这样的调整符合青年教师的成长周期规律，增加了青年教师参赛的机会。

三、以"三名"工作室建设"三支队伍"，夯实清远教师专业发展平台

1. "工作室制"人才培养模式的历史渊源及重启背景

"工作室制"人才培养模式早于20世纪初就已经在德国出现。20世纪60年代，中央工艺美术学院就曾对这类人才培养模式进行过尝试，但由于受到种种条件的限制和传统教育观念的制约，这种模式未能得到大力推广和应用。

新课改在教育理念、课程结构、教学方式、专业素养等方面给一线教师提出了新的要求，带来了新的挑战。但从整体上看，在中小学教育教学实践中，不少教师对新课程理念的认识尚不准确、不充分、不深入，对课程改革存在明显的惰性与不适应，直接影响着教育教学水平的全面提升。可见，教师自身的专业发展，不仅是新课程成功的关键，也是学校教育教学质量的根本保证，还是学校教育内涵不断提升的动力之源，更是学生和学校可持续发展的最关键因素。

随着新课改的深入实施，一部分教师脱颖而出，成为各级各类骨干教师；一部分教师却处于不断被边缘化的状态，产生较为严重的"职业枯竭"困惑；还有一部分优秀教师继续提高发展的动力和空间有限，出现比较明显的"高原现象"。类似

的教师专业发展不均衡现象十分普遍。此外，优秀教师地域分布不均衡、农村教师信息渠道不通畅、学校教研氛围不浓厚等问题也十分突出。这些现象和问题的存在，影响了教师专业化成长进程，影响了教育教学质量的提升，进而还影响了新课改的深度推进，许多原有的培养路径已经不能完全适应教师成长的需求。于是，被人们遗忘了半个世纪的"工作室制"人才培养模式以更完美的新面孔重返校园，各类"教师工作室"应运而生。

2. 清远市"三名"工作室建设历程

中小学"三名"工作室建设工程启动之前，全市教师队伍师资比较薄弱，教师结构不太合理，教师队伍存在职业倦怠与困惑，同时教师专业发展不均衡现象普遍存在。为有效解决这些问题，充分发挥名师的示范引领作用，加快中小学优秀教学教研人才的专业成长，促进高素质骨干教师队伍的建设，2012年3月至10月期间，清远市教育局人事科、督导室、教研室（现教育教学研究院）、教育科等科室深入基层开展专题调研，主动查阅资料，探寻搜集省内外成功经验。市教育局领导班子多次召开会议，专题研究如何加强"三支队伍"建设、如何激发教师可持续发展的内在动力，如何引导学校加强内涵建设、提升管理水平等一系列问题，在充分调研的基础上启动"清远市中小学'三名'工作室（名校长工作室、名教师工作室、名班主任工作室）建设工程""清远市基本公共教育服务均等化工程""清远市中小学教育教学质量提升工程"等一系列工程。从此，正式拉开了清远市中小学教师工作室建设的序幕，为搭建清远市中小学教师专业发展新平台奠定了良好的基础。

2013年，清远市教育局审定首批市校长工作室、市班主任工作室各10个，市教师工作室48个，分别由市教育局人事科、德安科和教育教学研究院具体组织和实施管理。至2017年初，"三名"工作室均完成期满考评工作。2018年7月，第二届中小学"三名"工作室启动。至2019年，清远市有省、市"三名"工作室139个。

"三名"工作室的启动建设在清远市教育发展历程上具有里程碑意义。首批68个"三名"工作室，从学段来看包含幼儿园、小学、初中、普通高中和职业高中；从学科来看涵盖中小学各个学科，具有广泛的普遍性和很强的代表性，为全市中小学校长、班主任和教师提供了专业成长的良好平台，为促进全市教师队伍教育教学素质、专业能力和工作水平的整体提升起到了较好的带动、引领和辐射作用，对全市基础教育的发展起到良好的促进、推动和提升作用，同时也是全市教育对外交流的窗口和名片。

3. 清远市"三名"工作室建设成效

在工作室建设的第一周期，各工作室主持人均能认真学习市教育局有关文件及相关政策，明确工作目标，把准发展方向。并严格按照工作室建设与管理办法的要求，制订周期工作计划，认真落实工作任务。做到理论研修与实践创新相结合、自主学习与专家指导相结合、骨干培养与引领辐射相结合。紧紧依托所在学校、所属县（市、区）教育行政部门和教研业务机构，充分发挥市、县（市、区）名校长、名班主任和名教师的引领、示范作用，做到"三定三有"，积极打造清远市中小学"三名"品牌和特色，工作业绩显著。清远市通过多年的实践和摸索，形成了一套行之有效的建设策略和运行机制。

（1）清远市"三名"工作室以建设高水平的工作室为目标，构建以下三大策略：

①工作室结构优良化。其一，工作室人员结构最优化。工作室由主持人、成员、顾问组成，主持人是省特级教师、市学科带头人或具有较高层次、较大影响力的优秀教师。主持人通过个人申请、学校推荐、县（市、区）教育局初审、市教育局评审确定产生，领衔建设面向全市中小学的"教师工作室"。工作室成员由工作室主持人在全市范围内公开选聘的6~8名有一定专业影响力的区市级、校级优秀骨干教师组成，工作室顾问由工作室聘请的国家、省、市级学科领军人物担任。主持人和顾问通过组织一系列研训活动，把工作室成员逐步培养成为更高级别的骨干教师或名教师。

其二，工作室组织结构弹性化。即工作室组织结构的稳定性与开放性相结合：首先，每个教师工作室的成员在一个周期（三年）内固定不变。其次，每个工作室要为省、市、区（县、市）、学校承担各种研修活动和分批次培养中青年骨干教师，工作室是一种开放的组织形式。某些教师工作室，除主持人和成员外，三年来，还培训了跟岗学习的广东省骨干教师8人和市、县骨干教师100多人。

其三，工作室专业结构学术化。每个工作室必须有工作室建设理念，主持人不仅要有自己的学术主张、学术见解、学术构建，还要具有专业领域的学科思想，彰显学科建设的深度。

其四,工作室教师专业发展良性化。教师专业发展的递增性与影响的辐射性相结合,工作室主持人除了专业自我提升外,还要充分发挥专业引领作用,促进工作室成员专业发展,工作室成员又影响、带动其所在学校的骨干教师参与研修活动,"代代相传",促进教师专业发展。通过工作室开放、互动、合作的各种教研、培训活动,促进一大批骨干教师专业发展。

②办公设备配套化。其一,办公设备配套齐全。每个教师工作室拥有自己的专用办公室,成员都有专用的办公桌椅、手提电脑,办公室还有专用的台式电脑、打印机、投影仪,配置了信息化设备系统,建立了工作室网站或博客。

其二,图书资料丰富且专业。工作室除添置一批教育教学理论书籍和教学光盘外,还购买了人文修养类等相关书籍。

其三,宣传设施规范。工作室内设置宣传栏,除发布工作室各项规章、岗位责任等制度外,还结合工作室特点营造良好文化氛围,呈现工作室的学科特色。

③工作规划明细化。每个工作室都制订专业发展三年规划,明确专业发展研究方向,围绕该方向至少开展一个市级或市级以上课题的研究,并根据三年规划和课题研究方向制订每阶段工作计划。以课题研究为载体,以课堂教学为主阵地,以专业发展为主线,落实、开展工作室的各项工作,做好阶段和周期总结。

(2)清远市"三名"工作室建立了六个运行机制,包括研修途径多元制、管理结构阶梯制、管理制度健全制、定量定性评价制、挂钩绩效激励制、资金专款专用制。

①研修途径多元制。导师、工作室成员、学校骨干教师之间建设一种平等、互助的教研文化,借助网站、博客、QQ 等交流平台,通过成长规划、专家讲座、阅读反思、合作教研、专题研究等多种途径促进工作室成员专业发展。

②管理结构阶梯制。成立了市、县(市、区)、学校三级教师工作室项目管理小组。2012 年 8 月,"清远市中小学教师工作室建设领导小组"(以下简称"领导小组")和"清远市中小学教师工作室建设项目管理指导小组"(以下简称"管理小组")正式成立,由时任清远市教育局局长林海龙任领导小组组长、副调研员、局党组成员。时任市教研室(现为教育教学研究院,下同)主任邓溯明任管理小组

组长，市教研室全体 19 名教研员都是管理小组成员。与此同时，县（市、区）、学校教师工作室项目管理小组相应成立，使得工作室有专人专项负责，各项指令执行畅通无阻。各级领导和管理小组除负责工作室的组建、运作、考核等日常工作外，还为工作室搭建交流平台，最大限度地发挥其辐射、引领作用。

各级管理小组动态调整，保持最强阵容。2015 年 8 月清远市教育局领导班子调整，但各级教育局领导依然非常重视中小学"三名"工作室的建设，及时调整各级领导小组人员。教育局领导班子经常召开领导小组会议研究工作室发展方向，将教师工作室的重大事件纳入领导班子会议讨论，并参与工作室考核、培训等工作。

③管理制度健全制。为规范清远市中小学教师工作室的管理，清远市教育局先后出台《清远市"中小学教学教师工作室"建设方案》（清市教〔2012〕161 号）、《关于印发〈清远市中小学教师工作室管理办法〉〈清远市中小学教师工作室考核细则〉〈清远市中小学教师工作室考核评分细则〉的通知》（清市教〔2013〕43 号），以及《关于印发〈清远市中小学教师工作室管理办法（修订）〉的通知》（清市教研函〔2014〕1 号），进一步明确工作室及主持人的职责、权利和义务，有效地解决了工作室在执行中遇到的问题，使其更好地发挥示范、引领、指导、辐射作用。

各级管理小组以使工作室形成"研究的平台、成长的阶梯、辐射的中心"为宗旨，围绕硬件建设、软件建设、行政管理等三个方面展开工作。其中在软件建设方面狠抓团队、网络、项目、辐射、成果等"五个维度"。多年来，管理小组紧紧围绕这"三个方面"和"五个维度"，在工作室的平台建设、教师专业队伍成长、课堂教学、课题研究、网站博客建设、工作室辐射引领等方面做了大量扎实、有效的工作，相关人员到现场指导 112 场次，并为工作室教师专业发展搭建平台：一是请名家大师对工作室主持人、成员及市、县（市、区）、校各级管理人员进行全员培训 6 场次。二是带领工作室主持人和工作室管理人员走出去学习交流 8 次，分别在第十、第十一届全国中小学名师工作室发展论坛上进行经验介绍。同时通过观摩课分享，充分发挥"三名"工作室的示范、引领和辐射作用，积极推进教师专业发展，促进工作室专业发展。

④定量定性评价制。管理小组依据建设方案、管理办法、评价细则对教师工作室首先施行定量评价，即在过程评价中采取定量的办法，制定一系列量化标准，如

在发表论文等级及数量、主持课题的等级等方面均实行量化考核，为工作室的定性结果评价做好准备。然后再对工作室的定量评价进行横向对比，得出定性结果评价。在结果评价中，除对教师工作室工作的优劣进行评判，更重要的是帮助工作室找出差距，扬长避短，改善工作，提高培养效益，避免走过场，搞形式主义，确保工作室科学高效运行。

⑤挂钩绩效激励制。主要包括以下内容：一是扩大名师效应。即为教师的专业发展搭建平台、为主持人和成员的技能展示搭建舞台、为他们的成名成家搭建高台，以提升教师的幸福指数，为教师成长提供充分的精神鼓励，提高他们在国家、省、市的知名度。

二是提升品牌效应。即工作室主持人、成员及学员在三年期满后，在市、县（市、区）教育局考核中表现优秀的，除了在各类评优、评先中同等条件下优先考虑外，根据《清远市中小学教师工作室管理办法（修订）》第十八条的规定，还可由所在工作室提出申请，报请市、县（市、区）教育局审批，可在已获教师荣誉的基础上提升一两个档次予以表彰，即已获县（市、区）级优秀教师的可评为市级优秀教师，已获县（市、区）级名教师和市级优秀教师的可评为市级名教师，原为市级名教师的可优先推荐为省级名教师。工作室成员在今后建立省、市、县（市、区）级名教师工作室时优先考虑推荐为主持人，破除"干多干少一个样、干好干差一个样"的弊端，最大限度发挥荣誉奖励的激励效果，在精神和物质两个层面同时给予主持人和成员充分的肯定和认可。

⑥资金专款专用制。清远市补助每个教师工作室业务活动专项经费 1.5 万元，分三次逐年划拨到教师工作室主持人所在单位财务账号内，主持人所在县（市、区）教育局、学校按 1：1 的比例提供配套经费。这些资金必须专款专用于教师工作室建设和日常运作中，在中期检查和终期验收中，工作室必须提供专项经费使用的明细账单和凭证。

（3）清远市"三名"工作室成果丰硕。自清远市"三名"工作室成立以来，各工作室通过制订计划，提升素养；搭建平台，加强沟通。主持人和成员都自觉充当先进教育理念的践行者、教育问题的发现者和教育科研的实践者，主持人着重对自己成功的教学实践进行理性反思，重视在理论的指导下，结合本学科特点，总结具有推广意义的教学策略、教学方法，形成自己的教学风格。工作室成员则通过现代教育理论的学习，在先进教育理念的指导下，在工作室主持人的带领和指导下，通过同伴互助、研讨交流、自我反思，不断改进课堂教学，提升自己的教学水平和能力，逐步形成自己的教学特色。

①制订工作规划，提升专业素养。各个工作室都能充分认识到工作室管理对提升团队专业素质和教学质量的重要意义，制订和完善了工作室三年总体规划、年度工作计划、学期工作要点，注重管理与培养并重，注重团队建设与教科研的整合，有计划地组织开展各种示范课、送教下乡、讲座、读书研讨、课题研究等活动，为学员创建良好的培养环境。各工作室成员秉持终身学习理念，制订了职业发展规划和学习目标，形成共同的发展愿景。工作室把读书放在首要位置，以改善成员的心智模式，提升成员的专业素养。一方面为学员提供参考和必读书目，另一方面帮助学员制订详细的学习计划与目标，成效显著。据统计，第一轮"三名"工作室成员读书近 1 000 册，做读书笔记 500 余本。除阅读学习外，成员还通过各种方式观摩名师、同伴、同行的课堂，聆听专家讲座，了解最前沿的教育教学理念，树立与时俱进的新型教育观、质量观和学生观，形成勤于学习、善于思考、勇于实践的思想意识和行为习惯。

"三名"工作室提升了自己团队的专业素养，其中 40% 以上的主持人构建了工作室的专业主张。如：以课题为抓手，认真落实工作室三年发展规划，探索出小学"学用式"数学"6·4·3"教学法（即"六步学习法""四学四用教学法""三心三性实践活动法"），打造智慧课堂；以课题研究"创建特色研修型工作室，引领成员的专业成长"为载体，以成员成长为任务驱动，采用"3X"特色研修模式，搭建"3X"特色研修平台，遵循"3X"特色研修法则，引领工作室成员积极探索，提高教学效率，提升专业素养，带动和引领全市小学语文教师的专业成长；通过开展市级课题"小学低年级语文主题学习的实践与研究"和"小学语文阅读教学围绕本体性教学内容组织教学的研究"，工作室成员的语文课堂教学模式发生了改变，运用"1＋X"模式进行教学，加强课外阅读的拓展，注重语言的积累和运用。课堂教学从过去的"教课文"变为"教语文"，学生从"学课文"变为"学语文"，拓展了学生的课外阅读量，提高了学生运用语言文字的能力。

②构建工作室资源平台，加强交流，促进专业成长。各个工作室注重发挥团队资源优势，构建各种学习平台，以区域性活动为载体，采取灵活多样的方式，赋予团队专业成长生机与活力。一是创建和利用工作室 QQ 群、微信群、网站（博客）和公共邮箱，组织成员积极开展互动式专题讨论，撰写、发表高质量的博文、体会，使成员在学习、互动交流中成长。二是加强市际、校际、工作室之间的交流，加强培训。各个工作室不仅在清远市内开展校际、工作室之间的交流，而且还在周边地市开展研修活动，通过"走出去与请进来"的方式与全国、省内、周边的专家资源对接，吸收更多优秀专家经验和学习内容，促进学员培养质量的提升，实现主持人与学员成果共建、协同发展。如教师工作室，每年请进专家 20 余次，走出去培训 10 余次；清远市教师工作室管理组举办全市培训 20 余场。班主任工作室先后组织成员、学员外出培训学习、研讨交流 970 多人次，组织校内、校际班主任工作专题研讨会议、讲座 100 余次。如通过省、市级校长工作室义务帮助、引领其他工作室开展工作，通过真实任务实践等做法帮助学员成长。据调查统计，学员对本周期校长工作室的培养满意度达 95% 以上。

③主持人与学员教学相长，成效显著，业绩突出。一批工作室主持人已成长为省、市级名师和国家学科专业的领军人物，其中包括在建设周期内，评选为广东省"特支计划"人才、国家"万人计划"专家人才、全国优秀教师、初中物理正高级教师、"广东省第九批特级教师"、"广东省名教师工作室主持人"、"南粤优秀教师"、清远市第五批拔尖人才等的工作室主持人。

工作室成员在工作室运作机制的带动下，通过强化科研引领，课题研究推动，开发校本课程，打造高效课堂，撰写教科研论文，固化研究成果。参加过市级或市级以上教学技能比赛、在核心刊物上发表论文、独立主持市级或市级以上课题的共有 300 多人次；一批教育教学论文得到发表，仅教师工作室主持人和学员在国家级、省级刊物上就发表论文 100 余篇；科研成果丰硕，教师工作室运作期间就已申报立项县级以上课题 60 余个、省级课题 10 余个，60% 以上的课题已结题。"基于多版本教材整合的高中物理教学设计与实施的研究"课题成果，荣获广东省第八届普通教育教学成果奖一等奖；中国教育学会物理教学专业委员会 2013—2016 年全国物理教育科研重点课题"教学内容与《普通高中物理课程标准》的适切性研究"通过鉴定并顺利结题；"民族地区初中物理实验教学的现状与对策研究"完成结题，并获得清远市第四届普通教育成果奖二等奖。全市 48 个工作室有 36 个工作室开发了校本课程；在国家、省、市级刊物上发表或获奖的教育科研论文累计 300 余篇。特别突出的工作室主持人周长春在国家、省、市级刊物上发表或获奖的教育科研论文累计达到 21 篇；工作室主持人彭亚昌成为《文道》杂志的编委；教师工作室成员邹天顺在省级刊物上发表论文合计 29 篇。

④送教下乡，课题研究，示范引领，辐射带动。在第一个三年周期的建设中，清远市全市 10 个班主任工作室送教下乡 65 次，为当地中小学骨干班主任开展培训和送教传经等活动达 257 课时，直接辐射全市 400 多所中小学。清远市 10 个班主任工作室共申报省级课题 12 个，市级课题 8 个，省级课题结项 3 个，市级课题结项 1 个；全市 48 个教师工作室都有市级或市级以上的研究课题。送教下乡和课题研究有效提升了班主任的反思意识、创新能力和研究水平。

四、积极推进教师发展中心建设，努力打造省、市、县（区）三级联动教育智库

根据《关于推进市级教师发展中心建设的意见》（粤教继函〔2018〕17 号）等文件要求，市教师发展中心需在 2020 年完成，同时省政府教育督导室已明确将教师发展中心建设列入各地人民政府教育履职评价内容。根据市领导在《关于审定〈清远市教师发展中心建设方案〉的请示》的批示精神，市教师发展中心本着资源整合、精干高效的原则，采取依托高校建设的方式，充分整合、利用清远职业技术学院现有教育资源和原清远市教师进修学校职能，依托清远职业技术学院建设清远市教师发展中心，使教师发展中心成为集教学、教研、科研、培训、监测、信息化六位一体的工作平台。

为切实推进清远市教师发展中心建设工作，加强对项目建设的组织、管理和监督，清远市成立了清远市教师发展中心建设筹备工作领导小组，明确了部门职责与分工。

项目建设分两期，其中一期工程主要利用清远职业技术学院培训公寓、艺术楼等原有资源进行改造以及购置配套物品。二期拟建设 2～3 栋主体楼，包括教师发展

中心办公用房、学术报告厅、专业教室等功能场室。目前一期项目已基本完成，并于2019年8月开始了首批教师培训工作，至今共开展约3 200人次培训。正加紧推进项目二期建设前期工作。

清远市教师发展中心未完全建成之前，以"强师工程"作为加强教师队伍建设的核心工程和重要抓手，利用省、市教师发展中心（一期项目），省内外高校或综合实力强的社会机构承接教师培训工作，实现建设与培训同步开展，进一步优化盘活清远市教师发展中心各类资源及配置。

五、人事管理体制机制改革促进教师专业发展

1. 全面实施"局管校聘"，完善教师岗位管理机制

清远市教育局联合编办、财政、人社部门发布《关于推进清远市教育局直属普通高中学校专任教师"局管校聘"管理改革的工作办法（试行）》，完善了教师岗位管理机制，实行"局管岗位结构，学校按岗定员"，切实提高了教师的工资福利待遇及工作的积极性。经统计，清远市教师发展中心和市直学校参加首次岗位竞聘1 385人，受聘上一等级1 385人，其中五级232人、六级142人、八级388人、九级386人、十一级237人。目前，全部待遇已落实，每月总增资43.13万元。

2. 加快推进"县管校聘"，激发教师队伍活力

各县（市、区）已先后出台义务教育教师"县管校聘"管理改革具体工作方案，建立教师编制核定机制，实行"县管编制总量，学校按岗配备"，进一步落实中小学教师竞聘上岗、交流转岗、组织调剂、合同聘用等管理改革工作。

市县两级均积极建立教师补充机制，实行"县管统一招聘，学校按岗聘用"，主动与编制部门、人社部门沟通，积极建立优秀人才到学校任教的"绿色通道"机制，积极参与省教育厅每年定期开展的现场招聘会，同时主动与华南师范大学、陕西师范大学、北京师范大学等全国重点师范院校开展现场招聘或公开招考择优录用新教师。

市县两级积极执行广东省教育厅、广东省机构编制委员会办公室、广东省财政厅、广东省人力资源和社会保障厅发布的《关于进一步加强县域内义务教育学校校长教师交流轮岗工作的实施意见》（粤教师〔2015〕1号），均积极建立有计划、有目标的教

师交流轮岗机制，重点扶持薄弱学校发展，实行"县管全局统筹，学校择优选派"，不断优化校长、教师队伍结构，激发校长、教师队伍活力，促进校长、教师队伍专业发展，逐步缩小学校之间、城乡之间、区域之间教育水平差距。经统计，2019 年全市义务教育阶段校长交流轮岗 195 人、教师交流轮岗 2 465 人，其中参与交流的城镇学校、优质学校教师 1 175 人，县级以上骨干教师 626 人。英德、佛冈、阳山加大了对中学学科富余教师的分流，通过重新竞聘，解决了结构性缺员问题。

3. 建立联动机制，同步调整中小学教师绩效工资与公务员津贴补贴

近年来，清远市及各县（市、区）贯彻落实中小学教师基本工资标准调整部署，执行公务员津贴补贴调整与中小学教师绩效工资同步联动调整机制。在提高机关公务员津贴补贴同时，能同步考虑提高中小学教师绩效工资水平；对公务员普遍发放奖励性补贴时，能统筹考虑中小学教师。

据统计，2019 年清远市各县（市、区）农村中小学教师平均工资收入水平均高于当地城镇教师平均收入水平；但清城区、清新区、连南县、连山县 4 个县区中小学教师平均工资收入水平低于当地公务员平均工资收入水平。其中，公办中小学教师的平均工资收入水平与当地公务员的平均工资收入水平比例为市直 102.52%、清城区 95.22%、清新区 99.60%、英德市 101.50%、连州市 100.13%、阳山县 102.82%、佛冈县 104.13%、连山县 98.69%、连南县 96.31%。根据统计，对比 2020 年义务教育教师和公务员工资收入支出情况，我市 8 个县（市、区）中，有 6 个县（市、区）已实现"义务教育教师工资收入水平不低于当地公务员平均工资收入水平"。

在深化义务教育学校绩效工资分配制度改革方面，清远市公办中小学均能结合本校实际情况，对考核办法进行反复讨论、征询意见，并通过全体教师大会、教代会等形式进行审议，不断完善绩效工资内部考核方案。教师绩效考核，能以教师完成学校规定的岗位职责和工作任务为基本依据，根据考核结果，按照多劳多得、优绩优酬的分配原则，重点向一线教师、骨干教师和做出突出成绩的人员倾斜。

六、优化教师资源配置，破解义务教育城乡二元结构

截至 2018 年，清远有农村义务教育寄宿制学校 173 所，农村寄宿学生 53 162

人，农村寄宿学生占全市中小学在校学生总数的 10.6%。全市有 100 人以下教学点 444 个，占教学点总数的 83.5%，零散分布在各县（市、区）边远的山区和农村，这显然加大了农村教师队伍建设和保障农村教学质量的难度。此外，中心城区、重点学校的信息化建设水平高，资源丰富，而边远山区学校和普通学校虽有设备，但资源匮乏，与教师队伍建设的实际需要还有较大差距。清远市主要通过以下 5 个方面来加大农村教师队伍的建设：

1. 创新机制，逐步扩大教师规模、优化学科结构和年龄结构

大力推动《清远市乡村教师支持计划实施办法（2016—2020 年）》，采取"退三进一""退二进一"等方式，通过自主招聘逐年补充年轻教师和紧缺学科教师。2017 年，清远市共公开招聘了 558 名教师，以应届高校毕业生为主，其中 267 人被分配到农村学校任教，在一定程度上缓解农村中小学教师年龄老化的困境。其中，农村薄弱学科和紧缺学科教师，如计算机、音乐、美术、体育等学科教师，聘用人数为 223 人，占新聘用教师总数的 39.96%，以进一步优化学科结构，逐步满足教学需求。

2. 职称评审政策和评先评优政策向乡村教师倾斜

明确规定县城学校要定期选派优秀教师到山区农村学校交流，支教时间为 1~2 年。每年双向交流比例不低于符合交流条件教师总数的 10%，其中骨干教师交流轮岗应不低于交流总数的 20%。在同等条件下，对到山区农村支教成绩突出的教师在评优评先、职称晋升等方面予以优先安排。

3. 完善乡村教师交流轮岗等人才流动机制

大力推动城镇优秀教师向乡村学校流动。采取定期交流、跨校竞聘、学区一体化管理、学校联盟、对口支援、乡镇中心学校教师走教等多种途径和方式，重点引导优秀校长和骨干教师向乡村学校流动。县域内教师流动刚性约束机制已建立健全，城乡紧缺师资配置趋向均衡。据统计，按粤教师〔2015〕1 号文件，符合交流教师人数为 8 138 人，实际交流人数为 3 069 人，占比 37.71%。

4. 实施乡村教师素质提升计划

清远市相继出台了本科、研究生的学历提升计划，鼓励全市在职教师参加提高学历教育，并为参加学历提升人员报销部分学费。将乡村教师培训列为"强师工

程"重要任务，连续举行两届农村教师信息化能力大赛，着力提高农村教师水平。结合农村中小学现代远程教育工程的实施，积极开发优秀教师示范课课件和教学光盘，将城镇优质教育资源送到山区、农村中小学，实现优质教育资源共享，促进山区、农村教师专业发展。以"三名工程"带动与辐射乡村教师培训工作，为广大乡村教师打造优质成长平台与提升通道。目前清远市已开展第二期的"三名工程"工作。

5. 改善乡村教师待遇和工作生活条件

2018 年，乡村教师岗位津贴达到人均不低于 1 000 元，全市教师的工资待遇已达到"两相当"水平，乡村教师在乡村安心从教的氛围已逐步形成。将农村公办高中阶段学校和幼儿园在编在岗工作人员统筹纳入农村教师岗位津贴实施范围，实施"乡村园丁关爱工程"，对遭遇重大疾病、自然灾害及其他突发事件的乡村教师进行救助。对于在农村从教满 25 年以上的教师要落实好发放终身岗位津贴的工作。推动高校毕业生到农村从教享受上岗退费政策人员申报工作，目前已完成 494 人的申报工作。

七、广清协同推进，着力提升教育科研和教学研究交流与合作水平

1. 广清教研精准施策，实现互联互通同步教研

为加快落实《广州市教育局与清远市教育局教育帮扶协议》强师兴教帮扶的相关项目，广州市教育研究院与清远市教育教学研究院提出了两市共同打造"教研同步·资源共享·合作共赢"的教研帮扶创新模式。

广州市教育研究院对帮扶清远教研的工作高度重视，把它作为一项大事来抓，并以教研帮扶为契机，加大两地教研部门的合作力度。清远提出"教研需求"，广州落实"教研供给"，创新帮扶模式，注重实效性。

经过双方多次认真热烈、深入细致的研讨与磋商，确定了广清教研帮扶的基本框架，采取"义务教育阶段：两市统筹，县区对接；高中阶段：教研同步、资源共享；科研方面：两市统筹、部门对接"的新模式；确定今后广州高中教研活动全面向清远开放，清远高中学校与广州学校一起参与广州教研活动。同时双方就广清教

研帮扶工作达成了三方面的共识：一是继续选派名师及专家到清远讲学，指导开展学科大片区教研活动，把两地间每学年"三进三出"的教研活动固定化、制度化；二是培养高中各年级每学科 20 名"种子教师"；三是指导清远市科研课题研究的开展，培训一批科研骨干教师。

2. 教研帮扶显成效

广州、清远两地都高度重视两市教研帮扶工作，各部门认真落实，广州把最好的资源用在教研帮扶上，选派优秀名师走进清远课堂，教研活动全面向清远开放，及时传递最新的教学教研信息，帮助清远培养出自己的教学名师队伍，提高教师教育科研水平，使两市教研帮扶走向"深度融合"，为广州教研帮扶工作提供了最好的范式。

仅 2017 年，在广州市教育研究院的大力支持下，两市创新"教研同步·资源共享·合作共赢"的模式，教研帮扶取得了丰硕的成果。广州市教育研究院精心挑选小学、初中 56 位学科名师到清远市上教学示范课、讲座 93 场次，"同课异构" 112 节次；高考备考专题研讨及高三课堂教学专题讲座 27 场次，各类活动参加教师共计 11 000 多人次；清远市教育教学研究院选拔了 150 位高三骨干教师作为备考中心组成员，同步参加广州市各学科的大型教研活动。在两市教研院的协调下，各县（市、区）教研部门均与广州各区进行对接，开展了名师送课、同课异构及网络直播互动等形式丰富的教研活动，有力促进了教师专业成长，两市教科研合作真正做到了教研同步、资源共享。

八、师资队伍整体素质不断提高

清远市共有专任教师 50 289 人，其中学前教育教师 10 565 人、义务教育教师 31 733 人、高中教师 5 371 人、特殊教育学校教师 253 人、中职专任教师 2 367 人（含中职学校 1 622 人、技工学校 745 人）。清远市政府从 2013 年起，每年划拨 1 200 万元作为"强师工程"专项经费，全面加强校长、教师和教研员三支队伍建设。近五年，共有 2 300 余名教师获国家级、省级奖励，培养省级、市级名校长、名班主任、名教师 106 人；在 2019 年广东省中小学正高级职称评审通过人数中，清远在粤东西北各市中排名第五（见表 3 - 3）。

表 3 - 3 2019 年粤东西北各市中小学获正高级职称人数统计

排名	城市	通过人数/人
1	湛江	14
2	茂名	11
3	梅州	8
4	韶关	6
5	清远	5
5	河源	5
7	汕头	4
8	潮州	3
9	汕尾	3
10	揭阳	2
11	云浮	1
12	阳江	1

数据来源：广东省人力资源与社会保障局、广东省教育厅。

第三节 教师专业发展仍需关注和解决的主要问题

一、财政性教育经费投入缺口大，教育设施建设规划滞后

自 2012 年以来，清远市教育经费支出总额从 40.35 亿元增长到 2018 年的 75.94 亿元（见图 3 -7），呈现出稳定增长的态势。但是教育经费支出占 GDP 的比重及财政支出的比重并不稳定，其中 2015 年和 2017 年有较小幅度的下降。总的来说，教育经费支出占公共财政支出的比例近几年基本维持在 22% 的水平（见图 3 -8）。

支出/亿元

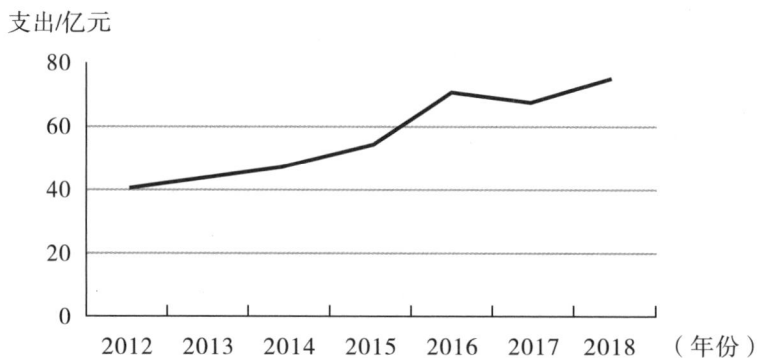

图 3 - 7　清远市 2012—2018 年教育经费支出情况

数据来源：广东省统计局、广东省统计年鉴（2012—2018 年）。

占比/%

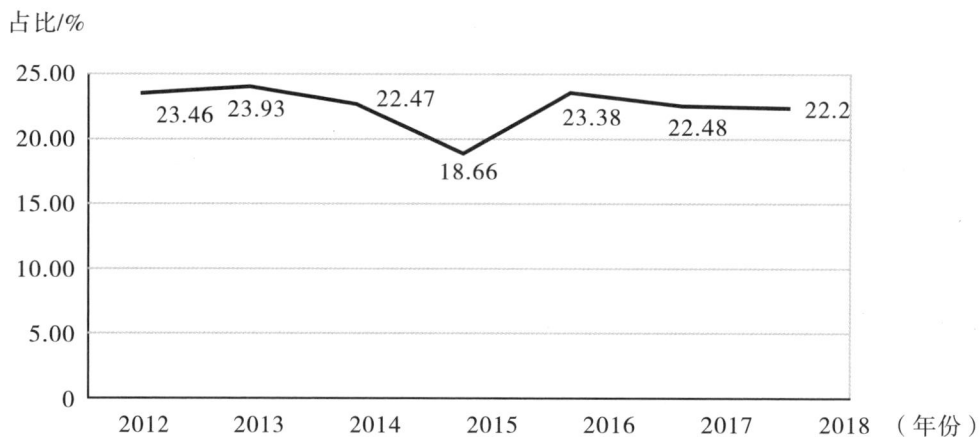

图 3 - 8　清远市 2012—2018 年教育经费支出占公共财政支出比重情况

数据来源：清远市教育局、清远市财政局。

　　尽管不断加大教育投入力度，但是从国家、省提出的更高教育标准来看，教育投入不足仍然是制约教育事业进一步发展的重要因素之一。特别是清远区域经济发展不平衡，长期存在教育投资欠账太多的问题，一些农村中小学基础建设资金出现较大缺口，导致农村就学环境改善、农村寄宿制学校建设等无法顺利完成。大多数乡镇学校在课室条件、功能场室条件、教学基本设备、实验仪器设备、图音体器材、图书配备、宿舍基本配备、运动场地等方面与中心区域学校相比存在着很大的差距，难以按照国家和省定标准进行配置，造成清远市推进教育优质均衡化发展动力不足。由于财政投入不足，还导致县域内义务教育资源配置标准统一步伐放慢，"两免一补"城乡全覆盖政策难以实现。清远市教育设施建设规划严重滞后也是不容忽视的问题，其原因在于在前期城市开发建设过程中，对教育设施配套建设缺乏规划性和前瞻性，教育均衡化发展远远滞后于城市发展的速度。特别是城市发展与教育设施配套"三同步"政策落实不到位，房地产商在开发房地产项目时，没有建设教育设施或建设设施不足，这直接导致人口集中住宅区学生读书难和"大班额"问题。

为了客观地反映区域教育经费投入的具体情况，现选取生均教育经费支出增速、公共教育经费支出增速和公共财政支出增速等三个指标进行比较分析，同时将广州市、梅州市、韶关市作为研究对象，与清远市的相关指标进行对比。从图3-9可知，清远市的生均教育经费支出偏低，2014—2017年度每年均低于广州市、梅州市和韶关市。其中广州市作为中心城市，经济实力雄厚，生均教育经费支出明显高于外围城市。而且，财政投入直接影响办学水平的提升。

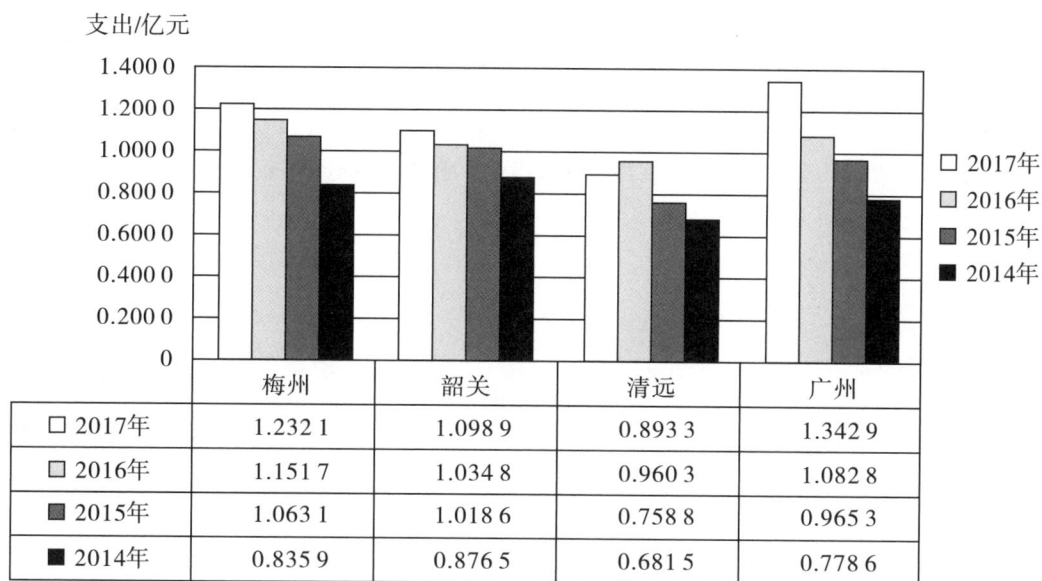

支出/亿元

	梅州	韶关	清远	广州
□ 2017年	1.232 1	1.098 9	0.893 3	1.342 9
▨ 2016年	1.151 7	1.034 8	0.960 3	1.082 8
■ 2015年	1.063 1	1.018 6	0.758 8	0.965 3
■ 2014年	0.835 9	0.876 5	0.681 5	0.778 6

图3-9　清远市、韶关市、梅州市和广州市2014—2017年度生均教育经费支出情况对比

数据来源：广东省统计局、广东省统计年鉴（2014—2017年）。

再从财政经费投入来看，根据《中华人民共和国义务教育法》第四十二条规定："国务院和地方各级人民政府用于实施义务教育财政拨款的增长比例应当高于财政性经常性收入的增长比例，在校学生人数平均的义务教育费用逐步增长，教职工工资和学生的人均公用经费逐步增长。"从 2015—2017 年的数据来看，梅州市的生均教育经费支出领先于清远和韶关等外围城市，同时，公共教育经费支出增速和生均教育经费支出增速均高于本市的公共财政支出增速。可见梅州市重视教育发展，已形成良好的教育事业发展财政保障机制（见图 3 - 10）。除 2016 年外，清远市和韶关市的公共教育经费支出增速和生均教育经费支出增速均低于本市的公共财政支出增速（见图 3 - 11、图 3 - 12）。教育经费投入比例呈波动不稳定状态。

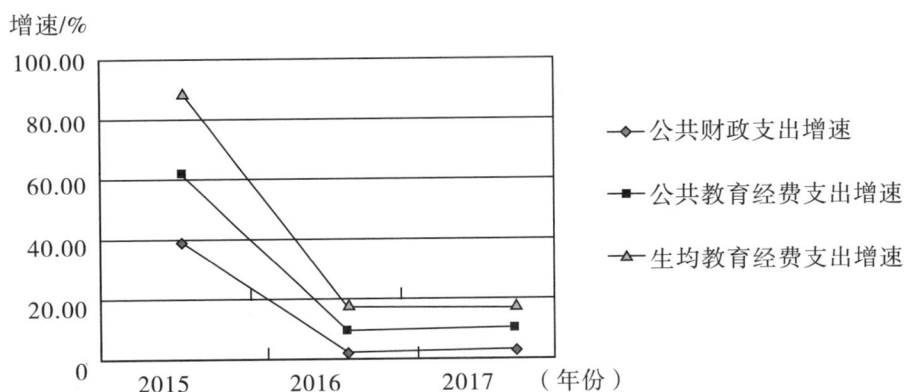

图 3 - 10　梅州市 2015—2017 年生均教育经费支出增速、公共教育经费支出增速和公共财政支出增速对比

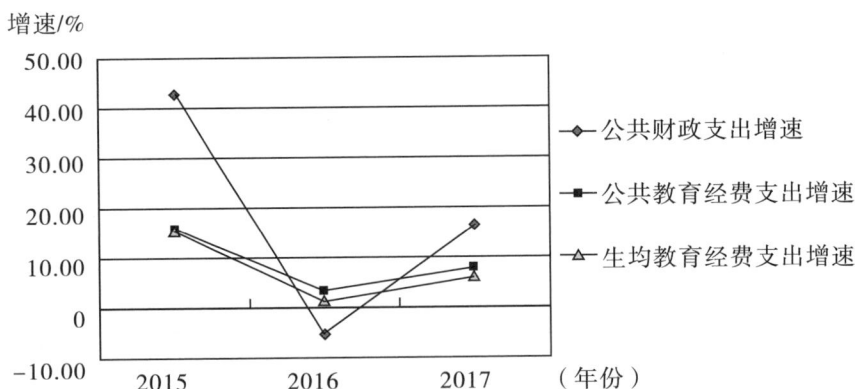

图 3 - 11　韶关市 2015—2017 年生均教育经费支出增速、公共教育经费支出增速和公共财政支出增速对比

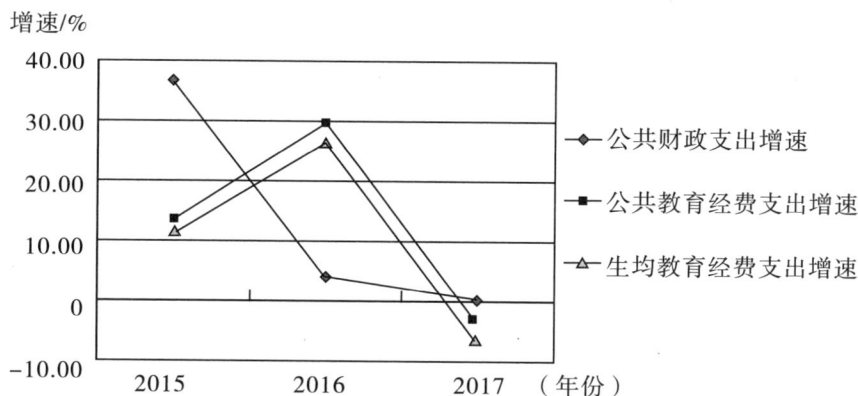

图 3 - 12　清远市 2015—2017 年生均教育经费支出增速、公共教育经费支出增速和公共财政支出增速对比

　　清远市各级党委、政府依法履行教育职责，不断加大教育投入力度，教育支出占财政支出的比例必须每年增加 1 百分点以上；城市教育费附加必须全额用于教育；农村税费改革省转移支付用于教育的比例不得少于 40% ；每年新增财力用于教育的比例不少于 10% 。然而，当前整体财政教育经费支出仍不能支撑教育事业发展的需要。一是生均教育经费支出相对偏低。随着"全面二孩"政策的实施，学生数量也增长较快，在财政投入的增长速度跟不上现有学生数量增长速度的情况下，财政教育支出难以满足教育事业发展的需要。二是经费投向"重硬件、轻软件"。在经费有限的情况下，教育事业经费预算偏向于校舍基础设施设备等硬件投入，资源库建设、教研能力提升和师资队伍建设等经费相对紧缺。三是信息化有效运行维护资金和规划亟须保障与研究。随着信息化建设的推进和"三通两平台"的建成，信息化技术设备更新换代快，易损件维护和耗材购买频繁，经费支出占学校公用经费比例逐年提高。全市各级学校在设备运维、更新升级、资源选购和应用研究等方面的费用缺乏固定、长效的资金支持。

二、优化教师资源配置问题

1. 教师队伍结构性缺编，临聘教师同工不同酬

从清远市义务教育阶段教职员工编制总量看，教师缺编现象并不十分明显，按

照师生比例，连州市、连山县、阳山县尚不缺编。但实际上教师队伍区域性、结构性缺员现象比较严重。据统计，清城区缺员862人、清新区缺员242人、英德市缺员365人、佛冈县缺员379人、连南县缺员125人。因此，学校只能通过招聘临聘教师来维持正常教学工作。目前，清城区有临聘教师1 000多人，占教师总数的25%；英德市有临聘教师499人，占教师总数的7.1%；清新区有临聘教师250人，占教师总数的6.1%；佛冈县有临聘教师254人，占教师总数的11.7%；连南县有临聘教师53人，占教师总数的3.7%。临聘教师的工资发放分为两种形式，一是由政府统筹，购买社会服务，工资由财政解决；二是由学校动用"办学经费"解决临聘教师工资，此种方式在各县（市、区）占大多数。按照相关规定，学校公用经费只能用于办学，支付临聘教师工资不仅加重了学校的负担，同时也挤占了学校有限的教育资源，制约学校的内涵发展。由于临聘教师不能享受同工同酬政策，临聘教师最低月工资仅1 200元，最高月工资3 500元，平均月工资2 300~2 500元。工资待遇偏低，挫伤临聘教师的工作积极性，造成教师队伍不稳定，影响教育教学质量，也给临聘教师有效管理和培养带来了困难。

2. 乡镇学校学科教师紧缺，师资队伍专业发展难以保障

清远市农村学校，尤其是教学点的英语、音乐、体育、美术、计算机等学科教师不足，有的学校只能依靠支教教师和志愿者帮扶解决学科教学任务，这不仅制约了学生的个性化发展，还进一步拉大了城乡之间的教育质量差距。清远市农村学校及教学点生源锐减也是不容忽视的问题，在全市534个教学点中，50人以下的教学点有318个，人数最少的教学点只有1个学生。由于农村学校及教学点生源锐减，学校及教学点布局分散，有限的教育资源难以得到整合，教学及管理难以形成体系，教师自身专业发展所需的投入也难以得到保障。

三、教师专业发展政策细化落地问题

1. 继续推进师德师风具体实施细则落实

《清远市教育系统师德师风建设实施方案》通过建立教育、宣传、监督、承诺、考核、激励与惩处相结合的师德师风建设工作机制，引导广大教师以德立身、以德

立学、以德施教、以德育德，坚持教书与育人相统一、言传与身教相统一、潜心问道与关注社会相统一、学术自由与学术规范相统一，争做"四有"好教师，全心全意做学生锤炼品格、学习知识、创新思维、奉献祖国的引路人。但仍存在一些问题，如执行细则欠缺，对教师在师德师风方面的要求过于笼统，对教师在师德师风方面的相关要求的培训需求调研不足，容易造成培训流于形式，无法满足教师提升沟通能力的需求。同时由于内容过于笼统，造成监督考评难以判断，使部分教师担心会由于处理问题不当被认定为师德有亏，而产生不主动参与解决矛盾等消极影响，同时监督过程注重受理环节，对教育预防关注不多。受理机构主要由主管部门承担，欠缺第三方或知名社会人士、媒体、权威的参与，其公信力容易受到质疑。因而应在完善师德师风考核制度，制定可操作性强的考核标准、实施细则的基础上，大力挖掘各类师德典型模范。要逐步建立师德师风正向清单与负面行为清单。通过舆论宣传，形成激励与惩处机制，探索并加快出台教师申诉及第三方参与受理的具体措施、师德考评结果不良的教师退出机制等相关政策性文件。

2. "县管校聘"管理改革亟须全局统筹协调

中小学教师"县管校聘"管理改革工作，时间短、任务重、涉及面广，需要得到编办、人社、财政等部门的积极配合，根据清远市改革工作具体开展的情况，虽已召开政府座谈会、开展专项调研，但仍然存在教育部门"一头热"的现象。结合改革工作的核心点在"编制"问题上，建议省厅协调省政府、省编办，科学核定各地教师编制，借鉴河南省的做法独立核定中小学教师专用编制，切实解决缺编问题。

3. 中小学教师培训体系有待进一步优化

市县两级中小学教师发展中心建设缺乏专门管理机构，在领导统筹、部门联动协调机制不足的情况下，建设经费落实难。新建教师发展中心涉及国土、规划、代建、编制等多部门，在统筹协调上仍未建立联动机制，影响建设工作的进度。

人员配备差距较大。部分县区在人员配备方面出现高学历教师和高级教师不足、学科配备不齐全等问题，较难实现区域内教科研训一体化的目标。希望省厅在整合教师进修学校、教研、科研和电教部门等相关职能和资源，优化人员结构配置，明晰机构职能职责等方面给予指导。

除了教师发展中心外，职前职后培训体系建立也是教师专业能力提升不可或缺的载体之一。清远市把"强师工程"作为加强清远市教师队伍建设的核心工程和重要抓手，立足本地，依托省内外师培院校、培训机构（基地），坚持"三位一体"，采取"请进来走出去、线上线下、现场培训"相结合的系列系统培训，全面提高中小学（幼儿园）校（园）长、教师、教研员三支队伍的整体素质。但在实施过程中，仍然存在以下问题，一是培训经费不足制约了培训工作的更快发展。二是培训投入不平衡，地区间教师继续教育投入差距大，导致区域间教育水平和教师整体素质进一步拉大。三是培训管理不够精细，学员培训需求调研不足；信息化管理手段建设滞后，培训过程管理、绩效评估和跟踪指导难以到位。四是培训质量有待提高，教师专业发展递进式培训体系尚未建立，未能精准施训。五是尚未搭建网络精准化分层分类分科的培训平台及指导机制，辐射层面及影响力下沉尚不足，对全市尤其是乡镇教师专业发展的指导力度不足。

四、农村教师资源配置滞后，城乡义务教育二元结构问题有待进一步破解

除了教师总体数量超编和结构性缺员矛盾外，清远市农村学校特别是小规模学校教师数量短缺、年龄老化、学历偏低、专业不匹配、教学效果难以保证等诸多问题，都成为制约农村教师队伍建设的瓶颈，成为破解城乡二元结构问题的重要突破点。

一是教师年龄老化问题日益突出。清远市教师整体年龄偏大，40岁以上的教师全市平均占比为45.15%。除市直属（占38.52%）、清城区（占30.82%）、清新区（占40.38%）外，其他区县均高于全市平均占比，其中连州市最高，为65.68%（见图3-12）。而农村教师的年龄问题更为突出。清远市现有义务教育阶段农村专任教师8 218人，平均年龄为48岁。特别是农村小学专任教师年龄老化达到五成以上，问题更为突出。以阳山县为例，乡镇一级所属教学点的农村教师中，年龄在50岁以上的占19.7%，年龄在45岁以上的占51.3%。可以推算，如果缺乏有效的农村教师队伍补充机制，有计划地补充新教师，8~10年后清远市农村地区将出现断层式缺教现象。

占比/%

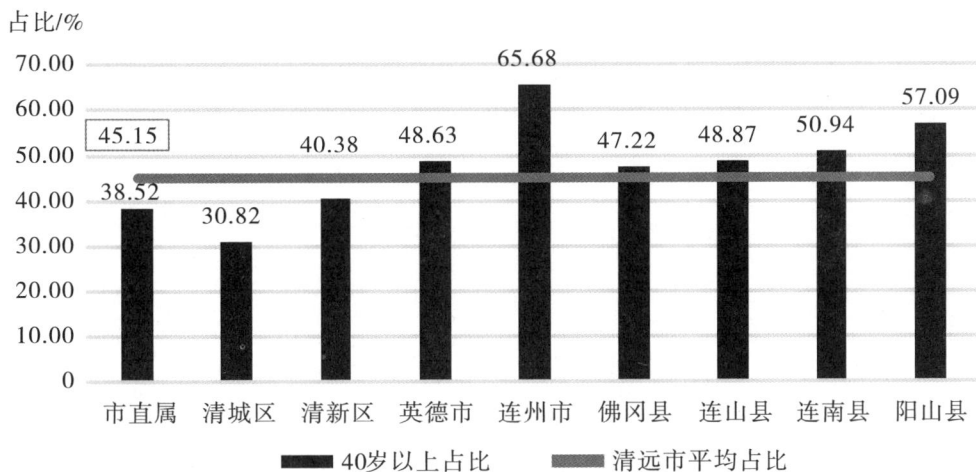

图 3 - 13　清远市各区 40 岁以上教师占比

数据来源：清远市教育局。

　　二是农村学校小五门课程开设不足，教师学科结构有待优化。一方面，按师生比计算，农村中小学专任教师特别是小学专任教师总体上超编。由于农村学校规模小、教学点分散，要保留小班额教学，甚至要实行复式班教学，因而教师总量仍然不足、师资配置不齐，出现了教师包班教学现象。另一方面，教师结构性缺编，也即"超编缺人"。农村中小学的英语、计算机、音乐、美术、体育等学科教师紧缺，影响了教育质量的提高。教学点的教师兼任多门课程，跨学科、跨年级教学现象普遍。

　　三是农村教师专业不匹配，信息技术应用水平有待提高。农村教师专业不对口问题尤为突出，代课教师、全科教师现象比较普遍。农村教师多为中师毕业后经学历进修培训取得专科或本科学历。现实中，因为教师不足，无人顶岗，他们一旦外出参加培训，学校就面临停课，所以农村教师参加有效的培训和交流的机会较少，导致知识更新慢，知识老化日益严重。此外，还有不少农村教师是由民师转公办教师而来的，素质参差不齐，信息化应用水平不高，难以适应现代教育发展需要。

　　四是农村教师工作超负荷现象突出。农村地区留守儿童问题比较突出。据统计，清远市北部农村地区留守儿童率高达 60% ~ 70%。农村教师除教学和管理工作之外，还需要承担生活管教、课外督促等许多无法量化的工作。

第四章　教师专业发展的实证研究

第一节 "县管校聘"激发教师队伍活力①

一、调研对象

2017 年之后，梅州市启动在中小学实施"县管校聘"，促进了公办基础教育的教师和校长之间的流动，有效推进了基础教师资源的均衡配置。调研组前往梅州市分别与梅州市教育局有关领导、平远县教育局有关领导、梅州市中小学教师代表举行座谈、交流会，就"县管校聘"的有关开展情况进行实地调研。

二、调研目的

了解梅州市"县管校聘"的现状和改革前后的变化，学习借鉴梅州市"县管校聘"改革的先进经验和做法，分析和总结"县管校聘"在激活教师队伍活力、盘活教师资源、促进学校优质管理方面发挥的作用，探索教育发展的思路、规划和举措。

三、调研内容

梅州市在教师轮岗、绩效工资和职称评聘改革等方面的体制机制创新和经验；梅州市在教师队伍建设、教研教改、教师培训、网络资源开发、联片教研等方面的经验做法；平远县在推进"县管校聘"、教师队伍建设和教研教改等方面的经验做法。

---

① 本节内容为梅州市"县管校聘"调查报告。

四、调研方式

调研组对梅州市教育局、梅州市平远县教育局、梅州市教育示范性基地进行为期两天的集中调研，采用组织召开专题座谈会、经验交流会等方式收集材料。梅州市教育局有关领导、平远县教育局有关领导、梅州市中小学教师代表等参加上述活动。

五、调研背景

2017 年，广东教育厅等四个部门印发了《关于推进中小学教师"县管校聘"管理改革的指导意见》。根据此意见，省委改革办把"县管校聘"列入重点督办事项。随后，梅州市积极探索"县管校聘"的改革，并将平远县列为此项改革的试点县。省委改革办在 2019 年出台了《关于进一步推进中小学教师"县管校聘"管理改革工作的通知》，"县管校聘"改革在全省全面铺开。

2018 年初，《关于推进中小学教师"县管校聘"管理改革的指导意见》由省人力资源社会保障厅、省教育厅、省财政厅、省编办联合印发，将改革试点所形成的具有创新性和可复制的实践经验在全省范围内推行。

截至 2019 年末，梅州市全市共 41 197 名教师通过校内竞聘、区域竞聘、校际竞聘等多轮竞聘方式参加应聘，其中分流、转岗、待岗教师共有 3 361 名。

所谓"县管"就是通过探索建立符合实际情况的岗位总量编制控制、统筹使用、动态调整的机制。所谓"校聘"就是通过探索建立符合中小学教师的按岗聘用的规则、强化新的考核机制、建立竞争择优的规则。"县管校聘"就是以县域为单位，教育行政部门统一分配管理各专业教师的岗位、编制等资源，由学校对教师开展聘用的工作，从而使教师由"学校人"向县级教育系统的"系统人"转变，有助于提高教师资源合理分配的质量和效率。

通过县级机构编制部门的核定，"县管校聘"按照标准核定县域内中小学教职工具有编制的人数总量。在核定完编制总量后，教育行政部门按教学规模和教师结构的要求，统筹各县学校教职工编制的分配方案和调整意见，并在同级相关机构和有关部门之间备案。

针对市直中小学，梅州市采用"局管校聘"的方法。按核定的标准编制总量，由市级机构编制部门对市直中小学，在校际之间，专业教师备案管理核定编制总数，市教育局对市直中小学的教职工进行统一分配管理，各校按照自身需求，对各个专业的教师进行聘用。

六、梅州市"县管校聘"的现状

实行"县管校聘"改革工作的基础是学校，而这项改革的直接参与者是一线的教师和校长。作为落实"县管校聘"改革工作第一责任人，水白中学校长李国良表示："作为'县管校聘'改革工作任务最繁重的学校之一，大约会分流三分之一的教职工到其他学校，工作难度成倍增长。"从 2018 年起，水白中学通过开展年级会议、教职工会议，对"县管校聘"改革工作进行广泛宣传，并号召全体教职工积极开展"县管校聘"相关活动，从而使"县管校聘"的重要性被全体教职工所熟知，为"县管校聘"制度措施的落实奠定了深厚的基础。学校刚开始放暑假，在兴宁市田家炳学校任教的教师李佳并没有像往年一般外出旅游，而是在"县管校聘"改革工作的引导下，积极准备相关岗位的应聘工作。由于自身认真的态度和丰富的教学经验，李佳顺利地被兴宁市田家炳学校初中部接收，成为兴宁市田家炳学校初中部一名光荣的人民教师。

梅州市各县（市、区）因地制宜地推进"县管校聘"改革工作，各中小学在工作要求的基础上，根据学校自身情况对本校的教职工的竞聘方式进行细分。例如在竞聘结果出来后，五华县教育局对暂时空缺人才的学科及空缺工作岗位的学校进行及时的公布，让适合本次应聘条件的上轮待聘人员能够根据自身喜好自主选择暂缺人才的学科和空缺工作岗位的学校。对没有得到应聘但自身不愿意服从调剂的待聘人员，在原先工作的学校开展不超过 12 个月的待岗学习。在培训期间，相关部门可以根据岗位本身的需求为落聘待岗人员提供再次竞聘上岗的机会。在经过 12 个月的待岗学习后仍不能竞聘上岗的落聘待岗人员，采取辞职、转岗和解聘等退出机制。

　　梅州市各学校在测定学校竞聘岗位时没有采取"一刀切"的方法。对严重精神类疾病人员、接近退休年龄人员、产假人员、九类重大疾病人员、长病假人员等竞聘人群采取了十分具有人文关怀的方法，通过设置直聘岗位，直接聘用这些弱势群体。在"县管校聘"改革实施之前，梅州市平远县仁居中学的教师很多，学生很少。仁居中学全校共有 8 个教学班，学生约 260 名，专任教师 47 名。很多学生由于 2010 年撤并学校后去了县城，仁居中学本镇的教师居多，对距离住所较远的工作单位兴趣不大。由于城镇化进程的加快，很多农村居民选择在县城买房子，并让孩子在县城接受教育。除了教师数量多，学生数量少，仁居中学教师学科结构也存在着不够均衡的问题。但是"县管校聘"改革的实施，从根本上解决了仁居中学的这些难题。"县管校聘"改革的实施，有效减少了教师的数量，使得教师的工作量负担较为合理，从根本上解决分配不均的状态。另外，由于责任的明确和采取了严格的考核制度，有效地调动了教师教书育人的积极性、主动性。在"县管校聘"改革实施后的一年，仁居中学的校园氛围、教风和学风得到明显的改善。

　　"县管校聘"的目的是提高教职工流动性，最大限度盘活教师资源，但提高教职工流动性代表着有一部分教职工要被调离原来的岗位。大柘中心小学在教育局的指导下开展竞聘上岗工作，每三年一次，并以学校为基础开展"县管校聘"。聘期内，学校对符合相关要求的受聘教职工按照竞聘方案的规定，进行一年一次的考核，并结合 3 年的结果，作为下次竞聘时考核的依据。2019 年，梅州市梅江区龙坪小学共有在聘教师 120 人，接纳从初中转岗的教师 3 人。经过竞聘之后，新教师又面临很多新的挑战。有教师代表指出，从初中迈向小学，最大的挑战是学生的课堂纪律问题。因此，通过安排老教师对新来的教师进行一对一的帮扶，让新来的教师能够在短时间内迅速熟悉工作环境，进入良好的工作状态。

　　截至 2019 年底，梅州市"县管校聘"工作已全面完成。按照梅州市印发的《关于进一步推进中小学教师"县管校聘"管理改革工作的通知》，教师每三年都需要进行一次岗位竞聘。

七、"县管校聘"的意义

　　梅州市"县管校聘"改革，盘活了教师资源，对改善教职工职业懈怠，提高教职工工作积极性，激发教职工工作活力具有重大的意义。

1. 盘活了教师资源

实现了待聘的教职工采取转岗、分流等措施，解决了长期以来制约教育发展的超编缺编问题和教师跨区域交流问题。"县管校聘"改革，从根本上解决了教育发展区域不平衡的问题。通过"县管校聘"改革，使优秀教师从超编的地区向少编缺编的地方流动，为边远乡村等教育资源比较缺乏的地区带去了优质的教师资源。

2. 激发了教师队伍的活力

在实施"县管校聘"改革前，学校给予教职工的压力比较小，许多教职工没有危机感，导致对工作缺乏动力，教学水平很难得到提高。实施"县管校聘"改革后，学校对教职工的选拔力度加大，对教职工提高了要求。很多教职工担心自己不能竞聘成功，危机感大大增加，从而努力提高自身的教学水平，努力避免落聘或调离熟悉的学校而去到别的学校。因此"县管校聘"改革能够大大地激活教职工的工作活力。

3. 促进了学校优质管理

实施"县管校聘"改革后，学校真正落实了业绩考核、岗位聘任、绩效奖励等日常管理权限，学校管理者治校办学的主动性、积极性和创造性大大增强。对教职工的竞聘上岗方案进行量化评分考核，不但激发了教职工教书育人工作的积极性，且有利于推动规范管理教学改革，在顶层制度设计上有利于学校提高教育教学质量。

八、梅州市实施"县管校聘"的经验

1. 强化组织领导，确保责任落实

梅州市、县（市、区）党委、政府非常重视"县管校聘"改革工作，并积极推进"县管校聘"改革工作的顺利实施。各个有关部门鼎力支持，密切合作，保证了"县管校聘"改革工作的顺利完成。各县（市、区）教育局肩负起落实"县管校聘"的主体责任，并组成了工作小组，统筹推进改革措施的顺利落实。坚持主要领导负总责，各中小学成立竞聘工作小组、竞聘评议小组和竞聘争议裁决小组，为学校的竞聘方案、人员资格、竞聘工作等奠定了基础。各县（市、区）多次召开"县

管校聘"座谈会,集中分析和研究解决竞聘过程中遇到的困难和问题,及时对竞聘措施进行修改、补充和完善。

2. 坚持试点先行,积极探索思路

2017年,平远县被列为中小学教师"县管校聘"改革试点县,该县采取早动手、严把关的策略,对全县教职工采取多种不同的方式竞聘上岗,通过多次竞聘的方法,提高了教职工竞聘的积极性。2018年开学前夕,全县教职工在《关于推进中小学教师"县管校聘"管理改革的指导意见》实施后通过竞聘的方式成为首批"系统人",标志着"县管校聘"取得良好的开端。2019年4月12日,平远县教育局在全省教师队伍建设改革推进会上对"县管校聘"改革工作经验作了系统的总结和介绍。

3. 严格竞聘程序,确保公平公正

改革坚持公开公平公正的原则。各中小学尊重教师的主体地位,充分尊重教师的参与权、竞聘权、监督权、选择权、知情权等基本权利,让每一位教师都具有公平竞聘的机会。竞聘的方案和标准注重个人品德、个人能力,坚持绩效管理、科学规范、细致考察的原则。普遍采取"校内竞聘、同学段跨校竞聘、跨学段跨校竞聘、组织调剂"等竞聘方式。在需轮岗教师较多的学校进行竞聘时,从学校的实际出发,充分听取校内教师的建议,因地制宜地制订竞聘方案。

4. 加大宣传力度,确保有序推进

"县管校聘"改革的难度和社会关注度都很高,但社会对于"县管校聘"改革的了解不深,所以迫切需要提高"县管校聘"改革的正面宣传力度和舆论力度。市、县(市、区)教育局通过各种专题会议,对如何提高"县管校聘"改革的宣传力度进行集中的探讨,明确加大实施力度,确保教职工和社会知晓"县管校聘"的重要意义,明确要求和方法步骤,凝聚支持教育事业改革发展的共识。因此,"县管校聘"改革能够深入人心,也使教职工和学校认识到"县管校聘"改革是提高教职工工作积极性、解决教职工交流轮岗难题的重要举措。学校积极引导教职工参与改革,推动改革。市、县(市、区)教育、编制、人社、财政等部门积极营造支持教育改革的良好氛围。

5. 严肃工作纪律,确保顺利实施

在推动"县管校聘"改革过程中,各县(市、区)都以铁的纪律、严格的态度组织和考核。梅江区为了保证"县管校聘"改革的顺利实施，成立了管理工作小组，同时邀请市、区的"两代表一委员"对日常政策的施行进行常态化的监管，发现问题就及时整改。梅县区教育局成立了区域竞聘监督小组，按照时间和区域分别前往各个学校，监督和指导岗位竞聘的整个过程，以便于能够面对面迅速地解决困难和疑惑。五华县委书记、县长、分管副县长多次在各大会议上提出要坚持政治、组织、纪律这三大红线。在竞聘时对亲属采取回避的措施，规定现场竞聘要录像录音等。大埔县《关于进一步严明"县管校聘"管理改革工作纪律的通知》要求：必须坚持"十个不准"；强化属地责任，组织"两代表一委员"监察；县纪委监委专门派出工作组进行特定的巡查督查。

6. 体现人文关怀，确保队伍稳定

在竞聘工作顺利完成后，各县（市、区）高度重视轮岗、转岗、待岗教职工的思想政治工作，坚持以人为本。梅县区教育局召开专门的校长会议强调做好每一位待聘教职工的思想工作和心理工作，把原学校对待聘教职工的关心和帮助充分体现出来。五华县在竞聘结束后，积极为轮岗、转岗教师召开欢送会，并根据实际情况把分流的教职工用专车送到接收学校。接收学校为新聘用的教师开展欢迎会，解决新聘教师生活问题，使教师能够顺利适应新环境。五华县教育局对分流的教职工集中进行培训，确保分流教职工能够尽快适应新的工作岗位，在新的学校焕发光彩。

第二节 协同创新，精准服务，推进教师教育职前职后一体化①

一、调研对象

韩山师范学院办学历史悠久、底蕴深厚，是广东地区的一所老牌师范院校。建校以来，该校始终坚持从教师教育领域方向研究发展，培养了大批优秀毕业生

---

① 本节内容为韩山师范学院促进粤东教师专业化发展的调研报告。

服务地方教育事业，同时还积极引领和服务地方基础教学改革与教师专业发展。特别是进入新时代以来，韩山师范学院认真贯彻国家、广东省关于教师教育改革和教师队伍建设的新理念、新政策、新部署，针对地方教师教育人才培养和教师专业发展存在的问题，改革创新、挖掘难点、靶向研究、重点突破，以创建国家教师教育创新实验区为立足点，深化研究教师教育职前职后一体化改革，全方位、多层次、多渠道提升教师教育人才培养质量和区域教师专业水平，并取得了积极成效。

二、调研目的

了解韩山师范学院打造校地协同发展的教师专业发展体系和模式，更好地把握教师专业发展学校开展的主要活动形式，学习交流韩山师范学院在促进粤东地区教师专业发展方面的先进经验和做法，探索师范院校在促进教师专业发展方面的模式和路径。

三、调研内容

韩山师范学院在培养服务地方经济社会发展的高素质基础教育师资和应用型人才方面的经验做法；韩山师范学院教育发展研究院、教师专业发展学校在搭建区域教师专业发展和教研平台，推动教师教育职前职后一体化，服务粤东中小学教师专业发展等方面的经验做法。

四、调研方式

调研组对韩山师范学院进行为期2天的集中调研，采用校、院领导会谈，教师座谈等方式收集材料。韩山师范学院校领导、有关职能部门负责人参加会谈，教师代表参加座谈会。

五、韩山师范学院服务基础教育教师专业发展经验

1. 打造校地协同发展的教师专业发展体系

韩山师范学院始终坚持协同创新发展理念，与潮州、揭阳、汕头教育局建立密切合作关系，共同推进教师专业发展体系的建设。

2012 年，共建"粤东基础教育发展研究中心"。

2014 年，共建"粤东教师专业发展联盟"。

2015 年，设立"广东省中小学教师发展中心"，成立"韩山师范学院广东省中小学教师发展中心建设领导小组""韩山师范学院广东省中小学教师发展中心学科指导委员会"，邀请了粤东三市教育局管理及学科专家顾问参与，统筹协调教师发展及教育改革工作。

2018 年，成为"广东省创建国家教师教育创新实验区"立项建设单位，协同促进教师专业发展成为共建核心内容之一。

2019 年，借各市（县、区）教师发展中心建立的契机，加强与各级中心的对接（已与较早成立的"汕头市濠江区教师发展中心"签署合作协议），逐步打造省、市、县（区）三级发展中心协同发展的新体系。

2. 构建 UGST 四位一体教师专业发展新模式

韩山师范学院致力构建"教师工作室（名师工作室及专家工作室）＋粤东基础教育学科群＋教师专业发展学校"点、线、面相结合的"高校—地方教育行政部门—中小学幼儿园—教师"UGST 四位一体教师专业发展新模式。

（1）教师专业发展学校——支撑教师专业发展的基本"面"。怎样构建适用于基层教师专业发展的平台？怎样促进教师职前职后一体化教育？2012 年，韩山师范学院开始在粤东地区推进教师专业发展学校（PDS）的建设项目，该项目从促进"高校与中小学幼儿园"之间"双主体"的协同发展方面入手，使教师专业发展学校成为教师职前职后培训学习的专业发展共同体，从而推进教师专业发展学校成为粤东教师专业发展的最佳平台。至 2020 年 7 月，韩山师范学院先后在粤东三市建立教师专业发展学校近 100 所，发挥高校专家专业引领和指导的功能，为中小学办学

治校、教师专业发展、教育教学改革、特色文化建设提供专业规划和精准帮扶，凝练了一批共建成果，取得了良好的成效。

与韩山师范学院合作建设的教师专业发展学校一部分是经该校与当地教育局商议后，由教育局规划安排本地区比较有代表性的学校加入，布点、层次、发展需求各异，体现了区域整体布局、系统规划的思维。有部分是发展意愿强烈、主动申请合作的学校，这些学校中，有条件优越的重点中小学（指导教师开展教研的需求强烈），有条件一般的面上中小学（教师整体能力提升、"补短板、强特色"的需求强烈），也有条件较差的乡镇中小学（教师专业发展的帮扶意愿强烈）。韩山师范学院根据学校的特点和不同需求，将教师专业发展学校分为三种不同的类型加以建设，分别是支教服务型、特色文化型、教学研究型。①支教服务型，主要面向乡镇中小学校，以实习支教、送教到校等方式支持、服务乡镇学校，同时这些学校也成为韩山师范学院开展师德师风教育的基地。②特色文化型，主要结合学校发展的需要，针对不同学校的特点，帮助学校建立特色文化，促进学校的特色发展。③教学研究型，主要面向城市优质学校和部分开展教育教学改革积极性高的学校，以协同育人、指导教师开展教育教学研究和改革、凝练推广改革成果为主。学校不同，需求不同，韩山师范学院针对不同的合作单位开展有针对性的工作，以满足各学校教师专业发展的个性化需求。

整体上，教师专业发展学校开展的工作包括制订规划、项目合作、课程开发、师资互聘、交流培训、文化建设、成果推广、顶岗实习等。教师专业发展学校的工作宗旨是成为中小学教师职前职后培训学习的最佳场所，成为师范生成长和教师专业发展的家园。

一方面，通过教师专业发展学校这个载体，突破传统教师教育理论与实践脱节的瓶颈，凸显教师教育"学术性""师范性"和"职业性"有机融合的"三性一体"人才培养目标，借助校内外教师协同参与人才培养的"双导师制"，实施包含教育调查（一年级）、教育见习（二年级）、教育研习（三年级）、教育实习（四年级）的贯穿大学四年的"全程叠加嵌入式"实践教学模式，强化师范生教育教学基本功、职业道德及职业能力的培养，实现理论与实践的真正有机结合，促进学生专业情感的培养和专业能力的发展。目前已有28所教师专业发展学校被评为广东省示范性教师教育实践基地。

另一方面，学校坚持树立教师职前培养4年和职后培训40年互为联系、贯穿一体的科学理念，把教师培训工作作为学校的内生功能、社会责任和使命担当，推动教师培训高质量发展。

一是需求导向，精准施训。韩山师范学院根据教育部门的整体规划和不同学校的实际需求，通过订单培训、送教上门、集中培训、出外集训、网络研修、混合式研修等多种形式满足不同层次、不同类型教师的培训需求，推动实施"一校一本"，逐步形成形式多样、内容丰富、结合学科、深入课堂、针对教师的立体培训网络。另外，韩山师范学院在各项目的研究初期认真开展需求调研，积极开发契合项目，强化个性化特色培训，提升培训效果。坚持"因地制宜、按需施教、讲求实效、开放灵活"的原则，精选培训科目、完善充实培训内容，使培训课程设置科学系统，培训内容、体系全面丰富。不断创新教学方法，采用理论与实训并重，实战与考核结合的培训方式，形成了"专题讲座、分享讨论、任务强化、现场学习、反思提升"五段式培训模式，广受好评。

二是专家引领，深度合作。韩山师范学院在教师专业发展学校设立"专家工作室"，并派出专家深度指导，协同开展专题项目研究。教师专业发展学校教研活动的主要形式是项目研究。在运作过程中，韩山师范学院以教育改革发展的趋势和要求以及教师专业发展学校的发展现状和需求为立足点，选择如校园文化建设、班集体建设和学生管理、校本课程和教材的开发、教学模式和方法改革、学生创新能力培养等具有针对性、可行性的项目，积极开展相关研究。同时，在实践的基础上，韩山师范学院教师对教师专业发展学校在教育理论层面加以指导、凝练和提升，合作出版"教师专业发展学校系列丛书"，有效促进了一线学校的改革发展，师范生和中小学教师也在协同研究的活动中得到了专业发展。

三是扎根基层，服务乡村。为更好地解决乡村基层教师专业发展的需求，韩山师范学院积极贯彻实施《国家乡村振兴战略规划（2018—2022年）》，开展了"送教到校"活动。建立了由韩山师范学院教师教育专家和粤东片区省、市名教师名校长工作室主持人主讲的课程库，既有通识类、教育类的理论课程，也有一线名师关于学科教学改革的实操性课程。韩山师范学院还派出专家"送教到校"。"送教到校"活动，对于开阔乡村教师教育视野、宣传先进教育教学理念、推动基层教育教学改革发挥了积极作用。2018 年《中国教育报》在《强健农村师资的"广东办法"》报道中对韩山师范学院开展"精准培训"助力乡村教师发展的做法做了推介。

四是结对帮扶，抱团取暖。在资源共享、协同发展理念的支撑下，以及韩山师范学院的指导下，部分教师专业发展学校自主结成战略合作伙伴，通过常态化的交流活动，互通有无、互相学习，促进各自学校管理人员和教师的专业发展。例如，韩山师范学院教育科学学院、广东华斯达教育集团、潮州市湘桥区实验学校、东莞林村小学结成"战略合作伙伴学校联盟"，联盟中既有高校，又有品牌民办学校、品牌公办学校；既有欠发达地区学校，又有发达地区学校。这一尝试既是开放，又是包容；既是抱团，又是跨越；既是合作，又是互补。教师专业发展真正实现了从"被动合作"向"自主合作"转变。

教师专业发展学校的主要活动形式有：

①制订规划。韩山师范学院可接受教师专业发展学校的委托，为学校制订教师发展整体规划和实施方案，并提供相应的培训服务。

②项目合作。合作双方针对基础教育改革中共同感兴趣的问题，确立教学改革项目，开展教学研究及教学改革实践活动；针对中小学教育教学中的实际问题开展合作研究，共同寻求解决问题的方法，项目研究成果可在韩山师范学院资助下予以出版，形成"教师专业发展学校系列丛书"。

③课程开发。合作双方针对师范生的培养、中小学（幼儿园）学生的教育以及中小学（幼儿园）教师专业发展等进行校本课程的开发及校本教材的编写。

④师资互聘。韩山师范学院教师作为特派员，指导、服务合作学校的教师专业发展；合作学校教师可受聘为韩山师范学院的外聘教师，参与师范生的培养。

⑤交流培训。韩山师范学院根据合作学校的需要，以讲座形式为中小学（幼儿园）教师提供学科前沿的理论培训，或者开办专题培训班，为学校教师提供专项培训。合作学校根据韩山师范学院的需要，选派优秀教师为韩山师范学院教师教育专业的教师、师范生传授基础教育改革前沿信息及教育教学实践经验，并接纳韩山师范学院教师到学校开展教学实践活动。

⑥见习实习。合作学校根据韩山师范学院的需要，每年接纳一定数量的教师教

育专业学生进行教育见习及教育实习，韩山师范学院按相关规定向合作学校提供一定的实习经费。

⑦文化建设。韩山师范学院协助合作学校开展特色校园文化建设，并帮助合作学校提炼文化内涵，形成办学特色。

⑧成果推广。韩山师范学院借助"粤东基础教育网"及"粤东基础教育微信公众号"推广合作学校的建设成果、展示教师风采等。

2016年，韩山师范学院还在广东省率先启动"中国好老师"公益行动计划。该计划是由北京师范大学中国基础教育质量监测协同创新中心发起的全国性教育公益行动，旨在落实习近平总书记"四有"好老师及系列讲话精神，构建学校及教师专业发展共同体。通过组建教师工作室、联合教研、结对指导、送课下乡、换岗体验、组织论坛、走进学校等形式，促进教师互助互学共同发展，实现优质教育资源共建共享，传播优秀教师的育人理念、育人经验、育人做法，发挥优秀教师因材施教、教书育人的辐射广度和影响深度，形成家庭、学校、社会三方合作育人的良好格局。韩山师范学院遴选了16所教师专业发展学校作为首批"中国好老师"基地示范校，与北京师范大学厦门海沧附小、广州市天河区华景小学、云南文山实验小学等优质学校开展"手拉手—起走"结对帮扶活动，有效促进了校校协同发展。

（2）粤东基础教育学科群——粤东三市学科教师专业发展的生命"线"。粤东三市中小学教师众多，名师资源不足。如何实现教师整体水平和能力的提升？韩山师范学院找到了一条"抱团发展"之路。

2016年，粤东基础教育学科群成立，这是粤东首个跨区域的学科教师专业发展共同体。学科群由韩山师范学院以及粤东三市教育局（教研室）共同组织管理，是一个集中小学各学科专任教师开展学科教学研究、学科教学交流、学科教学成果展示和推广的平台。已有语文、数学、英语等12个学科建群，建立了"教育顾问指导、首席专家引领、名师工作室主持人带动、骨干教师参与、师范生学习"的贯穿教师教育职前与职后、联结学科不同层次教师的教师发展共同体，实现了"抱团发展"。学科群成立以来，逐步形成了"名师工作坊""名师进校园教育大讲坛"等品牌活动，不仅在粤东三市进行交流，而且与珠三角乃至省外名师工作室协作，将学科群活动推向教育发达地区，开阔教师的视野。学科群的教研活动，促进粤东地区教师间的交流、学习、共同进步。

①学科群的组织机构。粤东基础教育学科群由韩山师范学院以及潮州、汕头、揭阳三市教育局（教研室）共同组织管理，是一个集中小学各学科专任教师开展学科教学研究、学科教学交流、学科教学成果展示和推广的平台，也是三市各学科中小学教师专业发展的共同体。

②学科群的人员组成。每个学科的学科群由以下人员组成：中学、小学每个学科各由潮州、汕头、揭阳三市推荐 1 名学科首席专家，韩山师范学院推荐 1 名学科专家，共同组成该学科群的专家团队。在粤东各市，与韩山师范学院共建的教师专业发展学校选择一批学科优秀教师组成该学科群的骨干教师团队。各市有意向参加学科群活动的教师，可自愿申请加入学科群。

③学科群的主要活动形式。第一，教学交流。包括学科在本区域内部的教学交流和跨区域的教学交流，促进区域内外教师之间的交流学习。每年本区域内至少开展两次学科内部教师的交流学习活动，潮州、汕头、揭阳三市轮流开展每年一次的区域间交流活动。通过"走出去"或"请进来"的方式，不定期组织学科群教师与省内外学校及学科优秀教师、优秀教研组进行交流，更新教育理念、学习先进经验。

第二，教学研究。由三市学科群首席专家和韩山师范学院学科专家协商确定本学科教育教学专题研究项目，指导该学科的骨干教师团队进行教学研究，并形成教学研究成果。

第三，教学改革。由学科群首席专家组织开展本区域内部或区域间协同的学科教学改革，形成教学改革成果，并在三市推广。

第四，教师培养。采用分级培养制度，由学科群首席专家培养本区域的骨干教师团队，骨干教师团队培养青年教师，使学科教学团队的整体水平逐步得到提升。

第五，网络协作。以"粤东基础教育网""粤东基础教育微信公众号"等网络平台为载体，组织学科群教师开展网络交流、基于网络的教学改革、基于网络的专题研究等活动，通过网络加强教师间的交流协作，提高合作教研的效能。

（3）学校依托粤东基础教育学科群这条"线"，将粤东三市的省级、市级名教师、名校长（园长）工作室串联起来。这些工作室主持人就是各学科线上的闪光

"点",是凸显粤东三市教师专业发展水平的"明珠"。

粤东基础教育学科群在创建之初就把各级名师工作室主持人以及省内外学科名师吸纳进首席专家团队,聘请工作室主持人为兼职教师,推荐韩山师范学院优秀的学科专家为工作室指导教师,实现"双向互聘"。入室指导教师与名师工作室主持人一起带领骨干教师开展课题研究、提升教学能力等专业发展工作。通过粤东基础教育学科群"名师工作坊"、片区内工作室交流学习、跨片区工作室交流研讨、"送教下乡"等活动,充分发挥专家、名师的"头雁效应",形成了"传帮带"的联动机制,带动一批骨干教师、青年教师实现专业持续健康发展。

同时,韩山师范学院在教师专业发展学校成立专家工作室。一方面选派教育专家入驻指导,另一方面鼓励教师到基层挂职锻炼。学校制定了选派教师教育专业教师到中小学挂职锻炼实施办法,以"基于青年,立足课改、面向基层、专业发展"为原则,组织教师教育专业教师、学科课程与教学论教师轮流到中小学挂职锻炼,规定工作经历累计不少于一年。学校要求挂职教师要以中小学(幼儿园)教师的身份进入教育现场,深度参与课堂教学、班主任工作、学校教研、学校管理、师范生实践实习指导以及教师培训工作,推动教师深入学校、深入课堂、深入学生,主动适应基础教育的改革和发展,不断提高教师自身能力和水平,也在很大程度上促进了中小学一线教师的专业帮扶和发展。

(4)"粤东基础教育发展研究中心"——中小学教师专业发展助推器。韩山师范学院与粤东三市教育局合作成立粤东基础教育发展研究中心。以粤东基础教育研究课题、《粤东基础教育研究》刊物、粤东基础教育改革论坛为载体,激发教师积极参与基础教育教学改革研究。学校教师教育研究人员和教师、粤东三市教研员、中小学教师共同深入开展教师教育理论研究,主要解决教师教育改革、中小学课程改革、信息化技术应用、教育现代化等重点难点热点问题,从而推进粤东地区中小学教育的发展。目前,已形成了一系列影响力较大的教育研究品牌(项目),如粤东基础教育改革论坛,聚焦教育热点、研讨粤东教育改革发展对策,至今已举办6届,已成为粤东地区最具影响力的教育学术论坛;创办粤东微课大赛及粤东教育信息化论坛,公益培训教师微课技术,成为推动粤东教师教育信息技术能力提升、展示粤东教育信息化成果的平台,《南方日报》等媒体对其进行了报道;编辑出版《粤东基础教育研究》(刊物前身是创办于 1990 年的《教学研究》），不仅刊发粤东中小学教师的优秀教研文章，也是各类教育教学成果的展示平台，现已成为粤东地区最具影响力的基础教育研究刊物；组织粤东基础教育改革课题，有效推动粤东中小学教师的教学改革研究等。通过上述平台，增添了粤东中小学教师的教研成果，提高了基层教师的教研水平。韩山师范学院师范教育相关教师都参与了这些研究工作，高校教师与中小学教师的合作研究，充分发挥了各自的优势，取得 1 + 1 > 2 的效果。

3. 工作成效

搭建了"高等教育与基础教育互动，职前职后培训学习一体，理论与实践结合"的开放、互通、互补的中小学教师专业发展平台，有效促进教师教育职前职后一体化。实现高校与中小学教育资源共享、教育研究互动、培养培训一体、专业发展通融、人才成长对接的优化管理，建设一支师德高尚、业务精湛、结构合理、充满活力的高素质专业化中小学教师队伍，促进粤东地区教师教育与基础教育的改革发展，为粤东地区推进教育现代化发挥了积极作用。

UGST 四位一体教师专业发展新模式的建立，有效突破了传统教师培训空间、时间、资源的限制，使教师专业发展实现了常态化、校本化、专业化、精准化。更加重要的是，教师的发展不再是"独上高楼，望尽天涯路"，而是融入"共同体"中，有专家、名师的引领和同行的帮助，感受到"众人拾柴火焰高"的力量。

教师专业发展学校的研究与实践成果"三位一体、协同创新——基于教师专业发展学校的探索与实践"获广东省第七届高等教育教学成果奖一等奖。体系研究与实践成果"以协同创新推进教师教育职前职后一体化——基于'粤东教师专业发展联盟'"获广东省第八届高等教育教学成果奖二等奖。"UGST 背景下粤东基础教育信息化生态圈的共建共享"获广东省 2019 年教育教学成果奖（基础教育）二等奖。

第三节　实施乡村振兴战略背景下农村教师专业发展策略研究①

　　按照 2020 年初国家统计局公布的统计公报，随着城镇化的进程，我国的常住人口城镇化率逐年上升：2015 年为 56.10%，2019 年已达 60.60%。但因我国人口基数大，乡村常住人口仍有 5.5 亿。2019 年来，清远常住人口 388.6 万人，城镇化率为 53.5%。其中，城镇人口 207.9 万人，农村人口 180.7 万人。因此，清远仍是一个农业大市。2020 年作为中国脱贫攻坚决胜之年，也作为"十三五"发展规划收官之年，农村基本公共服务在全面建成小康社会各项目标中分量最重、最为关键。农村是全面建成小康社会的短板，教育作为全面建成小康社会奋斗目标的关键一环，农村教育作为中国基础教育的重要组成部分，对提升整个中国教育体系质量、实现中国教育现代化宏伟目标起到举足轻重的作用。按照教育部脱贫攻坚工作领导小组提及的"吃掉一块、把住一块、盯紧一块、巩固一块"的要求，盯紧脱贫不稳定户和边缘户，加强精准施策，巩固已有工作成果。教师是培养公民素质的基本力量。为了全面提升农村教育教学质量，打破农村地区的贫困代际传递，推进城乡义务教育优质均衡发展，突破城乡二元结构，实现全面建成小康社会奋斗目标的历史使命，教师队伍建设也是农村脱贫攻坚的重要内容。

　　党的十九大提出了乡村振兴的战略决策，其中将"产业兴旺、生态宜居、乡风文明、治理有效、生活富裕"作为总要求，将"实现乡村产业振兴、人才振兴、文化振兴、生态振兴、组织振兴"作为五大建设内容，而"人才振兴"作为乡村振兴的动力基础，是实现该战略的关键所在。

　　"百年大计，教育为本；教育大计，教师为本。"在社会主义现代化强国建设的新时期，新时代的建设目标对教师队伍建设提出更高的新要求。作为立教之本、兴教之源，教师专业能力的发展关系到教育现代化的实现，农村教师专业能力的提升则关系到乡村振兴的整体实施。

---

　　①　本节内容为清远市英德黄花镇、清新山塘镇教师专业发展现状调研报告。

清远作为广东省陆地面积最大的地级市，同时也是农业大市，其农村教师队伍的建设为实施本地乡村振兴战略、破解城乡二元结构、实现城乡均衡发展提供人才基础。

一、调研工作概况

为了深入了解包括教学点在内的各级中小学、幼儿园教师队伍建设情况及教师在专业能力提升及职业生涯发展道路上碰到的问题与困难，总结经验、寻求对策、精准发力，由广东省教育厅规划重点课题"清远市中小学教师专业发展的策略和机制研究"多名教师组成的调研组，分别于 2020 年 6 月 30 日及 7 月 3 日，奔赴清远市黄花镇、山塘镇开展以"农村教师队伍建设情况及教师专业能力发展状况"为主题的调研。调研以专题座谈会、经验交流会、访谈等方式收集材料。

调研组每到一所学校（幼儿园），就实地察看了学校校园环境建设、校园文化建设，认真听取了校（园）长对学校（幼儿园）办学规模、教育教学质量等情况的汇报，并与相关领导及教师代表进行座谈。调研组在调研中了解到，农村中小学、幼儿园师资力量不断增强，中小学师资学历达标率均达到省标准化学校要求，大专学历幼儿园教师的比例逐年提升。调研涉及面较广，包括农村幼儿园、教学点、小学、中学，较全面地了解农村教育及农村教师队伍的现状及问题。

二、农村教育及教师专业发展存在问题的主要表现及其原因分析

1. 城镇中心学校学位紧缺，留守儿童多，家校共育难以实现

近年来，随着城镇化发展，城镇户籍人口外出务工较多。以黄花镇为例，户籍人口为 5.6 万人，常住人口仅为 3 万人，大部分年轻人都外出务工，人口向城镇聚集。据统计预测，H 中学现有学生 1 269 人，预计 5 年后将达 2 000 人，课室容量面临不足，学位将会出现紧缺。城镇中心学校学位紧缺，无法同时容纳户籍适龄儿童及随外出务工的父母就读的儿童的数量需求。同时也有部分外出务工人员无法兼顾工作与孩子的学习，不得不将儿童留在乡下读书，造成留守儿童数量增多。据统计

黄花镇的留守儿童率高达 70%。

留守儿童多数由老一辈的亲人照顾，家庭监管跟不上，且对留守儿童大部分仅停留在抚养上，无法指导儿童学习。儿童自制力不强，容易导致不良学习和生活习惯的形成。留守儿童学习目标不明确，学习积极性不高，进而造成成绩不好，甚至产生厌学情绪。如果得不到及时纠正，任其自然发展，有些甚至可能成为问题少年。家校沟通、家校共育缺乏家庭这一重要的主体，也使家长、社会对学校教育的期望值进一步加深，加大了学校、教师承担的工作强度与心理压力。

2. 青少年心理问题较突出，专业心理辅导教师短缺

青少年由于心智未成熟，特别是青春期，遇到问题无法得到解决，容易产生社交恐惧、早恋、厌学等不良情绪、不良行为。同时有相当一部分留守儿童来自单亲家庭，以 S 小学为例，1 063 名学生中就有 115 名来自单亲家庭，占比高达10.82%。由于家庭结构失衡，单亲家庭的学生在成长过程中碰到学习、心理、生理变化的问题无法得到及时有效的沟通解答，容易导致抑郁、暴躁、自残等严重的心理问题及行为。在教师访谈中，教师表示仅有少数教师接受心理健康教育培训并获得中小学心理健康教育 C 级教师资格证或者 A 级教师资格证，难以承担农村学生心理健康教育与心理辅导的双重重任。大部分心理咨询的工作由班主任承担，效果难以保证，同时也造成班主任工作压力大。特别是在"停课不停学"阶段，学生自觉性不同，学习效果有较大差异，造成开学后成绩两极分化比较严重，再加上家庭压力，容易形成心理问题。班主任处理能力有限，缺乏专业心理辅导老师（咨询师）给有心理辅导需求的学生提供专业的辅导与个案跟进。非专业的教师需要大量的心理健康教育和咨询方面的培训与实践才能更好地从事这方面的工作。这些问题学生同时也需要家庭、社会的关心与帮助。

3. 农村教师年龄偏大、知识更新较慢、信息化能力不高，智慧教学、智慧教研能力不强

根据统计数据，清远市 2018 年义务教育阶段农村专任教师 8 218 人，平均年龄超过 45 岁，年龄老化问题突出。以 S 小学为例，该校拥有 26 个教学班，共有 1 063名学生，53 名教师，教师平均年龄约为 45 岁。教师培训和教研课题交流对提升教师专业知识和教学技能、推进教学改革、课程革新、引进新教育教学技术、新教科

书的使用等都具有重要的作用。但因为乡村学校布局分散，校本教研活动难以开展；教学点又由于位置分散、生源少、教师结构性缺编，农村教师外出参加培训和交流的机会较少。而中心学校办学规模大，教师任务重，专业发展的需求受客观条件限制，其知识更新难，知识老化日益严重。在即时沟通工具发达的信息时代，网络学习培训及网络教研交流成为发展趋势，特别是"校校通""班班通"等农村校园信息化工程已经全面完成，为智慧教育、智慧教研提供了良好的硬件支持。但现实中，由于网络培训内容理论较多、针对性不够强，不能满足农村教师教学能力提升的需要；同时由于农村教师年纪偏大，对计算机、网络、钉钉等应用能力偏低，难以适应智慧教育、智慧教研等现代教育发展的需要。

4. 农村教师结构性缺编、专业不匹配、学科结构有待优化、在职培训难度高

部分学校学科教师缺编问题较突出，农村中小学的英语、计算机、音乐、美术、体育等学科教师紧缺。在座谈会上，调研组了解到 H 中学英语学科教师短缺，但当地教育部门反馈英语专业教师总体数量充足，可见教师资源未能得到有效盘活。一些学校为解决学科教师短缺的问题，通常由教师兼任 2 门及以上的课程，跨学科或跨年级教学的情况在农村普遍存在。这就出现教师自身所学专业与所教学科不相匹配的问题，教师对所教授内容不熟悉，缺乏坚实的理论、专业基础、实践基础，而导致授课时无法从学科特点出发进行课堂设计，无法做到引导学生进行深入的思考，无法达到举一反三、融会贯通，教学质量难以保证，更难以达到创新能力的培养。而兼任教师、全科教师这种现象在农村特别是农村教学点十分普遍，他们亟须专业的培训指导。如果要保证"兼课"科目的教学质量，必须要对兼课教师进行长时间的培训，或者是持续的授课指导，才能确保授课教师有足够的学科理论知识与教学能力。但农村教师年龄大加上信息化能力不足，制约了他们"兼课专业"所需的知识与能力的提升。

5. 农村优秀教师单向往城区流动，同时临聘教师数量多、流动性大、难以保证教学质量

当前，教师的数量配置依据的是学校规模，但由于农村学校规模小、教学点分散，工作与生活条件配套不够齐全，这既导致一些农村优秀教师向城区流动，又因教学点数量多，撤并相当困难。如英德市，现有50人以下的教学点100多个，村小

撤并的推进存在一定困难。根据 2018 年的调查发现，即使学生数减少至 6 人的教学点，也难以撤并，仅有 2 个教学点成功撤并。要保留小班额教学，就会导致农村专任教师总体上超编，但实际教师总量仍然不足，师资配置不齐。为了补齐师资队伍的不足，由政府采购服务并进行劳务派遣，或者招聘一些临时教师。劳务派遣人员数量远远不足，临聘教师成为主要的补充。以 H 幼儿园为例，园舍规模 13 个班，可容纳约 400 名幼儿入园学习。目前，幼儿园有 10 个班，27 名教师，4 名为正式在编教师，4 名为政府劳动派遣人员，其余为临聘教师，10 名教师持证上岗。S 小学的 53 名教师中也有 10 名为临聘教师。据反映，因为临聘教师工资福利和社会保险待遇偏低，不仅低于编制内的教师，也低于劳务派遣人员，"同工不同酬"现象导致职业吸引力下降，人才流动性大，难以保证教学质量，也造成了临聘教师培训效果不理想。

三、促进清远市农村教师队伍专业发展的对策和建议

通过本次调研，调研组对清远市农村教师队伍建设情况及存在的问题进行梳理，可以从中找出一些解决问题的思路与启示。在城乡教育一体化进程中，要缩小城乡教育二元化的差距，除了缩小办学条件、设备等硬件的差距之外，关键是要统筹城乡教师队伍建设，不断促进农村教师队伍专业能力的提升，努力打造一支扎根农村的高素质教师队伍。

1. 深化人事制度改革，完善农村教师聘任机制

解决农村教师队伍总体上超编、学科教师结构性短缺、年龄偏大、知识老化、教师队伍参差不齐等问题，首要是以县域为单位，将盘活现有教师资源与不断补充农村师资相结合，完善教师人事制度的实施细则，使教师队伍结构趋于合理化。只有这样，才能提高农村的教育质量，缩小城乡教育差距。

加快在全市各县域范围内推行由省人力资源社会保障厅、省教育厅、省财政厅、省编办联合印发的《关于推进中小学教师"县管校聘"管理改革的指导意见》。应该切实落实县域统筹，教育、人社、财政、编办等多部门共同协作，尽快出台义务教育教师"县管校聘"实施细则措施，使教师真正由"学校人"向教育系统的"系统人"

转变，搭建一个按岗聘用、竞争择优的平台，盘活现有教师资源，调动教师积极性。同时安排好转岗、待岗人员再培训再竞聘，二次竞聘落聘转岗等再培训，建立退出机制。

加快落实城乡统一的中小学教职工编制标准。按照班师比与师生比相结合的方式核定，严禁挤占、挪用、截留编制和有编不补。加强教师队伍建设，解决教师在岗不在编等问题。加大教育投入力度，加大政府购买教育教学服务，使其成为教师补充的主要力量，满足教育高质量的快速发展需求。

完善中小学教师准入和招聘制度。建立符合教育行业特点的中小学教师招聘办法，遴选安教、乐教、善教的优秀人才进入教师队伍。提高教师资格准入标准，既要重视教师教育教学能力以及专业素质，也应重视教师个人素养及思想品德的考核。

提高临聘教师待遇。实行"校内同级别同职称"的教师"同工同酬"，为临聘教师设计职业发展晋升路径，激发他们长期从事教育事业的积极性。建议由各县（市、区）教育局牵头，会同各县（市、区）财政局，协调编制、人社等相关部门，做好临聘教师人数的统计摸底调查，按照各县（市、区）在编教师薪酬待遇标准，统计各县（市、区）临聘教师薪酬工资及福利待遇总金额，参照在编教师薪酬管理模式，发放给临聘教师，努力实现"同工同酬"。市人社局和市教育局积极研究临聘教师发展的长效机制，使临聘教师工作有奔头，提高其工作积极性。临聘教师队伍庞大，且多以年轻人为主，要制定优秀临聘教师"转正"政策，可适当考虑一定比例进行定向招考，并在职称评聘等方面一视同仁，鼓励临聘教师专业化成长。

2. 构建城乡师资培训体系，联动提升农村教师队伍专业能力

在城乡教育一体化的进程中，农村教师队伍专业水平偏低是制约城乡教育均衡发展的"瓶颈"。要提高农村师资队伍的专业能力，就必须加大对农村教师培训的力度，构建城乡协同的师资培训体系。农村教师与城市教师同时作为该系统关键群体之一，要充分激活关键群体内部的交流，使农村教师主动嵌入培训学习共同体、培训实践共同体。在共同体领导者（名师、名校长、名班主任等）的带领下，以培训或教研项目为载体，深度融入，教师不断学习和实践，才能不断提升其教育教学能力和综合素质，保障农村教育教学质量。

教育、人社、财政等部门是整个培训体系的设计者、执行者、监督者及推动者，

起到至关重要的作用。针对农村教师外出培训机会少的实际情况，应建立农村教师的培训电子学习档案，动态收集他们的培训需求，设计有针对性、实践性的培训项目。同时动态记录教师培训的科目及效果，为升级版的培训服务提供数据基础。针对所学专业与任教科目不匹配的教师，可查看其培训电子学习档案，结合已学内容及成效，分析其所需补充的专业知识与技能，进行精准匹配，精准推送培训项目。

除了注重提供符合农村教师需求的培训项目外，要进行培训效果的长期跟踪服务。设计合理的测评办法，除了及时对培训效果进行学员问卷调查、收集学员培训的心得总结外，更应该注重培训后，对农村教师后续教学实践的支持与服务，完善现有的培训考核评价机制。推出教研科研课题、教师教学能力比赛、"三名"工作室等载体项目。引导农村教师从培训学习共同体过渡到教研共同体，提供以项目负责人为核心，带动农村教师进行后续学习的教学实践及研究。以"互联网＋教研"的模式推动优质教育及教研资源的共建共享，实施培训教研科研一体化，推动培训效果落到实处，最终转化为农村教师专业能力及教学质量的提升，从而实现城乡教育一体化的目标。

3. 提高农村教师福利待遇，完善农村教师保障机制

教师作为人力资本的一种职业，也具有趋利性的特征。在城乡教育一体化进程中，农村学校要想留住人才、吸引优秀教师，让他们留得住、教得好，就必须努力提高教师的工资待遇。建立农村教师的激励机制，完善各项保障制度，进一步改善农村教师的工作条件，提高其生活品质，从而发挥他们的积极性。只有这样才能使农村能够真正吸引优秀人才留下来从教，让他们安心扎根于农村、服务于农村。

应加大对农村教育经费的投入，改善农村教师工作条件与生活的配套设施；落实《中华人民共和国教师法》第六章第二十五条中关于教师工资的相关规定，提高农村教师的工资待遇，使"教师的平均工资水平不低于或者高于国家公务员的平均工资水平，建立正常晋级增薪制度"；实行差异化的农村教师的津贴补贴制度，加大对在艰苦环境中任教的农村教师的岗位津贴。对于偏远地区的农村教师，考虑其工作强度、任教学校离市区的距离等多方面因素，出台农村工作补贴、交通补贴等津贴细则。政府也应通过提供住房、医疗、交通方面的福利，为农村教师创造便利，以及提供宜居的生活环境。

4. 建立农村教师荣誉制度，制定农村教师职称评定优先的相关细则

实行农村教师荣誉制度，有助于弘扬尊师重教的传统美德，激发农村教师的工作热情。根据在农村从教时间的长短，对在边远农村学校任教的优秀教师颁发不同的荣誉证书，肯定和认同他们为农村教育发展所做出的贡献，并给予一定的物质奖励。同时广泛宣传农村优秀教师的先进事迹，鼓励更多的青年教师到农村、留在农村、扎根农村。

除了物质上、荣誉上的奖励外，还应该制定并落实农村教师职称评定优先的细则，为他们专业技术职务的晋升提供通道。例如为农村教师设定专项比赛及教研项目，既保证了一定的公平性，也为他们提供了评优评先的展示平台，为他们职业生涯的上升提供支持。对于长期服务边远山区的农村教师，根据服务年限给予较高级别的职称评审。

5. 倡导社会共育的协同模式

2018 年 9 月 10 日，习近平总书记在全国教育大会上指出："办好教育事业，家庭、学校、政府、社会都有责任。"可见仅有教师、学校的努力远远不够。要解决农村留守儿童多、家校共育难、学校缺专业的青少年心理健康辅导服务等问题的根本，在于营造一个全民参与的关爱少年儿童成长的良好社会氛围，强化社会共育，建立多方联动，形成政府、妇联、社区、志愿者组织、高校学子、群众、学校多方协同辅助农村教师，为农村学子健康成长提供多渠道、全方位、全员、全程协同育人模式。发挥各方优势，实现社会资源共建共享，净化学生成长环境，助力学生健康成长，为突破城乡二元结构，推进城乡教育一体化提供人才保障。

第四节　清远市第一中学教师专业发展的探索与实践

一、学校基本情况

1. 办学基本情况

广东省清远市第一中学（以下简称"清中"），是清远市一所有着九十年办学历

史的基础教育龙头学校，也是广东省首批国家级示范性高中。

学校秉承"清正立身，跬步致远"的校训及"精益求精，更进一步"的学校精神，形成了"让每一位师生都得到发展、感受幸福、走向成功"的办学宗旨，培养了一代代清远英才。

学校用地面积 133 310 平方米，总建筑面积 77 978 平方米。截至 2020 年，清中共有 60 个班，学生 3 085 人。学校师资力量雄厚，教育环境优越，被誉为优秀大学生的摇篮。学校拥有一支师德高尚、底蕴丰厚、作风严谨、业务精湛的优秀教师队伍。学校现有高级教师 102 人（含国家级教育专家、省名师名校长、特级教师），中级教师 123 人。这支优秀的教师队伍以基础教育龙头学校的优秀办学传统为依托，以"精干、精细、精品"的管理理念为抓手，以"立爱、立责、立人"的教风为准绳，为莘莘学子的茁壮成长保驾护航。一大批省市教学骨干常年活跃在教育战线，发挥着辐射、示范、引领作用。

在"树全优教育品牌，创现代一流名校"办学愿景的引领下，学校以"清正文化"为思想引领，以"三动"课堂模式为教学平台，以"三动"心育模式为德育渠道，以社团建设为突破重点，以体育竞技为推动，铸就了校园文化、教育教学、德育心育、社团竞艳、体育并进等教育品牌。

（1）历史传承，积淀文化。学校在长期的办学历程中不断积累与沉淀，孕育出"清静、清雅、清远"和"正心、正行、正气"组成的"清正文化"。清以立身、正以立德的文化启迪，羽化出以开启智慧、润泽生命为宗旨的"求全思优，德智人生"全优教育理念，凝练成以人文关怀及目标管理为导向的"做精小品牌，成就大品牌"的发展思路，彰显了学校教育的根本价值和永恒主题，引领一代又一代的"清中人"迈步向前。深厚的文化底蕴、优秀的学风班风、优越的育人环境、一流的文化品位，使学校在省内外具有一定的示范影响力，2017 年被评为"清远市首批学校文化建设示范校"。

（2）科学办学，成绩斐然。学校在多年的教育教学过程中，探索出"课前任务驱动、课堂师生互动、课后培育自动"的"三动"高效课堂教学模式，充分调动了学生学习的自主性与互动性，在教学模式上打造了一个亮丽的品牌。2013 年以后，学校教育教学质量大幅提升，成为清远市优质品牌高中的典范。有一大批学生被清华大学、北京大学、浙江大学、复旦大学、中山大学等国内知名高校录取。

除教学成绩突出外，教研水平亦齐头并进。学校十分重视教师教学和科研能力的提升，以"三级校本师培系统"为提升渠道，以"三级课题研究系列"为科研平台，以"量多质高的论文"为成果标志，凸显"有特色、高品位"的教育科研效能。2013年以后，学校有15个科研项目获省市级或国家级奖励，有近800篇教育教学论文在省级以上报刊发表；教师出版教学用书22本，校本教材22本，其他论文成果集18本。

（3）特色德育，百花齐放。学校坚持德育为先，把立德树人作为教育的根本任务，高度重视学生的心理健康教育，从"文化认同、目标引领、着力习惯、突出主题"四个要素规范德育课程体系，完善"学生主动、教师促动、社会联动"的"三动"心育模式，成效显著。2017年，学校被评为"全国心理健康教育特色学校"。学校除注重教师引领外，还注重学生综合素质的提升，创造学生自主发展的空间，强化学生的自我管理能力。团委、学生会积极配合学校的各项工作开展，并发挥了核心骨干作用。由于工作出色，成果丰硕，学校学生会于2015年、2018年被评为"广东省优秀学生会"；校团委于2016年和2017年分别被授予"广东省五四红旗团委""全国五四红旗团委"荣誉称号，2019年学校还被评为首批"广东省中学示范团校"。

（4）体育竞技，声名远扬。学校以"活动清中，成就梦想"为主题，积极开展阳光体育活动，多次荣获国家级、省级和市级荣誉。学校拥有无线电测向队、乒乓球队、足球队、田径队等多支高水平运动队伍。男子排球队在2019年清远市中学生排球赛中，荣获冠军和"体育道德风尚奖"。学校足球运动氛围浓厚，在2019年被评为"全国校园足球特色学校"。

（5）社团竞艳，全面发展。学校拥有丰富的校园文化生活，天文、武术、书画、辩论、舞蹈、器乐、文学、电脑等23个学生社团竞相比艳。学生社团保持良好的发展态势，社团数量、参加人数不断增多。各种活动百花齐放、竞相比艳，为广大清中学子锻炼技能、加强交往、发展个性、完善人格提供了广阔的舞台，团结、活泼、健康、向上的校园文化氛围日渐浓郁。

（6）屡获殊荣，追求卓越。由于办学成绩显著，学校先后被评为全国中小学心理健康教育特色学校、广东省绿色学校、广东省青少年科学教育特色学校、广东省德育示范学校、广东省首批汉字规范化书写教育特色学校；并获得广东省师德建设先进集体、广东省安全文明校园、广东省书香校园、广东省文明单位、广东省先进集体等荣誉称号。

面对新的发展时期和形势要求，清中正以培养"全面发展、个性突显的时代英才"为目标，以五大发展理念为指导，努力推进学校在新时期的改革发展、内涵发展、创新发展，全面实施素质教育，为实现"树全优教育品牌，创现代一流名校"这一伟大愿景而努力奋斗。

2. 师资队伍基本情况

学校现有 60 个教学班，学生 3 085 人，教职员工 261 人，专任教师 246 人，其中正高级教师 1 人、高级教师 102 人、特级教师 4 人，教职工平均年龄 43 岁，研究生学历 35 人、本科学历 216 人、大专以下学历 10 人。其中语文教师 35 人、数学教师 33 人、英语教师 34 人、政治教师 15 人、历史教师 16 人、地理教师 14 人、物理教师 23 人、化学教师 20 人、生物教师 21 人、体育教师 14 人、信息教师 10 人、艺术教师 8 人、心理教师 3 人。

2013 年 9 月至 2020 年 8 月，全校教师参加各级各类比赛，荣获国家级奖项 60 多项，省级奖项 150 多项，市级奖项 300 多项。撰写了大量教学教育论文，其中发表在北大核心期刊的有 20 多篇，全国中文核心期刊 100 多篇，市级以上期刊 1 000 多篇，并编著了校本教材近 50 本（部），其中公开出版发行的有 32 本（部）。

二、师资队伍发展机制建设情况

1. 教师专业发展培训制度

教师专业发展是教师塑造角色和完成职能的基本路径，是教师专业持续发展的过程，是教师不断接受新知识、提高自身专业素质及改善自身专业地位的过程。教师专业发展是教师生存和发展的需要，也是学校赖以生存和发展的重要基础。清中非常注重教师专业发展，不断构建和完善该校教师的发展培训制度，为教师专业发展提供方向和制度上的保障。清中各项教师专业发展培训制度文件见下表：

表 4-1　清中教师专业发展培训制度文件

时间（年）	教师专业发展制度文件名称
2005	名师、学科带头人、骨干教师评选条例
2015	教师职业道德规范
2015	教学问题诊断整改工作方案
2016	教职工制度
2016	清远市第一中学教学评价及反馈制度
2017	"智慧课堂·激情课堂"评优课评分标准
2018	清远市第一中学备课组工作常规　集体备课制度
2018	2018—2019 学年度学校教师培训计划
2018	校本教师培训实施方案
2018	清远市第一中学教研组工作常规
2019	清远市第一中学教师继续教育制度

2. 教师专业发展职称评聘制度的改革

教师职称制度是国家的一项重要制度，对促进教师专业成长、教师教学水平的提高乃至人才培养质量的提高以及学校核心竞争力的提高都发挥了非常重要的积极作用。为发挥教师职称评聘对教师专业发展的积极推动作用，加强教师队伍建设，清中积极探索教师职称评审办法，并于 2019 年根据广东省人力资源和社会保障厅、省教育厅《关于印发〈广东省深化中小学教师职称制度改革实施方案〉的通知》（粤人社规〔2016〕5 号）和清远市人力资源和社会保障局、市教育局《关于做好2019 年度中小学教师职称评审工作的通知》（清人社〔2019〕117 号）的精神，结合学校岗位设置和聘任情况，制订了《2019 年清远市第一中学教师职称评审推荐方案》。该方案明确了教师职称评审推荐工作机构、推荐程序以及申报条件。其中，方案规定，推荐委员会根据学校制定的"教师专业技术职务（岗位）量化评分表"对申报人进行量化考核，并结合申报人任现职以来的工作表现，全面综合评价后，提出推荐意见。而"教师专业技术职务（岗位）量化评分表"对教师的基本条件、专业条件两大类指标进行评分，总分 100 分。基本条件考核占 35 分，考核思想品德、学历条件、资历条件、任教经历和继续教育情况；专业条件考核占 65 分，分别从育人工作、教育教学工作、教研科研工作以及引领示范四方面进行考核。因此，该方案从考核指标设置上鼓励并引领教师专业发展，达到促进教师水平提高，提升人才培养质量的目的。

3. 出台教师专业发展的绩效激励制度

（1）教师教研、科研成果奖励制度。为激励教师不断提高自身业务能力，提升教育教学水平，促进教师专业发展，清中制定和完善各项绩效激励制度和措施，以提高教师教研、科研积极性，提升教师教研、科研水平。首先，专任教师年度考核方案高度重视教师的教研、科研工作，积极奖励各项教研、科研成果，体现对教师专业发展的引领作用。如在《2018 年专任教师年度考核方案》中明确规定，要对表彰荣誉、比赛获奖、教研工作进行加分。

其次，各项优秀奖项评选方案体现对教师教研、科研成果的奖励。《2018—2019 学年优秀园丁评选方案》"清远市第一中学优秀科组考核评价表"《2019 届高三级第一学期期末市统考积分奖励方案》等考核文件都对教师的教研和科研进行奖励。如"清远市第一中学优秀科组考核评价表"把"教科研成果"作为四个 A 级指标之一，且把"教科研成果"细化为"教师参赛""课题研究""论文发表与获奖、专著"及"实验创新"四个 B 级指标。各项教研、科研奖励制度的实施充分调动广大教师的教研、科研积极性，鼓励教师积极投身教学工作、教学改革与研究工作以及科研工作，促进教师队伍整体素质和教育教学质量的提高。

（2）教师竞赛奖励制度。教师竞赛是发挥教师特长、培养教师创造力的过程，也是教师不断提升自身专业素质和能力的有效路径。为了调动和激发广大教师参加各种教学教育竞赛的积极性和主动性，清中制定了奖励制度文件，且均在这些制度文件中明确了对教师参加竞赛进行奖励的办法，奖励教师积极参加或指导各种比赛。如在《2018 年专任教师年度考核方案》中明确规定要对比赛获奖进行加分，"个人在参加行政主管部门组织的教育教学教研类比赛中获奖，国家级加 3 分，省级加 2 分，市级加 1 分，同时获以上多项奖励的，只计算最高级别奖项"。

此外，清中还制订了专门的学科参赛奖励方案。2018 年清中制订了《学科参赛奖励方案（试行）》，明确其指导思想为"进一步实现我校'培养全面发展、个性凸显的时代英才'的育人战略目标，激励全校师生在学科参赛中取得优异成绩，为更多的学生在自主招生中脱颖而出创造有利条件"，并详细规定其奖励原则、奖励对象、奖励方案。如奖励方案中提到，"学校每年设立学科参赛总奖金 100 000 元"对教师进行奖励。《学科参赛奖励方案（试行）》的施行，能够有效激发教师参加学科竞赛的兴趣，在实施素质教育的同时，也促进了教师专业发展。

4. 以"三名"工作室为引领，创新教师团队专业发展运行机制

教师专业发展离不开集体，教师团队的建设是提高师资队伍整体素质的主要载体。为提升教师的整体水平，清中积极开展"三名"工作室建设，充分发挥名校长、名教师和名班主任的引领、示范与带动作用，为教师专业发展构建名师、名校长和名班主任成长平台，以点带面，以优秀带后进，快速、有效地建设高素质教师队伍、后备校长队伍和优秀班主任队伍，促进教师专业水平的提高，从而促进学校又好又快发展。

为做好"三名"工作室建设工作，清中制定了相关的管理文件，规定"三名"工作室要制定各自的《工作室管理制度》《工作室三年规划》《工作室年度计划》和《工作室培养教师计划》，积极开展工作室建设活动，并形成相关记录；学校定期对工作室工作进行常规检查，如对工作室进行中期检查等。目前，清中拥有广东省刘耀坚校长工作室、国家"万人计划"教学名师熊宏华老师工作室、清远市李代权高中语文教师工作室、清远市范发平地理名教师工作室以及清远市梁丽勤政治名教师工作室五个"三名"工作室。"三名"工作室在清中的带领和指导下积极开展各项教学、研究活动，在课堂教学活动、课题研究、论文发表、教学比赛等方面均取得突出的成绩。

三、师资队伍建设成效

1. 教师教学能力的提升

在学校各项评价管理项目顶层设计的积极导向下，在各项教师专业发展的制度文件的保障和激励下，清中教师积极进取，敢于创新，在专业发展的道路上走得又快又稳，提升了教学能力，提高了教学质量，促进了教师专业发展。

首先，教师教学方式不断创新，并取得了很好的效果。如清远市李代权高中语文教师工作室的教师团队认真研究了"三动式"课堂改革，通过精心设计课前任

务、堂上互动、课后自动，营造了良好的学习气氛，实现了师生和谐的高效课堂；清远市范发平地理名教师工作室的梁婕老师的三动高效课堂"区域农业发展——以广东省清远地区为例"，获清远市第 26 届中小学青年教师教学基本功比赛高中地理学科总决赛一等奖、最佳课堂教学奖、最佳技能测试奖；范发平老师的三动高效课堂"青藏高原"在 UMU 直播平台上直播，获得一致好评。

其次，教师在教学能力比赛中不断获奖。如何燕桃老师在 2016 年 11 月的省优质课展示教学比赛中取得"现场授课一等奖""时事开讲一等奖""个人教育素养演讲一等奖"以及"总分特等奖"的优异成绩；在 2016 年 10 月举办的清远市中小学青年教师教学基本功比赛总决赛中，何燕桃、苏捷、苏丽、王永清四位教师全部夺冠。清中教师频繁在各种教学竞技平台上斩获佳绩，充分折射出学校教师探索课堂教学模式实践工作卓有成效，也反映出教师教学能力的提高。

2. 教师教科研能力的提升

清中在各项管理制度文件和实际工作中均坚持教科研工作导向，鼓励教师积极开展教科研活动，奖励教科研成果，调动教师的积极性，充分发挥教科研为学校教育教学服务的功能，强化了教师的教科研意识，专业建设和课程改革、课题研究和管理等得到了加强，推进了学校教育教学工作的改革和发展，同时也促进了教师个人专业的发展。

首先，清中教师斩获的各项教学（教研）成果奖项不断增多。据统计，清中教师在 2013—2018 年期间获得的国家级、省级和市级的教学（教研）成果奖项共 151 项，其中国家级 5 项，省级 77 项。2013 年清中获得国家级、省级和市级教学（教研）成果奖项共 19 项，其中国家级 1 项，省级 11 项；到了 2018 年清中获得国家级、省级和市级教学（教研）成果奖项共 26 项，其中国家级 1 项，省级 15 项。

表 4 - 2　清中 2008—2018 年各项教学（教研）成果奖项统计

（单位：项）

时间（年）	国家级	省级	市级	共计
2008	0	2	2	4
2009	1	3	2	6

（续上表）

时间（年）	国家级	省级	市级	共计
2010	0	6	5	11
2011	0	4	4	8
2012	1	13	7	21
2013	1	11	7	19
2014	0	3	9	12
2015	0	9	25	34
2016	2	17	8	27
2017	1	22	10	33
2018	1	15	10	26

此外，清中教师发表论文的数量也在不断增加。据统计，2011—2016 年清中语文科组教师在各级刊物公开发表的论文共计 120 篇，其中在国家级刊物公开发表 34 篇，获得国家级奖项的共计 4 篇；在省级刊物公开发表 32 篇，获得省级奖项的共计 21 篇。范发平地理名教师工作室的教师团队在 2018—2019 年公开发表论文 16 篇。综上所述，清中教师在学校的各项政策和制度的引领下，不断开拓进取，教科研能力不断提升。

3. 教师信息化能力快速提升

当今社会是个高度信息化的社会。技术进步让学习越来越具有全球性和协作性，也让学习更加个性化、智能化，也更加开放、更加便捷、更加高效，在线教育正在进入一个激动人心的全球连接新纪元。积极推进在线教育的可持续发展，已经成为我国面向未来的重要部署。清中积极应对信息技术革新给现代教育带来的挑战，组织教师学习如何利用现代信息技术进行"互联网＋"教学，取得了突出的效果。在 2016 年 5 月举行的 LINK2016 在线教育论坛暨教育部在线教育研究中心、在线教育奖励基金（全通教育）颁奖典礼上，清中校长刘耀坚荣获教育部颁发的"教育信息化优秀个人奖"。

4. 学校办学成效

（1）办学质量大幅提升。清中重视教学改革和教师专业发展，教学质量连年攀升，高考成绩一年上一个台阶。2014 年，重本上线人数达 487 人，重本率达 36.8%，普本率达 88.4%；2015 年，重本上线人数达 489 人，其中广东高考文科状元在清中破茧而出，广东高考文科总分第 25 名落户清中，重本率达 48.8%，普本率达 90.9%，综合排位跃居全省前列；2016 年，重本上线人数继续闯关，人数达 606 人，突破了 600 大关，重本率达 54.0%，普本率达 97.0%，有 4 人高考总分达到清华北大录取的投档线，综合排名位列全省前茅，初步形成卓越的质量品牌；2017 年，重本上线人数达 679 人，重本率达 63.2%，普本率达 91.5%；2018 年，重本上线人数达 684 人，重本率达 66.5%，普本率达 99.1%；2019 年，重本上线人数达 707 人，重本率达 68.6%，普本率达 99.6%；2020 年，高分层逆势突破，重本上线人数达 718 人，重本率达 70.1%，普本率达 99.6%。文、理科总分进入全省前 100 名共 3 人，其中理科最高分 695 分，全省排 65 名，被清华大学录取；文科最高分 640 分，全省排 72 名，文科第二名 637 分，全省排 90 名。文、理科 600 分以上共 153 人，继续摘取全市文、理科最高分。从 2014 年至 2020 年共 8 人考上清华北大（见表 4 - 3）。

表 4 - 3　2014—2020 年清中升学情况统计表

年份	重本上线人数/人	重本率/%	普本率/%
2014	487	36.8	88.4
2015	489	48.8	90.9
2016	606	54.0	97.0
2017	679	63.2	91.5
2018	684	66.5	99.1
2019	707	68.6	99.6
2020	718	70.1	99.6

（2）师生获奖成绩斐然。学校注重教师专业发展，直接培养了一大批教学业务能力强、专业技术过硬的优秀教师。2013 年之后，清中教师获得各项重要奖项的捷

报频传。据统计，清中教师在 2013—2018 年期间获得的国家级、省级和市级的教学（教研）成果奖项共 151 项，其中国家级 5 项、省级 77 项。其中 2015 年 10 月，熊宏华以丰富的教学经验和业绩成果，经过各级严苛的综合评审，成为专家级教师，入选国家"万人计划"教学名师行列。2016 年，何燕桃以扎实的教学基本功和在课堂教学改革中练就的本领，在省优质课展示教学比赛中一举拿下"现场授课一等奖""时事开讲一等奖""个人教育素养演讲一等奖"以及"总分特等奖"四个优异奖项，为学校赢得荣誉，为个人赢得荣光；同年，刘琼也以培育出清远市首位高考状元和造就班级高考重本率高达 100% 的非凡教学业绩被评为"清远市最美教师"；刘耀坚校长荣获教育部颁发的"教育信息化优秀个人奖"。2017 年，清中正式获得教育部"全国中小学心理健康教育特色学校"授牌，是粤东西北地区唯一获此殊荣的学校。

教师专业发展大大地促进人才培养质量的提高。2013 年之后，清中学生在一些重要赛事中不断取得可喜成绩。清中无线电测向队代表广东省出征全国赛，屡获佳绩。2016 年清中无线电测向队代表广东省参加全国青少年无线电测向锦标赛，个人赛和团体赛均取得了骄人的成绩。其中，在个人赛中有 2 人获全国一等奖，7 人获全国二等奖，11 人获全国三等奖；在团体赛中，女子二队获得全国冠军、一队获得第四名，男子一队获得全国季军。2018 年，在范发平地理名教师工作室教师团队的带领下，共有 20 名学生在第一届广东省中学生地理研学旅行成果交流展示活动中荣获省级奖项，其中获得省级一等奖 8 人。

（3）媒体关注，同行认可。教师专业发展直接促进学校办学质量及办学层次的提升，实现了跨越式的发展。清中的成绩获得社会及业界的广泛认可和高度赞誉，社会媒体纷纷进行报道，教育界同行也不断来校进行交流学习。2015 年 5 月，梅州市丰顺县教育考察团在丰顺县副县长黄纯忠的带领下到校进行教育工作考察；2016 年 3 月，茂名市教育考察团在茂名市政府副秘书长程前率领下到清中参观考察；2016 年 3 月，华南师范大学教务处副主任、博士生导师林天伦教授率领"华南师大—普通中小学协同发展联盟"成员学校主要领导光临清中考察交流，刘耀坚校长应邀为华南师范大学校长培训班作题为"走向卓越，起而行之——走向卓越之管理思考与探索"的专题讲座；2017 年《中学物理教学》报道了清中的概况、秉持的教育理念及所取得的成绩；2018 年 6 月，清中主要领导前往清远市第一中学实验学校召开座谈会，商讨开办"清中模式班"等办学工作，推广清中经验。

四、经验总结

清中促进教师专业发展举措主要包括：一是学校先做好顶层设计，在相关管理制度文件中实现方向引领，自上而下积极推进教师专业发展；二是实施教师职称评聘方案，并在方案中把专业发展作为一个非常重要的核心指标，细化专业发展要求；三是在各类各级荣誉评价中渗入教师专业发展要求，指导教师进行个人专业发展。

促进专业教师的发展，重在提高教师的教学能力和教学改革能力。为扎实推进新课程改革，实现教学工作由经验型向科研型、智慧型的战略转变，清中紧紧围绕"构建生态课堂、高效课堂"这一主题，以教学科研为先导，以课堂为主阵地，以"三动"导学案为载体，以精细化管理为抓手，以培养学生自我管理、自主学习能力为重点，以优化教学常规为着力点，深入探索教学增效的策略、方法和途径，促进教师教学能力的提升，实现教学质量的提高。具体来说，通过实施"三动"高效课堂改革方案，制定"三动"高效课堂达标课评分标准，推广"三动"高效课堂教学模式，举办"三动"高效课堂竞赛等，促进教师教学水平的提高。

第五节　清远市新北江小学教师专业发展的探索与实践

一、学校基本情况

清远市新北江小学建于 1992 年秋，2013 年秋季从新城三号区搬迁至新城连江西路 28 号。学校占地 60.38 亩，校园育人氛围浓厚，环境优美，是清远市一所富有文化底蕴的窗口性、示范性的现代化学校。

学校注重把母亲河北江作为文化之河、教育之河，立足小学这一"人生始发站"，致力于以"水"育人，培养有理想、有善心、有德性、有智慧、有雅气、有活力的新北江少年。学校以创建"全国文明校园"为契机，以师生发展为主体，以建设优良的校风、教风、学风为核心，以优化、美化校园文化环境为重点，以丰富多彩、积极向上的校园文化活动为载体，围绕"一条主线，两个重点"凸显学校的办学理念，取得了累累硕果。学校先后获得"全国文明校园""全国德育特色学校""全国优秀家长学校""全国艺术教育先进单位""全国经典诗文诵读实验校""全国足球教育特色推广校""广东省红领巾示范学校""广东省书香校园""广东省首批艺术特色教育学校""广东省中小学心理健康教育特色校"等多项荣誉称号。"书香校园""科技教育""艺术教育""家校共育"已经成为学校最鲜明的办学特色。每年举办的体育节、艺术节、读书节、科技节已成为学校的"王牌节目"。

"一条主线"指围绕"润泽生命"的办学理念，坚持立德树人，把文化建设融入学校教育全过程，探索办学实践模式，满足社会对学校教育的高品质要求。"两个重点"一是指着眼于提高学生综合素养，切实提高教育教学的实效性，进行"善智课堂"教学模式和"善智班级"建设的探索；二是指培养"善智相生"的教师团队，通过专家引领、自我反思、同伴互助来实现教师自身的专业成长，打造"善智团队"。

二、新北江小学教师专业发展经验

1. 教师专业发展培训制度

教师专业水平是教师从事教育工作的生命，为了促进教师成长，提升教师的综合素养，学校制定教师专业发展培训制度。

（1）成立新北江小学教师专业发展培训领导小组。新北江小学教师专业发展培训领导小组的职责包括拟订每学年校本培训计划，组织教师参加各级各类培训，落实教学研究及管理相关工作，指导课题申报、研究，论文撰写及发表等工作，及时搜集、总结、报道、推广学校、教师在培训和实践中的经验，积累、整理相关资料。

（2）制订教师个人成长规划，制定教师培训工作考核细则。学校建立完善的教师培训制度、自学制度、考核评估细则。教师分层次参加上级教育主管部门组织的各种培训，如新老师培训、骨干（后备）教师培训、计算机应用能力培训、班主任培训、科研人员培训、岗位培训等。

（3）校本培训实现教师理论学习常态化。校本培训以继续教育培训和基本功训练两部分为主。各学科充分利用每周的教研时间，开展多种形式的校本培训活动，如专题讲座、基本功大比拼、学习分享会等，促使教师学习前沿的教育教学理念，提升专业理论水平。

（4）明确培训内容，进行新课程理念培训、学科实践培训、自学提高培训、信息技术培训、班主任培训和科研培训。

①师德培训课程为教师专业发展提供动力。在师德培训中把爱作为培训主题，向教师推荐《给生命涂上爱的底色》《爱的教育》等有关书籍。通过宣传优秀教师的先进事迹，让爱悄无声息地流淌到每一位教师的心灵。培训课程要求教师每学期写一篇爱的故事，并举办论坛，让教师把自己的故事讲给每一位同事听，通过活生生的案例使每一位教师得到教育。同时，以传统美德为基点开展教师职业道德建设活动，通过全体教师对传统美德和教师职业道德的比较研讨，加深教师对职业道德的理解，并在此基础上制定教师职业道德考核标准，提高教师遵守标准的自觉性。

②设置心辅课程为教师专业发展提供心理支持。随着心理问题学生的增多，学校管理难度越来越大，往往教师付出了很多，学生取得的进步却很小，教师职业倦怠随之而来，如何调整好教师心态，使教师保持平和的心态已成为办学成功的关键。针对这一问题，学校开设教师心理辅导课程，向教师推荐《心态决定命运》《思路决定出路》《好习惯、好性格、好人缘》等书。举办"关注教师心理健康，使教师享受教育的幸福生活"系列讲座，通过心灵鸡汤的滋养，调整教师心态。

③观念培训课程为教师专业发展提供活力。教育教学改革，首先是观念的转变。学校建立正确的发展观、使命观、教育观、课程观，管理者就能据此实施领导，教师就能据此执行，从而形成上下的一致性。但是观念写在纸上是远远不够的，它需要内化成每位教师的自觉行动，才能发挥作用。所以，新北江小学将以上观念灌输、渗透给教师，并向教师推荐与学校观念一致的书籍，如《陶行知全集》《中澳课程之比较》等。此外，还通过学习心得、读书论坛、小组交流、网上论坛等形式，与教师形成理念上的共识。

④专业技能的培训。学校的教育改革提出了新的备课方式（由教学设计变为课

程设计）、新的上课方式（走下讲台、走出课堂）、新的听评课方式和评价标准。为了让教师适应这种变化，学校对教师提出会备课、会上课、会说课、会评课、会使用多媒体、会制作课件、会网络授课的要求，并将以此为基点，就如何进行目标式备课，如何上课、说课、评课等开展专题培训，并开展集体备课、研课、听课、说课、评课等相应的活动，搭建提高教师专业技能的平台。

（5）充分发挥骨干示范引领作用。每学期根据教师的实际情况，拟订师徒结对活动方案，有目的、有计划地开展系列活动，包括骨干教师展示课、新教师亮相课、学校一师一优展示课等。设立专门的研讨笔记本，"师父"每周固定时间开展指导与研讨，由"徒弟"进行记录。

（6）以课题研究和论文撰写为指引，推动教师教科研能力的提升。成立课题研究和论文撰写指导小组，组织教师参与课题申报与论文撰写工作。并做好课题申报，开题，成果展示，结题，论文撰写、修改、发表等环节的指导。

（7）根据上级要求制订培训计划并认真实施，做到有目的、有检查、有收效、有总结。

2. **教研活动**

（1）规范教学管理，提升课堂质量。学校结合学生实际，以"善智课堂"为抓手，注重教学规范化管理。

一是认真制订学校及处室工作计划，做到计划可行、必行。同时督促教师拟订切实可行的教育教学计划，并监督落实。

二是加强常规工作检查，对备课、上课、作业批改、质量分析等环节进行检查。常规管理的落实，让教学井然有序，为提高教学质量奠定了基础。

三是每学期有计划开展"1＋3＋5"教学模式的"善智课堂"课题研究及研讨活动。目前，学校已成功结题了 3 个市级课题，正在开展研究的有省级课题 1 个、市级课题 3 个、区级课题 6 个。

四是开展师徒结对活动。各学科每学期有计划地开展"一师一优课"研讨活动、师徒结对推门课、新教师展示课等，活动的开展不仅激发了教师的教研热情，还提高了教师的教科研能力。

五是开展"请进来，走出去"教研活动。邀请专家或结对学校到校交流，与兄弟学校开展"送教下乡"等教研活动。让教师在研究中教学、在教学中研究，提高科研水平和教学水平，促进了教师专业化水平的提高，进一步推进课堂文化建设。

（2）注重特色培养，促进百花齐放。学校坚持将文明校园创建与学校特色文化相结合，着力打造特色校园。

一是注重书香校园建设。学校设置了"诗韵轩"文化长廊、开放式书吧和班级图书角等阵地，书香氛围浓厚；广泛开展读书主题班会、好书推荐、美文经典诵读、讲故事等丰富多彩的读书诵读活动。每年一届的"读书节"深受师生喜爱。学校在市、区的经典诵读比赛中均获一等奖，在市级以上的作文比赛和演讲比赛中均获佳绩。

二是注重艺术校园建设。突出艺术教育特色，让学生在丰富多彩的艺术活动中提升审美能力，促进学生健康快乐成长，是新北江小学育人特色中的亮点。学校分年级开设了软陶、跳绳、舞蹈、剪纸、器乐等形式多样的艺术特色课程，定期开展合唱、舞蹈、器乐、美术、球类、田径等社团活动。学生和学校艺术组教师在区、市乃至省和全国举行的艺术类各项比赛中发挥出色，屡获佳绩，其中学校小浪花艺术团参加广东省"少儿艺术花会"，连续五届获舞蹈表演金奖。

三是注重科技校园建设。提升青少年的科技素质，是践行"新北江善智文化"的时代特征的最佳抓手。学校鼓励科技创新，每年举办科技节，让学生了解科普知识，鼓励学生参与创作科幻画、科技小发明、手工制作和各类科技体验活动，为学生提供一个探究实践、施展才华的舞台。学校组织学生参加省、市、区的科技类各项比赛，均获佳绩。另外，学校还以"全国优秀家长学校"和"广东省中小学心理健康教育特色校"为标准，继续不断深化家校共育特色和心理健康教育特色，为建设"新北江善智文化"注入正能量。

（3）从观念上、行为上、实践上提高教师教学能力。首先教师加强理论学习转变观念，通过增强"有效课堂"意识，以"有效"为标准，发掘课堂教学主阵地的作用。通过多年的实践研究，教师的理论水平得到了切实的提升，定向培养的效果显著。具体表现为：第一，教师对学科内容的理解更深刻。在思考确定教学策略的时候，更能体现学科的本质。第二，在分析教学内容的时候，教师能把握关键知识以及知识的出彩应用，设计教学的时候能从知识结构方面帮助学生形成结构化的认识。第三，对教学的定位是准确和高位的。教师能够从核心素养的角度来思考这节课应该怎么教学、学生应该形成什么素养，而不只是注重知识讲授和技能训练。教师更善于思考一节课对于学生的终身发展可以提供什么样的帮助，如何培养学生良好的、高效的思维习惯及严谨的做事习惯，对课程目标的价值定位更加准确。第四，教师的教学策略更有实效性和针对性。在分析学生的学习情况后，所采取的教学措施更具针对性，促进学生了解学科的本质、知识的本质。

（4）锐意创新，提升教师素质。教研组是教师专业成长的基地，是教师间"有效互动""合作共进"的组织。教研活动的有效开展，能帮助教师更新教育理念，掌握先进的教学策略和教学技术，提高专业素养和施教水平。利用好教研组这一载体，有利于激励教师主动发展的氛围。"学者如渴，以思为悦"，教师要善于更新教学思想和理念，养成良好的阅读习惯，并要联系实际展开深入思考。根据课程改革要求和教师专业发展的需要，以及在教育教学实践中遇到的真真切切的问题，新北江小学主要采取多种形式组织教师学习课程理论和教育教学理论。

一是通过网络平台或发动教师以自愿为原则订阅与学科相关的书籍、杂志。利用每周十分钟左右的教研时间让教师分享自己阅读的心得及建议。每学期布置每位教师要重点学习一本书。为了防止流于形式，主要针对教师的读书笔记作定期检查。同时还举行"好书分享会"，激励教师多看书，多阅读，多分享。以形式多样的学习，不断提升教师的课程意识，更新教师的教学观念，探索教学规律；促使教师不断更新和充实本学科的专业知识，提升研究问题、分析问题、解决问题的能力，提高专业素养和施教水平。

二是采取"请进来，走出去"的学习方式，为教师创造学习、培训、观摩的机会，开阔视野、提高素质；结合校本教研，深化教研教改工作，强化教师队伍建设。每学期，新北江小学都会派出教师外出学习，派出学习的教师通过学习新知识、新理念，开拓新思路，在交流中博采众长，取长补短，还带回各地先进的教学思想和教育理念，以"以老带新""师父带徒弟"的形式传给青年教师，激发教师钻研业务的热情，切磋新课程课堂教学策略，从而进一步提升学校教学质量与管理水平。同时，新北江小学不定期引进一些名师走进课堂，让教师与名师"零距离"接触，使教师在感受名师人格魅力的同时开阔了思路。

三是结合学校文化建设和"书香校园"活动的开展，在促进教师业务理论学习的同时，组织学习相关的科学和人文知识，开阔视野，提高科学素养和增强文化底蕴。

（5）跨学科交流，聚焦教研常态。随着课程改革的深入推进，大家已初步达成共识：教师要在教育教学中发现问题，研究问题，解决问题。学校把教研重心落实在具体的学校工作情境中，对于每一项活动，只要有布置，就要有跟踪与落实，就要有反馈与跟进。因此对教研组的管理，落实好"三跟"，只有不断跟进，才能不断完善与进步。

一是"跟"课后反思。新北江小学要求教师必须做到每课一反思，将平时星星点点的启发和顿悟、有特色的教学经验和典型问题记录下来，既要记成功之举，也要记"败笔之处"；既要记学生的见解，又要记教学过程中教师的精彩展示，更要记下改进教学的具体措施。而学校则每月一检查，树典型查缺漏。这样既可以提高教师的知识水平和教学能力，更能为写教学论文提供题材，为教育教学科研打下良好的基础。

二是"跟"观摩学习。观摩学习，不仅是一次学习取经、自我诊断的过程，更是一次传导压力的过程。面对现阶段许多教师在外出观摩学习中，只是被动地听课，很少主动思考评价一节课的现状，新北江小学采取每次的外出学习由骨干教师带领的方式，让其他教师边看边学边比，看别人、学别人、比自己。看到别人的长处，学到别人的经验，比出自己的差距，外出学习结束后马上召开总结点评会，把焦点放在找问题、谈不足、明措施、定目标上，主要围绕观摩所见、所闻，进行组内交流发言。通过一次次的观摩学习，大家学到了经验，找到自己的不足和差距，坚定了信心。

三是"跟"质量检测。教育教学质量是学校教育的生命线，而提高教育教学质量的落脚点是学生学业质量的提升。因此，在每单元学习结束后，要求教师通过单元检测，对学生的学习情况进行全面了解，尽量做到"堂堂清""单元清"。而面对单元检测，主要发挥有经验教师的作用，让其根据每单元的教学重难点，出一份能起一定导向作用的试卷，由"质监组长—科组长—蹲科行政"层层严格把关，建设好有质量的诊断、评价题库，全面、有效地评价学生的学习成果，推进教学改革。

3. 深耕科研

学校坚持"科研兴校、科研兴教"的教科研工作导向，把理论用于实践，积极开展校本教研，有针对性地进行课题研究和课堂教学改革，调动教师科研的积极性，充分发挥教育科研为学校教育教学服务的功能，强化教师的科研意识，使专业建设和课程改革、课题研究和管理、教师继续教育、校本培训得到了加强，也推进了学校教育教学工作的改革和发展。

（1）坚持科研导向，营造科研氛围。为进一步加强学校教科研工作，促进教师参与教研教改和教科研的积极性，学校制定完善了教科研相关制度、工作职责、工作计划，并以课题和教学改革为抓手推动教科研工作。要求每位教师结合工作岗位和教学工作，针对问题进行校级、区级课题研究，不仅提高了教师对教科研工作的认识，促进了教师参与教研教改的主动性和积极性，而且为提高课堂教学质量，鼓励全体教师积极探索教学新模式，打造高效课堂奠定了良好的基础。

（2）强化校本研修，提高教学水平。校本研修是促进教师专业发展，提高教师教学水平的重要方式，自我反思、同伴互助和专业引领是校本研修的三要素。

一是要求教师每节课都要进行自我反思。二是加强了常规教研的管理，要求每位教师每学期都要上一节"一师一优"课，所有教师每学期听课不少于 15 节。为保证教师听评课活动的质量，让听评课活动不流于形式，各学科制定好教研活动时间，加强对教研活动的检查和管理，不定期对教师听评课情况进行抽查、随堂听课，避免教研活动流于形式。三是创造条件，积极推荐教师外出学习。外出学习人数每学期 100 多人次，大大提高了教师的理论水平，增强教师专业优化、课程优化的内功。四是开展教学竞赛，促进教师相互学习。每学期开展青年教师、骨干教师展示课，让其他教师边看边学边比，看别人、学别人、比自己。让大家学到了经验，认识了不足，坚定了信心。

（3）立足校本实际，开展课题研究。在知识经济时代，要做一名合格的教师就必须有不断学习的意识和能力，要有勇于实践、创新的能力，并应在立足校本教研的基础上开展好课题研究。2013 年，由于大部分教师的科研意识及理论功底薄弱，接触面窄，缺乏研究能力，研究工作无从下手，且学校的教科研工作运行机制还不够健全，缺少必要的刚性激励评价机制，难以调动教师从事教科研的积极性、创造性。全校只开展一个市级课题研究，科研水平比较低。面对这种状况，新北江小学对教师提出了新要求：教育、教学工作的模式由"经验型"转向"科研型"，进一步转变观念，明确教科研的功能定位与价值取向。同时加强了学校教科研机构的建设，吸纳学科主任、备课组长等教学和科研能力强的教师组建教科研团队，使学校教科研工作步入正轨。现在已结题的市级课题有5项，区级课题有8项，区级小课题有2项。现在研课题：省级2项、市级1项、区级4项。

实践表明：一线教师在教育教学上能积极参与教科研的实践，自觉学习理论，更新教育观念，以科研带教研，以教研促教改，对提高教师自身的素质大有裨益。

（4）强化管理，彰显科研引领力。成立科研领导小组，以校长为组长，业务副校长为副组长，教导处各蹲科为主要成员，负责学校课题管理工作。制定制度，对省、市、区级课题申报的形式，研究方向，课题的常规管理，经费投入等提出相关要求。

①上下联动，强化科研影响力。为了更好地调动教师参与课题研究的积极性，使教师主动参与课题研究，在课题研究中提升教育教学能力，提升课堂教学效果，从而提高教育教学质量，新北江小学校长带头申报课题立项，各蹲科带动科组教师开展课题研究，以点带面，在各学科全面铺开。

为使课题研究彰显学校文化理念，科研制度明确要求：学校教师所申报的课题必须与学校文化建设方向相吻合，服务于学校文化提升，有助于推动学校发展。自上而下组织课题研究就更能凸显这一要求，更有利于落实课题与常规教育教学有机结合，实现"常规即研究，研究中实践，实践中提升"。

②创设平台，焕发科研生命力。结合学校教师队伍的架构实际，即办学规模越来越大，教师队伍越来越庞大，年轻教师及新教师越来越多，学校确定以课题研究为落脚点，开展形成多样的展示活动，让每个层次的教师都能体验课题研究的"苦与乐"。每学期举行"新教师亮相""师徒结对""骨干展示""教师技能大赛""名师示范""专题小讲座"等常规活动，有效推动课题研究的深入，助力教师专业成长，形成"人人有平台，个个竞成长"的你追我赶良性竞争氛围。

在市级重点课题"新北江文化背景下善智课堂的研究"引领下，学校各科组共进行6个区级子课题研究，并成功结题；此外，新北江小学还顺利进行3个市级课题结题，均受到结题专家的高度赞扬。至 2020 年 8 月，新北江小学获审批立项 2 个省级课题，1 个市级课题，有 6 个区级课题在研。

4. 发挥名师工作室的辐射、引领作用

（1）名师名室帮带互进。学校持续深化"研—训—教"一体的教师培训机制，不断加大与省内名校、师训机构的深度交流合作。目前已有全国模范教师 1 名，省名校长 1 名，省骨干教师 5 名，市骨干教师 3 名，市名师 2 名，区名师 3 名，区名班主任 3 名。名师实行"一带一"计划，"传、帮、带"让名师成为轴心，是辐射、带动的中坚力量，让学校师资力量不断充实。

此外，进一步加大省、市级"名师工作室"建设力度，工作室由省名校长、市名师、区名校长、区名教师以专业引领的方式，发挥辐射带动作用，促进中青年教师专业成长及自我提升。学校有 1 个省名校长工作室、1 个市名师工作室、1 个市名班主任工作室（已完成研究）。2019—2020 学年，共承担各类培训 10 场，成员撰写教育教学体会和读书笔记 20 多篇，在省、市各类比赛中获奖 10 多人次，在工作室博客发表博文 20 多篇。

（2）名师名室孵化、带动。加大名师及其工作室的孵化、培育力度，充分发挥名师的示范、引领、带动作用，以此实现办学条件与内涵质量的同步提升。"独学而无友，孤陋而寡闻。"首先，创造机会让名校长、名师分期分批外出学习，开阔眼界，并发挥其辐射作用，从而达到一人培训、多人受益的目的。

"一花独放不是春，百花齐放春满园。"这种相互学习、以老带新的方式，缩短了教师的成长周期，更好更快地培养出了各级学科带头人、骨干教师，让他们在各自的岗位上散发出更多的光和热，充分发挥名师的带动作用。

附：

媒体专访与关注链接 1："三名工程"助推清远市教师专业发展再上新台阶

（清远市有省、市"三名"工作室 139 个，教师节来临之际，特展示工作室主持人风采，编者按）

2013 年 1 月，清远市启动中小学"教师、班主任、校长工作室"的"三名工程"建设。市"三名"工作室的启动建设在清远市教育发展历程上具有里程碑意义。"三名"工作室紧紧依托所在学校、所属县（市、区）教育行政部门和教研业务机构，充分发挥市、县（市、区）名校长、名班主任和名教师的引领、示范、辐射作用，积极打造清远市中小学"三名"品牌和特色。

市"三名"工作室涵盖了幼儿园、小学、初中、普通高中和职业高中学段，涵盖了中小学各个学科，已经成为助推清远市教师专业发展的全新载体，已经成为培养好教师、好校长、好班主任的重要平台，为促进全市教师队伍教育教学素质、专业能力和工作水平的整体提升起到了较好的带动、引领和辐射作用，对全市基础教育的发展起到良好的促进、推动和提升作用，同时也是全市教育对外交流的窗口和名片。

市"三名"工作室的主持人与学员教学相长，成效显著，业绩突出：主持人与学员在国家、省级刊物上发表多篇教育科研论文，一批工作室主持人和学员成长为省市名班主任、名教师、名校长；科研成果丰硕，主持人与学员申报立项和完成多个县级以上课题。

2016 年 12 月，第一届 68 个"三名"工作室为期 3 年的周期培养工作圆满结束。2018 年 7 月，第二届"三名"工作室启动。目前，清远市有省、市"三名"工作室 139 个。

市教育局表示，今后将继续发挥"三名"工作室的头雁效应，发挥其在教育理念、教育教学改革、教师培养培训等方面的示范引领作用，带动一个学科、一个学校，乃至一个地区教师队伍素质和能力的快速提升，促进区域教育教学质量和水平的提高。要认真贯彻党的十九大精神，以习近平新时代中国特色社会主义思想为指导，全面落实习近平总书记重要讲话精神，以高度的责任感和使命感，不忘初心，牢记使命，锐意进取，为推进清远市教育事业健康有序发展作出新的贡献。

9月10日是第35个教师节。今天的《清远教育》联合清远市教育局展示部分"三名"工作室主持人的优秀事迹，并借此向全市各级各类教师致以节日的问候。

一、清远市中小学名教师工作室主持人欧阳红峰：情倾教坛勤耕耘，花树丰茂满园秀

带着对教师职业的崇拜，连州师范毕业后，欧阳红峰便走上了三尺讲台。从教22年，要问最大的成就感是什么，欧阳红峰认为是"自己的教学方法让学生学起来感到轻松，有些学生还因此喜欢上数学"。

欧阳红峰是初中数学高级教师，先后在阳山县小江中学、阳山中学任教初中数学17年，2014年9月起在阳山县教育局教研室任中学数学教研员。她曾先后获得阳山县优秀教育工作者、优秀教师、优秀班主任，广东省初中数学竞赛优秀辅导教师，广东省初中数学骨干教师培训"优秀学员"等县级以上荣誉称号。

有人问她：做老师和做教研员，有何不同？在她看来，做教研员，能把自己的教学经验分享给更多老师，从而让更多学生受益。带着这份初心，她带领阳山县初中数学老师在"研究，引领，服务"等方面扎实工作，谱写了新的篇章。2018年7月，她被评选为清远市第二届名教师工作室主持人，9月被县委县政府评为"阳山县优秀教育工作者"。

不管是作为一名教师还是一名教研员，欧阳红峰都很重视发展学生的核心素养，并以课题研究为引领培养学生的学习能力。2018年5月，她主持的市级课题获清远市第五届教育教学科研成果奖三等奖，她主持的课题"山区初中学生数学自主学习习惯培养的实践研究"获省级立项。她平时坚持撰写教研手记和学习心得，积极反思，不断提升个人的总结能力。有20多篇教研论文在县级以上刊物发表或获奖，其中国家级6篇。此外，她组织编写了专著《初中数学优秀教学设计》。

一个人独行会走得很快，但是一群人才会走得更远。欧阳红峰深知这一道理。日常工作中，她采取各种有效措施帮助教师树立教学改革意识，引领全县初中数学教师进行教学改革，有效地促进教师的专业成长。她连续两届指导教师参加清远市青年教师基本功比赛获得一等奖，指导李仁康在第七届全国新世纪杯初中数学优质课评比中获得二等奖。叶兰香、黄国华等一大批数学教师在她的引领和指导下，成长为县级骨干教师和学科带头人。

她还积极指导教师参与教育科研，撰写教学论文，如指导许成贵等 10 多位教师申报清远市规划课题获得立项，指导雷全旺、麦春苗等 10 多位数学教师在各级刊物发表论文近 20 篇。

作为名教师工作室主持人，她带领工作室成员勤学笃行，扎实研究，并在研讨活动中发挥工作室"辐射、引领、示范"的作用。一年来，工作室共举行了 7 次主题研修活动，开设校级以上课题探索课 30 节，主持或协助阳山县初中数学年级学科中心组活动 9 次，开设校级以上师生专题讲座 13 次。成员获得各级各类奖励共计 23 项，县级以上论文、教学设计发表或获奖共 8 篇，在教学教研方面均有所提升。

二、清远市中小学名班主任工作室主持人陈雪娟：静候学生绽放，书写别样芳华

头扎马尾，戴眼镜，笑声爽朗。她是 80 后，是学生口中的"雪娟"，也是一批中职教师的带头人。

2005 年，陈雪娟来到清远工贸职业技术学校任教，至今一直担任英语教师、班主任。2018 年 4 月起，她担任清远市中小学名班主任工作室主持人一职。2019 年 7 月，她被认定为第五批广东省中小学名班主任。

作为一名中职学校的班主任，她深知部分中职学生和读普通高中的学生有很大不同：没养成良好的学习习惯，在自信心方面比较欠缺，一些学生来自单亲、离异、父母双亡等特殊家庭。根据中职学生的独特性，她认为，分析不同学生的状况，了解他们的需求，才能对症下药。

对来自贫困家庭的学生，她了解学生的实际困难，做到心中有数，在学习和生活上对其给予关心，在心理上帮助其树立信心。学生在老师的赏识激励下，愉快、自信地评价自我，走出自卑的心理误区。对于破碎家庭的学生，她通过各种努力来赢得他们的信任，给他们营造愉悦宽松的环境，让他们感受到集体的温暖，给破碎家庭的孩子一颗完整的心。对于成绩较差的学生，她帮助其发掘自身优势，重建学习的信心，提高其动手操作能力和自我效能感。

"总结一句话，就是要接纳学生，重视学生的优点，帮助他们重建自信心。"带着对学生的爱，陈雪娟成了学生口中的"雪娟"，"我很开心学生这么称呼我，这说明我们是一种平等的关系，也说明我特别年轻"。

为了让更多人了解班主任这个群体，平时爱好阅读的陈雪娟还创建了公众号"老班的五味人生"，专注班主任生活点滴，书写班主任故事，丰盈班主任的人生。从故事分享到教育案例、教育随想、家校合作育人、带班经验分享、大赛指导等，公众号发表原创文章百余篇，吸引了越来越多的班主任和家长成为粉丝，在一定程度上，也加深了家长对班主任群体、对学校工作的认识，发挥了良好的示范、辐射作用。

作为清远市中小学名班主任工作室主持人，陈雪娟还坚持发挥工作室的示范引领作用，吸引多名本地区中职学校的班主任加入。工作室聚焦打造班主任命运共同体，给班主任提供从优秀到卓越的转化提升平台，又利用广东省名班主任培养的契机和各级教育管理行政部门提供的条件，带动提升本地区本校班主任队伍水平的整体提高。2018年1月，工作室李黛娜老师参加全国中职班主任基本比赛获一等奖，同年11月，参加广东省中小学班主任能力大赛获二等奖，并获主题班会单项一等奖。

"和孩子们在一起，看到他们的笑脸，我就很开心。"陈雪娟表示，她将继续扎根在班主任这个平凡的工作岗位上，带领中职班主任们过幸福的教育生活，书写属于自己的芳华岁月。

三、清远市中小学名校长工作室主持人张监海：一枝独放不是春，百花齐放春满园

张监海从教近30年，现任英城街中心小学校长，清远市张监海名校长工作室主持人。他以身作则、率先垂范、兢兢业业、爱生如子，多次获得市、县"模范教育工作者""优秀教师""优秀校长"等殊荣，2018年被评为英德市"优秀校长"。

"无规矩不成方圆，无五音难正六律。"张监海组织制订《清远市张监海名校长工作室发展规划》，明确了工作室的指导思想、工作目标、主要任务、工作方式和阶段研修工作安排，并制定了《工作室会议制定》《工作室培训制定》和《工作室考核制定》等管理制度，工作室的各项工作有章可循、有条不紊地开展。

"问渠哪得清如许，为有源头活水来。"工作室特聘了3位顾问，分别是全国名校长、广东省名校长培训专家、南海狮山实验学校校长许贤苏，广东省督学、清远市教育局教学研究院院长邓溯明，清远市督学、英德市教育局副局长梁振列。专家顾问多次到访，为工作室内涵发展、实效发展、高位发展，给予专业的培训和指导，成为工作室高速前进的"加油站"。

"宝剑锋从磨砺出，梅花香自苦寒来。"工作室的全体学员都制订了个人3年发展规划与年度自修计划，明确自己的发展方向和目标。在张监海的带领下，工作室实行"请进来，走出去"的培训策略，除想方设法请名家莅临指导培训外，更是寻找一切机会，勤走出去，通过各类研修培训开阔学员视野，提高治校能力。

工作室坚持定期深入成员学校，听取专题介绍，帮助成员学校理清办学理念，找准形成学校办学特色的切入点和发展方向。通过参观校园、交流、研讨，针对每一间学校的（特色）文化建设、教学质量、管理等方面集体会诊、出谋划策、开出处方，有效助推了学校的内涵发展。

工作室不但申报了全体学员参与的课题"小学生领导力培养的实践研究"，而且要求每位学员至少主持或参加一项县级以上课题研究，不断提高学员的科研能力和水平。工作室还通过课题研究提高学员的科研水平和理论素养，从而影响辐射到更多层面，促进清远教育的均衡发展。

"一枝独放不是春，百花齐放春满园。"通过一年的研修活动，工作室每位学员都更新了管理理念，丰富了管理方式，提高了管理能力。每名学员更能学以致用，将学到的理念和方法运用到自己的教育教学管理和教学工作实践中，促进了学校办学水平提升，取得了一系列丰硕成果。如李年双被评为英德市"名校长"，王冬梅被评为"广东省支部书记培训优秀学员"，曾祥忠被评为英德市"模范教育工作者"，吴碧虹被评为英德市"优秀共产党员"，全体学员都有论文公开发表或获奖。

（本文载于 2019 年 9 月 9 日《清远日报》。）

第五章　教师专业发展经验借鉴

第一节 成都市统筹城乡教育一体化，
推进教育同城化发展的经验借鉴

一、统筹城乡教育一体化的"成都经验"

成都常住人口有 1 600 多万，是典型的"大城市带大农村"发展模式，平原、丘区、山区面积各占三分之一。中心城区、近郊和远郊的经济社会发展水平差异明显。推进城乡教育一体化发展，是义务教育优质均衡发展的重要举措。

2003—2008 年，成都抓住资源配置这一突破口，实施以农村中小学标准化建设为代表的八大措施，并在 2008—2009 年实施教育灾后重建工程。2009 年 4 月，成都成为全国唯一的部、省、市共建统筹城乡教育综合改革试验区，进入城乡教育一体化发展的"加速期"。2013 年，成都市全域 19 个区（市）县一次性全部通过国家义务教育基本均衡县督导评估，成为全国首个整体实现县域义务教育基本均衡发展的副省级城市。2013 年，成都在市级层面形成了以"发展规划、办学条件、教育经费、教师队伍、教育质量、评估标准"六个一体化为核心的教育治理模式。成都在六个一体化教育治理模式基础上，构建起教育机会公平均等、资源配置动态均衡、质量水平全域共进、管理方式创新融合的"市域统筹"四大新机制，驱动城乡义务教育一体化转型升级。

1. 推动教育机会公平均等

为了实现教育机会公平均等，成都加大教育资助力度，建立和完善从学前到高等教育"不重不漏满覆盖"的教育资助体系，包括义务教育的"三免一补""免除住宿费""营养改善计划""鸡蛋牛奶工程""育苗计划"等近 30 种资助类型。2013—2017 年成都资助总额达到 56.3 亿元，年均资助额一直保持在 10 亿元以上，确保实现"不让一个孩子因贫失学"的承诺。此外，成都在教育标准的制定和实施方面积极探索，率先开启了崭新的、现代化的成都教育模式。

2013—2018 年，成都先后制定和出台了《成都市农村中心幼儿园标准化建设标准》《成都市农村中心幼儿园标准化建设设计及设施设备配置基本要求》《成都市幼儿园等级评定办法》《成都市中小学教育技术装备标准》等文件。在国家、省、市已有标准基础上，坚持"互相衔接、互为补充"的原则，按照"全域成都"理念，构建起五大类 24 项教育行业地方标准。2017 年，成都市教育局会同市规划局启动了教育设施专项规划修编工作，对成都全市 22 个县（市、区）进行统一规划，以"全市一盘棋、全域一张图"的思路，共同打造"优教成都"。2017 年 12 月，成都市政府出台《成都市人民政府关于统筹推进城乡义务教育一体化促进全域优质均衡发展的实施意见》，确立"公建配套学校必须优先规划、优先建设、优先交付使用"的"三个优先"原则，确保规划能够落地落实。

2. 城乡教育资源配置动态调整

成都在规划和统筹实施方面倾斜农村的新项目的同时，兼顾区域差异，形成了"中心城区给政策、近郊区县给补贴、远郊区县给倾斜"的推进思路。

一方面，项目经费实行分担和支持的"动态倾斜"制度。例如，为期 3 年、总投入 40 多亿元的城乡中小学标准化建设提升工程，中心城区、近郊、远郊分别承担100%、70%（或60%）和30%（或20%），其余由市级承担。以蒲江县的教育投入经费为例，运动场改造投入的 3 395 万元资金，是按照市县 7∶3 的比例分担的，而校园环境改造的 200 万元资金，全由市级承担。

另一方面，成都制定了《成都市中小学校（含幼儿园、中等职业学校）生均公用经费财政拨款标准》，建立生均公用经费标准动态调整机制，不断加大农村教育投入。

成都每两年就动态调整一次义务教育生均公用经费标准，并且实行市县两级共同保障机制，对生均公用经费高于国家规定标准的部分，中心城区所需资金由各区自行承担，近郊（县）区所需资金按市、区 3∶7 的比例分担，远郊县（市）所需资金按市、县（市）6∶4 的比例分担，"5·12"汶川大地震 4 个重灾区县所需资金按市、县（市）8∶2 的比例分担。

对于义务教育阶段特殊教育学校生均公用经费标准，成都则建立了逐年调整增加制度，2017 年，成都义务教育阶段特殊教育学校生均公用经费已调整到 6 000 元。

3. 教师队伍实现区域、城乡全流动

教育教学质量的城乡差距，突出体现在农村学校"软件"上，即师资水平配置还未同步跟上农村学校办学条件的改善。

2009 年，成都农村音体美学科教师缺额超过 45%，小学具有专科、初中具有本科及以上学历教师的比例，农村与城区相差 15 百分点以上。优秀教师数量城乡差异大，成都中小学教师每百人中获得省市级荣誉称号和在各类教育教学竞赛中获奖的人数为 21 人，远郊县（市）仅为 5.7 人；成都中小学教师每百人中被评为省市级教育名师和学科带头人的人数为 0.53 人，远郊县（市）仅为 0.18 人。

同时，成都在全市所有区县内推行教师"县管校聘"，实现城乡教师统筹管理，消除教师流动的制度障碍。每年年底，成都所有中小学教师都会拿到一份成都事业单位的聘用合同，"雇主"不是所在学校，而是一个叫教师管理服务中心的机构。该机构对城乡教师的人事、户籍、保险、工资等进行统一管理。成都市教师管理服务中心与教师签订人事合同，学校则与教师签订聘用合同。手握两份合同的教师，彻底从原来的"学校人"变成了"系统人"。教师将教育主管部门派到学校任教，学校负责教师的日常工作安排与考核评价。不合格教师将待岗，甚至将退出教学岗位。实行"县管校聘"后，成都重新核定每所学校的编制，竞争上岗重新决定教师的去留，盘活了城乡教师资源。

为了盘活丰富且大量闲置的退休教师资源，2010 年 9 月，成都出台《"常青树名优退休教师下乡兴教"计划工作方案》，由市政府主导和推动，以市级财政作为保障，正式启动实施名优退休教师下乡兴教计划。"常青树计划"聘任岗位设置学监和导师两类。学监是具有教育管理经验的名优校长，重点为服务区域培养农村中小学优秀校长，负责整个学区"常青树计划"团队的组织牵头工作。导师则是具有教育、教学和科研经验的名优教师，重点服务学校发展，需全年驻守农村中小学，深入教育教学一线展开教育教学指导工作，培养农村中小学优秀教师队伍。

此外，成都还进一步破除体制机制壁垒，探索一系列改革。优化校长、教师"动态交流"制度；推进"教师自聘、管理自主、经费包干"的"两自一包"改革；严格执行教师资格准入和定期注册制度、教师退出教学岗位等教师从业制度，以及其他名校长和名师交流制度。

4. 区县联盟，城乡教育质量全域共进

成都根据阶段性教育资源配置情况和城乡教育一体化发展程度，有的放矢创新城乡教育一体化的实现路径。打破校际、区域、空间、行政四重壁垒，推进城乡教育的全域共进、区域教育的全面融合。

成都已在全域 22 个县（市、区）推动区域教育融合发展，以"一对一"为主要方式，"一对二""四对一"为辅助方式，结成区域教育联盟，促进成都全域教育大融合、大均衡。在此框架下，推动跨区域学校结对，义务教育阶段参与学校 382 所，占全市义务教育学校总数的 37.4%，名校和优质学校跨区域领办、托管的学校 49 所，4 万余名农村学生享受到城市优质教育资源。

同时，打破优质名校地域界限，实行市级统筹规划、以县为主的名校集团发展机制。成都按照"名校 + 弱校""名校 + 新校""名校 + 农校"方式，全市 22 个县（市、区）组建义务教育阶段名校集团 73 个，成员学校 112 所，覆盖学生近 24 万人。

作为国家中小学教育质量综合评价改革试验区，成都不断研发监测评价工具，例如，建立校际均衡发展监测、城乡教育一体化发展监测、教育现代化水平监测、学生体质健康监测、学业质量标准监测等一系列标准化监测指标体系。在评价方面，形成了包括 5 个一级评价指标、20 个二级评价指标和 31 个三级评价指标的《成都市中小学教育质量综合评价指标（试行）》。按照"全域覆盖、城乡一体"原则，在选择区域实施评价的基础上，将评价范围扩展到全市所有县（市、区）。建立起"诊断、改进、考核三结合"的评价结果运行机制，推动将学习方法与技能、情绪行为调控等指标纳入学校绩效等级考核。

成都立足于从城乡统筹向城乡融合转变，从基本均衡向优质均衡转变，从"学有所教"向"优教成都"转变，从"大城市带大农村"向"中心城区 + 郊区新城"转变，实现城乡教育在各自健康发展的基础上的良性互动。

二、成都市青羊区以集团化办学积极推动义务教育发展

成都市青羊区以学校集团化办学为抓手，形成了各具特色的八大教育联盟和集

团，涌现出 27 所新兴品牌学校，优质教育资源覆盖率达 86.9%，推进了义务教育高位均衡发展。

青羊区以"三个基本一致"推动义务教育均衡发展。一是建立校点布局合理化及时性调整机制，做到学校校点覆盖新兴小区。采取"名校＋农校""名校＋弱校""名校＋新校"等形式，扩大优质教育资源覆盖面。全区近 1.6 万名农村学生及农民工子女享受到与城区学生同等的优质教育。二是通过实施中小学教育技术装备满覆盖建设、中小学硬件提档升级两项举措，推动实现校际教育技术装备基本均衡。三是确立"行政干部能上能下、教职工能进能出、专业技术职务能升能降"的新型用人模式，实现教师由"学校人"向"系统人"转变。青羊区先后派遣 20 余名城区学校校级干部到涉农学校任职，以交换、跟岗等模式助力提升涉农地区教师的教学水平。

此外，青羊区还以"两个突出"推动特色发展。一是突出品质化。青羊区坚持"一校一品，一校一景"的理念，通过实施"学校特色发展项目"，鼓励学校"特色项目—学校特色—特色学校"式的发展。二是突出差异化。青羊区根据学校自身特征，确定内部的管理模式，初步形成"一体式""合作式"和"联盟式"三种特色明显的办学模式。"一体式"指成员学校在学校文化、办学条件和人员配置上比较接近，"合作式"强调成员学校之间的相互支持和优势互补，"联盟式"偏重集团学校的利益共同体建设。

同时，青羊区还建立了"两大机制"来推动义务教育高位发展。一是长效管理机制。建立人事管理机制，集团学校与成员学校互派干部（教师），双方共同协商交流教师、干部的人数；建立长效激励机制，在晋级评聘和评优评先上优先考虑定期交流或轮岗的教师、干部，并对派出干部、教师的集团学校给予人员经费补贴，优先补充缺编人员；建立专项经费制度，奖励在集团发展过程中办学绩效显著的单位和个人。二是考核评估机制。建立健全区域教育综合发展评价指标、校际办学均衡评价指标、教师专业发展评价指标，以及学生综合素质检测评价指标，从整体上建立教育均衡发展的监测体系。同时，青羊区还引入第三方评价，形成预警和退出机制，加强对教育集团的质量监测。

三、加快推进教育同城化发展——以成都、德阳、眉山、资阳为例

2018 年 11 月 23 日，成德眉资教育同城化发展研讨会在成都召开。该研讨会主要是为了深入贯彻落实四川省委十一届三次全会关于实施"一干多支"发展战略，构建"一干多支、五区协同"区域发展新格局的重大部署。会议围绕成德眉资教育同城化发展目标定位、发展思路、实现路径等方面进行了深入研讨。与会人员指出，区域发展的重要组成部分和新的战略举措是同城化。

2018 年 12 月，成都市教育局、德阳市教育局、眉山市教育体育局、资阳市教育体育局联合印发《关于加快成德眉资教育同城化发展实施方案》，方案指出，要进一步加强教育合作，推进公共服务同城化发展。成都、德阳、眉山、资阳四座城市按照"政府引导、统筹规划、分步实施；平等互补、成本共担、利益共享；改革引领、创新驱动、协同共兴"的原则，重点共建优质教育共享平台、师资培养共享平台、数字教育共享平台、职教融合共享平台、研学基地共享平台、国际交流共享平台、监测评价共享平台和教育生态共育平台等八个平台。同时，四座城市的教育部门建立联席会议制度，组建专班专人开展工作，加强政策措施研究，强化工作绩效考核，确保成德眉资教育同城化工作取得实质性进展。

《关于加快成德眉资教育同城化发展实施方案》明确八项重点工作，具体如下：

（1）共建优质教育共享平台。提升教育服务功能，加快推进教育资源合作共享，统筹优化四市中小学、幼儿园布局，辐射优质教育资源，支持优质民办学校以品牌连锁、委托管理等多种形式跨地区建设分校或校区。逐步统一学校建设标准，支持教育人才交流互动。探索统一各市义务教育阶段招生政策，逐步推进中考考试科目、考试时间、考试内容、考试形式"四同步"，促进区域教育深度融合，实现基础教育优质均衡发展。完善创新人才协同培养机制，联合实施创新人才早期培养试点。依托高等教育和基础教育优质资源，发挥名校名师名学科辐射引领作用。推进与高校共建中小学，实施音体美等特色学校共建计划。积极推进区（市）县、学校之间全方位合作与交流，整体提升各市基础教育质量。统筹推进创建国家级安全教育示范区。

（2）共建师资培养共享平台。整合优质师培资源，协作提升教师能力素质，定期开展专家讲座、名师送教、互派交流、跟岗研修和校长培训等。相互开放教师培训资源，包括培训基地、培训课程、专家资源等。推进学科教研、新课程改革、教育科研等方面交流，搭建平台开展课题合作和跨区域教研协作，共享教育教学改革成果，整体提升各市教师专业发展水平。联合举办学术研讨会和教育高峰论坛。成都举办的都江堰国际论坛、亚洲教育论坛、文翁大讲堂、教育科研课题研讨会和推广会等，各方均可参与共享。

（3）共建数字教育共享平台。发展"互联网＋教育"，加强各市教育信息资源交换共享，推进教育大数据资源平台的开放整合，推动大数据时代数字教育同城化发展。系统谋划区域教育信息化项目，推动成都"数字学校"、"微师培"、"乐培生"、七中网校、石室祥云等优质教育资源在德阳、眉山、资阳的推广应用。创新探索教育大数据、人工智能、教育脑科学等前沿学科在教育同城化改革实践中的深度应用。

（4）共建职教融合共享平台。推动职业教育与产业深度融合，推进集团化办学，组建跨市职业教育集团。聚焦成德眉资产业转型升级，共建一批高水平职业教育实训基地。支持各市中职学校建立友好合作关系，在教育教学、校企合作等方面开展合作交流。探索四市职业院校教师、企业能工巧匠之间的有序交叉流动。开展高端技术技能人才联合培养，开展跨市现代学徒制培养试点。探索区域间中高职技术技能人才培养衔接机制。

（5）共建研学基地共享平台。制订研学实践基地共建共享计划，充分利用四市教育实践基地资源，纵深推进研学旅行同城化发展。加强实践基地建设、研学设计及课程开发，积极开展研学实践教育活动，深化理想信念、社会主义核心价值观、优秀传统文化等方面的教育，以研促学，真正落实立德树人根本任务。共同推进博物馆、公共图书馆、纪念馆、美术馆、文化馆、爱国主义教育基地等公共文化设施有序向四市的中小学生开放。

（6）共建国际交流共享平台。积极搭建中外人文交流平台，发挥成都"一带一路"教育协同创新研究中心作用，联合召开教育国际论坛，联合开展学生交流互访，联合举办品牌交流活动，共建国际学生游学基地。深化"家在成都"工程建设，在德阳、眉山、资阳三市建成一批教育国际化窗口学校。加强国际理解教育，共建国际理解教育实验学校，讲好成德眉资教育故事。制订深化国际友城教育合作交流方案，建设一批以国际友城命名的中小学校，结对一批友好学校关系。统筹开展中美、中英等校际连线活动。

（7）共建监测评价共享平台。建立四市教育评估监测联盟，依据各地实际情况，参照制定、完善各项教育监测评价标准。合作开展教育现代化、教育均衡化、教育国际化等监测评价工作。开展中小学生综合素质评价、教育质量综合评价研究，开展教育发展水平比较及对标研究。

（8）共建教育生态共育平台。探索四市教育行政执法协同机制建设，查处各类学校、培训机构违法违规办学行为，协同推进事中事后监管工作，稳步推进各类学校、培训机构信用信息共享，共同维护良好教育生态。

第二节　珠海市教师专业发展的经验借鉴

珠海市教育局始终坚持把师德师风建设放在教师队伍建设的首要位置，以打造作风过硬、师德高尚的教师队伍为目标，坚持多措并举，不断提升全市教师的思想政治素质、职业道德水平和专业水平，为办好人民满意的教育提供了坚强的师资保障。

一、珠海市加强师德师风建设的经验借鉴

1. 高度重视，抓好师德师风建设工作不缺位

珠海市教育局历来高度重视师德师风建设，把师德师风作为提升教师队伍素质，促进教育教学质量提升的一项根本性、基础性的工作，并摆在突出重要位置。珠海市教育局把师德师风建设的工作列入年度工作计划，并写入重要议事的日程，作为学校考核工作的重要衡量指标。明确学校一把手是本单位师德师风建设工作第一责任人，全体教师人人有责且人人都是责任主体，形成了一级抓一级，人人抓落实的

良好工作格局，学校与教师每年签订师德建设承诺书、严禁从事有偿家教承诺书等，将师德师风建设工作责任落实到位。市委教育工委、市教育局主要负责同志每年在教师节期间主持召开师德建设工作座谈会，与南粤优秀教师、优秀教育工作者、年度"最美教师"和基层教师代表交流师德师风建设的经验体会，征求广大教师对师德师风建设工作的意见和建议。

2. 强化学习，做好师德师风教育工作不放松

育人者必先育己，育己必先学习。珠海市教育局采取定期与不定期、集中与分散相结合的形式，强化教师教书育人意识，立高尚师德。2019 年，珠海市教育局组织广大教师参加"厚植弘扬师德风尚　做新时代党和人民满意的好老师"网络培训示范班和"深化师德师风建设　培养造就新时代高素质教师队伍"专题网络培训班。组织广大教师深入学习贯彻习近平总书记关于教师队伍建设的重要讲话精神，以及中共中央国务院《关于全面深化新时代教师队伍建设改革的意见》、教育部《关于建立健全中小学师德建设长效机制的意见》、教育部等七部门《关于加强和改进新时代师德师风建设的意见》和广东省教育厅关于开展师德师风建设的有关要求等内容。要求广大教师在学习中做到有学习内容、有学习笔记、有心得体会。为提高学习效果，在学习过程中，穿插进行了座谈会、经验交流等，进一步丰富学习形式，使广大教师从思想深处认识到教师职业道德的重要意义，切实提高了广大教师加强思想作风建设的自觉性。2019 年，珠海市教育局将《中华人民共和国教师法》《新时代中小学教师职业行为十项准则》《新时代幼儿园教师职业行为十项准则》等内容编印成《师德口袋书》，发全市教师人手一本以供学习。

3. 活动引领，开展师德师风建设活动不走样

为使师德师风建设工作具有时代特色，更好地服务于教育教学大局，珠海市不断创新师德师风教育活动形式，保持师德师风建设工作的生机和活力。一是结合每年师德师风主题教育月组织开展丰富多彩的主题活动，如师德征文、师德演讲比赛、师德建设座谈会、师德建设报告会等。2019 年组织召开全市教育系统师德建设专题报告会，邀请了五位优秀教师代表作专题报告。二是每年确定一个主题，在全市教育系统开展师德征文比赛及微视频征集活动，评选优秀征文，予以表彰奖励。2019年将在征文活动中获奖的 300 多篇优秀师德论文整理成册后出版，供全市教师学习。

2017 年以来，珠海市教育局积极动员广大教师和教育工作者参加省教育厅组织的师德征文活动，成绩斐然。在广东省第六届师德主题征文及微视频征集活动中，共有 9 篇作品获得师德主题征文奖。在广东省第七届师德主题征文及微视频征集活动中，共有 13 篇作品获得师德主题征文奖。在广东省第八届师德主题征文及微视频征集活动中，共有 18 篇作品获得师德主题征文奖。获奖征文数量和质量逐年提高，珠海市教育局连续 3 年获得省教育厅"师德征文"优秀组织奖。三是广泛宣传教书育人的榜样人物、师德师风的先进典型，大力弘扬高尚师德，营造风清气正的良好氛围。2019 年开展了寻找"最美教师"活动，评选了 60 名珠海市师德先进个人，予以表彰。号召全市广大教职工把他们作为榜样，学习他们的先进事迹，努力做好本职工作，不忘初心、牢记使命，教书育人、敬业奉献，为办好人民满意的教育做出更大贡献。四是开展新教师入职师德专题培训。每年新教师入职培训第一课开展以铸师魂、育师德、树师表、正师风、练师能为主题的"五师"主题教育，强化了新教师的职业道德意识，使广大教师从思想深处认识到教师职业道德的重要意义，切实提高了他们加强思想、道德作风建设的自觉性，为加强师德师风建设打下了良好的思想基础。

4. 建章立制，建立师德建设长效机制不懈怠

珠海市深入贯彻落实《关于建立健全中小学师德建设长效机制的意见》《中共广东省委教育工委 广东省教育厅关于建立健全教师师德建设长效机制的实施意见》《严禁中小学校和在职中小学教师有偿补课的规定》等文件精神，深入排查师德师风建设中存在的突出问题和薄弱环节，结合实际先后出台了《珠海市教育系统师德建设实施方案》《严禁中小学校和在职中小学教师有偿补课的实施方案》《珠海市中小学教师师德考核负面清单（试行）》等制度措施，严格落实好主体责任，深化师风综合治理，推动师德建设常态化、长效化，规范中小学办学和教师从教行为。建立师德师风情况档案，实行动态管理，通过深入班级发放调查表，召开学生、家长座谈会等多种方式，全面掌握师德师风情况，重点了解教师是否存在有偿家教、向学生推销资料、乱收费、体罚和变相体罚学生等问题。对违反有关规定和纪律的教师，严格按有关要求进行处理、惩戒，并列入教师个人师德档案和个人诚信档案，作为教师资格定期注册、职称评聘和评优评先的重要依据，实行"师德一票否决

制"。同时，扎实开展中小学有偿补课治理专项督查，坚决整治发生在群众身边的不正之风和微腐败问题。

5. 健全师德教育机制，提高教师管理水平

加强教师职业理想和职业道德教育，开展新入职教师宣誓教育，实施全体教师理想信念教育，着力增强教师的职业荣誉感、责任感和使命感，健全师德建设考评制度，促进教师爱岗敬业、依法执教、严谨治学、廉洁从教；加强师德考核，在教师资格认定、录用、聘任、职务晋升、职称评审、年度考核、评优评先、定期注册等教师管理的各个环节中严格落实"师德一票否决制"；健全师德监督机制，完善师德举报查处制度，加大师德违规惩处力度，对师德违规行为，按规定给予相应处分，对危害严重、影响恶劣的，坚决清除出教师队伍。研究建立师德建设负面清单制度，让教师明底线、知红线；完善师德问责机制，对师德建设工作不力、监管不到位的教育行政部门和学校，追究相关责任人的责任；建立健全教师诚信体系，实行师德承诺制度，强化教师践行崇教厚德、高尚情操的硬约束。建立并完善教师信用档案，采集教师守信信息和失信信息，重点包括反映教职工信用状况的奖励信息和教育违纪违规信息，特别是违反师德、学术不端、职称造假等失信信息，全面建立教育系统教职工信用数据库。建立完善市、区、校分级管理、使用的教职工个人信用信息管理系统，全面提高教师管理精细化水平。

二、珠海市规范和创新中小学教师编制配备的经验做法

随着教育事业发展，加上"两孩"政策和户籍制度改革的实施，经济发达地区教师编制紧缺成为共性问题。优先保障教育发展，必须盘活事业编制存量，优化教师编制结构，使教育资源向教师队伍建设倾斜，采取多种形式提高教师队伍编制的总量。特别是2019年市"两会"期间，人大代表、政协委员频频发声，积极出谋献策、大力呼吁。针对编制紧缺问题，珠海市教育部门积极与编制、人社和财政部门沟通协商，寻求解决中小学编制问题的切实可行办法。

一是加大中小学教职工编制跨区域调整和统筹配置的力度，区域调剂、全市统筹、以区为主，动态调配。二是对新（扩）建学校提前一年按招生计划预核编制，

按预核编制数的一定比例纳入教师招聘计划。三是增加机动临时编制。四是严格按编制文件规定标准核定学校人员编制数。在编制不能解决的情况下，可按实际缺编人数由教育行政部门按临时编制统一招聘合同制教师。该部分合同制教师的工资待遇可略高于同校同级别在编教师。

三、珠海市促进教育公平、优化教师资源配置的做法

珠海市扎实开展义务教育学校教师"区管校聘"工作，深入推进区域内义务教育学校教师、校长交流轮岗。研究制订中小学教师"区管校聘"实施方案，通过改革，解决了阻碍教师交流的轮岗管理体制机制问题，实现区域内教师调配由学校走向系统，推进区域内城乡义务教育一体化、促进教师资源均衡配置。该改革事项列入省委全面深化改革工作的目录清单和省级政府对市县政府履行教育职责的考核内容。

在义务教育方面，珠海市通过开展城乡义务教育学校结对帮扶工作，加大东西部地区互派教师帮扶和跟岗学习力度。普通高中方面，2016年，珠海市制订了普通高中办学联盟计划，以国家级示范性普通高中为龙头，将师资队伍、发展水平、办学条件等处于不同层次的学校，按托管型、协作型两种模式组建成5个高中联盟，纳入东、西部10所公办高中，发挥优质学校的引领作用，实现优势互补、协调发展、合作共赢。2016年7月举行"珠海市义务教育集团化办学联盟"成立仪式，按照"1+4"模式，组建由20所学校参加的4个市级初中办学联盟；按照"1+3"模式，组建由32所学校参加的8个市级小学办学联盟。印发了《珠海市幼儿园一体化发展联盟实施方案（2016—2018年）》，市共乐幼儿园等6所省一级公办园作为领衔园，联合西区30所幼儿园结成发展联盟，实现一体化发展。珠海市财政每学年给予每个办学联盟100万元的经费支持，用于联盟内学校教师的教科研、培训、支教帮扶等，提高全市教育质量。珠海市集团化办学取得了显著的效果，小学和幼儿园教育百花齐放、初中和高中教育各有特色。

珠海市进一步完善区域内教师交流轮岗制度。各区每年教师交流人数占本区专任教师总数的比例不低于5%，市直属学校每年教师交流人数占专任教师总数的比

例不低于3%。将交流经历作为教师评聘高一级专业技术职务、晋升学校领导职务的必备条件。完善跨区教育帮扶双向交流制度。从市直属学校和香洲区学校选拔管理干部到西部(海岛)地区中小学担任校长,西部地区中小学领导到香洲主城区学校进行挂职跟岗锻炼,推进区域间教师交流,三年内教师交流比例达到3%。

四、珠海市提升教师专业素质能力的做法

为了推进中小学教师专业发展,珠海市大力开展师资培训,构建了岗位培训与学历提高培训"双轮驱动"的教师继续教育新模式,全面提升教师专业化水平。一是举办全市中小学学科专任教师全员培训,2017—2019年三年培训在职教师3万多人次。二是组织实施教师教育技术能力培训,2017—2019年全市有3 000多名教师参加英特尔未来教育和教育技术能力培训。三是做好新教师岗前培训工作,2017—2019年三年共培训新教师900多人。四是加强中小学校长培训工作。组织新任校长参加校长任职资格培训班,举办幼儿园园长研修班、小学校长高级研修班、中学校长专题研修班。2017—2019年三年共培训校长300多人次。

为进一步促进教师队伍规模、结构、素质协调发展,全面提高教育发展质量,创建教育现代化标兵示范市,努力建设粤港澳大湾区教育高地提供坚强有力的师资保障,根据《广东省"强师工程"实施方案(2017—2020年)》《珠海市中长期教育改革和发展规划纲要(2010—2020年)》《珠海市教育发展"十三五"规划(2016—2020年)》等文件精神,在2013年全面实施三年"强师工程"的基础上,珠海市开展了新一轮"强师工程"工作。2018年3月,出台《珠海市新一轮"强师工程"行动计划(2018—2020年)》。计划提出,到2018年,珠海市教师队伍的规模、结构、素质达到基本实现教育现代化发展的要求,建成一支师德高尚、能力精湛、爱岗敬业、充满活力的高素质专业化创新型教师队伍。到2020年,珠海市广大教师整体具有高尚的师德品行,先进的教育理念,扎实的专业知识,较强的教育教学能力、教科研创新能力和服务社会能力,形成一支引领珠海市教育现代化发展的高素质专业化教师队伍。

第三节　肇庆市积极探索教师市域内交流培养新模式

推进城市和乡村教育的优质均衡发展，根本在于教师。肇庆市积极推进新时代优质教师培育新模式。2019 年，推出的市域内义务教育教师"城乡联动、双向提升"培养模式受到全省广泛的关注。

据肇庆市教育局相关负责人介绍，肇庆市域内义务教育教师"城乡联动、双向提升"培养模式旨在解决快速城市化进程中出现的市域内教师资源配置失衡问题。一方面，由于各山区县中小学在校学生数量逐年下降，导致各山区县中小学教师总体超编，部分学校出现劳逸不均、人浮于事的现象。另一方面，肇庆城区人口大量流入，适龄学生数量大增，导致城区义务教育学校教师缺口较大，教师工作负荷过重。为了使这个严峻的问题能够得到有效解决，肇庆市从 2019 年开始就以怀集县、端州区为试点，组织城区与山区县义务教育结对，选派山区县优质的青年教师在城区的学校任职并参加培训，选派城区优秀教师"下乡"帮扶支教。主要做法是：

一是重视宣传引导，营造良好氛围。端州区、怀集县积极做好舆论宣传和思想政治工作，将"城乡联动、双向提升"培养模式的重要性和必要性传达给广大教师，引导广大教师积极支持和参与，营造了促进改革的良好环境和氛围，确保了城乡教师调配工作顺利开展。

二是把好选人关，实施专项培训。端州区每年选派 30 位义务教育学校优质骨干教师前往怀集县的学校挂职 1 年，怀集县选派 100 名义务教育学校教师到端州区学校任教 3 年。选派人员的年龄大多为 50 周岁以下，采取个人和组织相结合的方法对教师进行具体调配，任教的学科和数量由端州区和怀集县共同协商，县级教育部门根据学校实际需求统筹安排任教岗位。市教育局组织受调配的教师前往肇庆学院进行为期一周的专业培训，培训内容包括课程教学设计、班级管理、异地教师心态调整、家长沟通交流等。

三是落实福利待遇，鼓励教师双向交流轮岗。为确保改革工作顺利进行，挂职和调配任教教师原工资福利待遇不变（含山区和农村边远地区教师生活补助），并根据实际情况发放一定量的交通、食宿等生活补贴。

四是实施双重管理，加强对交流教师的约束和考核。调配任教期间，学校对调配任教教师视同在编教师进行管理，严格执行考勤、考核、教育教学管理等规章制度。违反学校规章制度的调配任教教师，视情节轻重分别给予批评教育、警告处分、中止任教资格、开除等处罚。经调配的教师，每学期必须至少回原学校参加三次教研活动，并同原学校的教师交流制作课件或视频公开课。调配任教期满后，教师要提交书面述职报告，任教学校对教师的工作及现实表现作鉴定，考核结果可作为县级教育部门提拔或调配使用的重要参考和依据。

五是团队帮扶，切实提升教师水平。为了确保"城乡联动、双向提升"培养模式取得实际的成效，两地开展教师"一对一"帮扶活动。学校获得县级以上教学能手、骨干教师、学科带头人等称号的教师，要与一名联动学校教师形成联动帮扶，在课堂教学、班级管理等教学理念与方法上给予帮助与支持。邀请联动学校教师定期到校参加教师培训活动，参与学校的教科研活动，实现教师教学和科研水平的共同提升。

肇庆市在端州区和怀集县开展义务教育教师"城乡联动、双向提升"工作试点过程中，精心部署，各级教育行政部门、学校扎实推进，城乡教师积极配合，成效明显。"教师均衡是义务教育均衡的核心，肇庆市探索通过跨区县调配任教的方式，打破教师只在县域内轮岗的限制和区域编制的'壁垒'，实现了市域内义务教育教师'城乡联动、双向提升'，达到了培养师资队伍、提高教师素质和教育质量、调剂教师编制的目标。"肇庆市教育局相关负责人表示。据肇庆市一份《关于在全省率先试验县区结对，推动义务教育教师"城乡联动、双向提升"的调研报告》介绍，这种成效主要体现在三方面：

一是对位于城乡的教师进行跨县区的差异化互换任教。这些举措在一定程度上缓解了肇庆市城区专业教师编制不足矛盾。在首批试点的端州区与怀集县义务教育教师"城乡联动、双向提升"过程中，既有效盘活了怀集县闲置教师资源，也缓解了端州区教师编制紧缺的压力。

二是双向提升了城乡教师的教学水平。一方面提升了农村教师的教学水平。端州区安排骨干教师指导怀集县跟岗交流教师，学校加强针对性听课、组织集体备课、指导教研等工作，区教研室专门为怀集县跟岗教师制订能力提升培训计划，开设课程讲座，使他们能够了解并学习先进的教学理念和方法，提升对课程的领悟力和教育教学能力。同时，对于怀集县农村教师来说，直接学习和感受端州区优秀教师所带来的先进教学方法，能够提高他们的教育教学水平。端州区挂职教师还根据怀集县学校的实际，在学校精细化管理方面提出了许多宝贵的意见，为学校的发展贡献自己的方法，有利于提升学校管理水平，并丰富了自身的教育教学经验。端州区教师面对的一般是基础较好的学生，相对而言，学生视野开阔，知识面广。但大多数农村学生基础相对比较薄弱，端州区教师改变原来的教学模式，重新探索适合新教育个体的方法。这极大地丰富了他们的教学方法和技巧，更能激发他们对教科研的探索激情，提升教学教研能力。

三是促进了肇庆市县域间教育交流。端州区和怀集县利用"城乡联动，双向提升"试点工作的机会，充分开展交流联动。端州区多所学校通过调配来的怀集县教师与其所属学校进行沟通，多次组织骨干教师到对方学校送教送课，邀请并且接待对方学校校长、教师前来交流。"城乡联动"打破了县域之间教师资源高效配置的行政壁垒，有效地构建了教师资源以城带乡、以乡促城的交流机制，推动两地学校教师素质和办学水平的提升。

第六章　中小学教师专业发展的探索

第一节　基于立德树人理念的中小学教师师德建设的思考

党的十八大以来，习近平总书记多次对教育工作做出重要论述，特别强调"把立德树人作为教育的根本任务"。按照总书记提出的要求，肩负教书育人、实施素质教育重任的教师面临新的挑战。教师的思想政治素质和职业道德水平，直接关系到年青一代的健康成长，关系到所培养人才的质量。师德师风建设摆上教育教学工作更加突出的位置。

一、加强中小学教师师德建设的必要性

中小学德育关系到我国教育方针的贯彻落实、素质教育的实施。民族伟大复兴事业是否后继有人是摆在我们面前的一项十分重要而紧迫的任务。教师是"人类灵魂的工程师"，是社会进步的开拓者和排头兵，履行着"传道、授业、解惑"的职责，肩负着培养社会主义事业建设者和接班人的崇高使命。因此，作为当代教师，不仅要具备较强的知识传授能力和创新能力，而且应当具有优良的道德修养，用道德示范和人格力量去影响、启发和教育学生。

孔子曰："其身正，不令而行；其身不正，虽令不从。"教育家苏霍姆林斯基说过："教师的情感，对于学习缺乏信心，自我评价低的学生的学习兴趣产生很强的激励作用，也会产生副作用。"可见教师表率作用之巨大。广大教师秉持教书育人的理念，言传身教，无私奉献。在平凡的教育教学岗位上，涌现出许多可歌可泣的模范人物，赢得了党和人民的信赖与全社会的尊重。但是，也有个别教师无视国家的法律法规和教师职业道德，工作不思进取，敷衍了事，缺乏敬业精神和奉献意识，唯利是图，严重败坏了教师形象，在一定程度上对教学造成了不良影响。中小学必须重视师德建设，以师德建设来激发教师的敬业精神和教学激情。正如习近平总书记所说，"国无德不兴，人无德不立"。所以，建立起良好的师德十分关键，教师应不断丰富自己的知识结构与技能，并且重视培养良好的道德素养以及教育情怀。

二、中小学教师师德建设的内涵

1. 潜心育人，关爱学生

著名教育家陶行知先生说："一切最好的教育方法，一切最好的教育艺术，都产生于教师对学生无比热爱的炽热心灵中，产生于教师的魅力之中。"中小学教师要做到忠于职守，爱岗敬业，拥有高度的责任感和不断进取的敬业精神，热爱本职工作，时刻注意在教学过程中渗透道德教育。教师应根据学生的心理特点，以具体中小学道德教育、中小学生日常行为规范为切入点，尊重学生，用爱温暖学生的心灵；耐心做好学生的思想工作，积极帮助学生面对困难和难题；正确引导学生积极向上，规范学生的行为，培养学生良好的道德品质和素养，真正做到"一切为了学生"。

2. 精心教学，不断进取

新时代教师必须坚持知识传授、能力培养和价值观塑造相统一。教育本身就是一个创新的过程，教师必须具有创新精神和不断进取精神。要改变以知识传授为中心的教学观念，以培养学生的创新意识和实践能力为目标，从教学思想到教学方式，大胆突破，从传统的应试教育的圈子中跳出来，具备明晰而深刻的创新教学理念。中小学学生正处于青少年时期，模仿能力强，好奇心和可塑性很大，中小学教师应联系自身专业特色和学生的特点，综合专业知识的实际情况，不断完善教学方案，创新教学方法，重视学生动手能力的培养，提高学生实践能力，不说脏话，谈吐文明，做好各方面示范，用言传和身教努力渗透道德教育，让学生全面发展。

三、中小学教师师德建设的有效途径

1. 发挥党建工作的引领作用

以习近平新时代中国特色社会主义思想特别是习近平总书记关于教育的重要论述武装头脑、指导实践、推动工作。加强党对教育事业的全面领导，全面贯彻党的教育方针，保证教育改革和发展的正确方向。充分发挥党组织在中小学的领导核心和政治核心作用，用社会主义核心价值观为广大师生铸魂，凝聚正能量，引领新风尚，牢牢把握学校意识形态工作领导权，将党建工作与学校德育事业发展同部署、同落实、同考评。从实现中国梦的历史使命着手，用高尚的德育引导师生高尚的思想情操和正确的人生信仰。

2. 建立和完善评价机制

在中小学师德建设过程中，要高度重视探索和完善行之有效的评价机制。首先应制定并完善相关的中小学教师职业道德规范，例如《中小学教师职务岗位管理实施办法》《中小学教师职业道德规范》《教师行为守则》等，约束和规范教师的道德行为。其次是重视评价、监督。可以在教师内部开展相互监督评价，可以发挥学生对教师的评价，综合教师与学生的评价。健全专业教师师德资源库，建立师德展示窗，并展示师德时代风采和优秀师德教师先进事迹，评选出先进师德模范且给予适当的物质奖励，以激励其他教师向先进典型学习。

3. 改善福利待遇，创建稳定和谐的工作环境，吸引和留住高素质人才

在师德建设过程中，学校应为教师着想，创建一个稳定的工作环境，尽力提升教师的薪资待遇，确保"两相当"或者高于公务员的薪酬。关注青年教师住房问题、关注教师家属工作需求问题、关注青年教师小孩上学等实际困难，畅通上升渠道，以正确、真诚的举动吸引更多高素质的师资人才投入到中小学教育中，从源头上提升教师队伍的思想道德素质。

4. 建立健全师德培训体系

学校可以把师德培训内容纳入学校日常工作中，成立师德建设小组，制订师德培训计划。对青年教师进行全面的培训，积极开展岗前培训、在岗培训，建立教学导师制。让师德高尚的教师作为青年教师的导师，对青年教师实施"传、帮、带"，并进行严格的监控，明确师德师风、教学要求。大力开展师德教育宣传活动，提高教师对师德重要性的认识，增强教师的自主学习性，强化和规范教师在教育教学工作中的言行。将师德建设与教师考核、职称评定以及绩效工资等实际利益相挂钩，定期组织选派中小学师德高尚的专业骨干教师赴国内外研修或访学。从多方面开展工作，久久为功，真正推动中小学师德师风建设工作的开展。

5. 整合校内外德育资源，引入社会协同力量

营造立德树人的法治环境、制度环境与舆论氛围，打造立德树人的资源平台，聚焦家风传承，破解社会德育化的难点，积极支持第三方机构开展评估，将考核结果作为政策支持、绩效考核、表彰奖励的重要依据。完善中小学教育督导评估办法，建立中小学教育定期督导评估和专项督导评估制度，落实德育督导报告、公报、约谈、限期整改、奖惩等制度，提高师德建设的实效性。

第二节　规范和创新中小学教师编制配备，整合盘活编内外教师资源

按照《中共中央国务院关于全面深化新时代教师队伍建设改革的意见》中"在现有编制总量内，统筹考虑、合理核定教职工编制，盘活事业编制存量，优化编制结构，向教师队伍倾斜，采取多种形式增加教师总量，优先保障教育发展需要"的总要求，加快落实清远市城乡统一的中小学教职工编制标准，按照班师比与生师比相结合的方式核定，严禁挤占、挪用、截留编制和有编不补。加强教研队伍建设，解决教研人员在岗不在编或在编不在岗问题。加快推进实行义务教育教师"县管校聘"措施，优化义务教育教师资源配置。实行教师编制配备和购买教育服务相结合，满足教育快速发展需求。完善中小学教师准入和招聘制度，建立符合教育行业特点的中小学教师招聘办法，遴选安教乐教善教的优秀人才进入教师队伍。鼓励立足基层教育的高中毕业生报考师范院校的定向代培专业，以此优化农村学校的教师资源配置。在临聘教师待遇及管理方面，可借鉴广州花都区、惠州仲恺高新区的做法，实行"区内编"的"同工同酬"，确保"做一样的工作，领一样的薪酬，享受一样的待遇"。建议由各县（市、区）财政局牵头，会同各县（市、区）财政局，协调教育、人社等相关部门，做好临聘教师人数的统计摸底调查，按照各县（市、区）在编教师薪酬待遇标准，统计各县（市、区）临聘教师薪酬工资及福利待遇总金额，参照在编教师薪酬管理模式，发放给临聘教师，逐步实现同工同酬。市人社局和市教育局积极研究临聘教师发展长效机制，使临聘教师工作有奔头，提高其工作积极性。临聘教师队伍庞大，且多以年轻人为主，要制定优秀临聘教师"转正"政策，可适当考虑一定比例进行定向招考，并在职称评聘等方面适当倾斜，以鼓励临聘教师专业化成长。

第三节 探索基于教师专业发展动力机制模型的开放式"纵横联动"多方协同教师发展体系

《礼记·学记》中提到："亲其师，信其道；尊其师，奉其教；敬其师，效其行。"教师是教育的第一资源。教师的职责与使命不仅在于传播知识、启迪智慧，更在于对学生善良、正直、求真、自信、担当人格的塑造，涵养生命、培育精神。在教育教学的世界里，教育者的心境及情感有其独立的价值，它们不是知识或技能的附庸。"学然后知不足，教然后知困。知不足，然后能自反也；知困，然后能自强也。"这是对"教学相长"很好的诠释。在年复一年的教学岗位上，积极进取的教师不会满足于已有的认知体系和知识结构，而是会不断完善自己、发展自己，其知识能力及精神世界与学生是共通共生的。因此，除了必要的教育教学理论知识和教学技能，教师的专业发展诉求和精神、内在情感世界应得到重视。而对教育教学的评价和管理，不能囿于技术层面，应多几把尺子衡量。如何让教师走出"舒适区"，激发他们的内生动力？如何为教师的成长提供制度保障和良好的外部条件，为他们注入持续的外生动力？如何建设一支高素质、专业化和创新型的教师队伍，为教育的优质均衡发展提供强有力的保障？这些问题，值得教育部门、学校管理者和教育研究者思考。

一、建立"纵横联动"的新型教育智库，为教育治理现代化和内涵式发展提供智力支撑

智库，是指为政府部门提供公共决策研究与咨询服务的独立性专业机构，是治理现代化的重要组成部分。教育领域综合改革以加快推进教育治理体系和治理能力现代化为目标。教育智库是以教育领域的专家、学者为主，以跨界、多层次的其他学科专家、学者为补充，通过构建专业化、全方位、多层次、宽领域的研究体系，专门为地方教育问题的解决提供理论性、实践性的决策和方法，并为教育理论决策和实践发展培养与储备人才的专业智库。同时，充分利用智库专家、学者的智慧和专业能力，通

过新型的组织形式和创新的体制机制，向全社会、各层级教育工作者传递教育思想，传授教育教学经验和先进方法。深化教育领域改革，提升教育治理水平，推进教育实现内涵式、高质量发展，需要教育智库的专业服务和建言献策。

（1）地方教育科研机构向新型教育智库转型，建设区域"纵横联动"的教育智库体系（见图6-1）。纵向加强与国家级、省级教育智库的战略合作，横向与区域内外高等院校、科研机构和专业社会组织联动。除了邀请有教育教学实践和管理经验的专家、学者外，名校长、名教师、名班主任工作室主持人等卓越教育工作者应成为教育智库成员。聘请智库成员为教研导师，充分发挥他们的专业和紧密联系教学机构的优势，将他们的思想、理念、经验和方法渗透到教育教学工作一线。

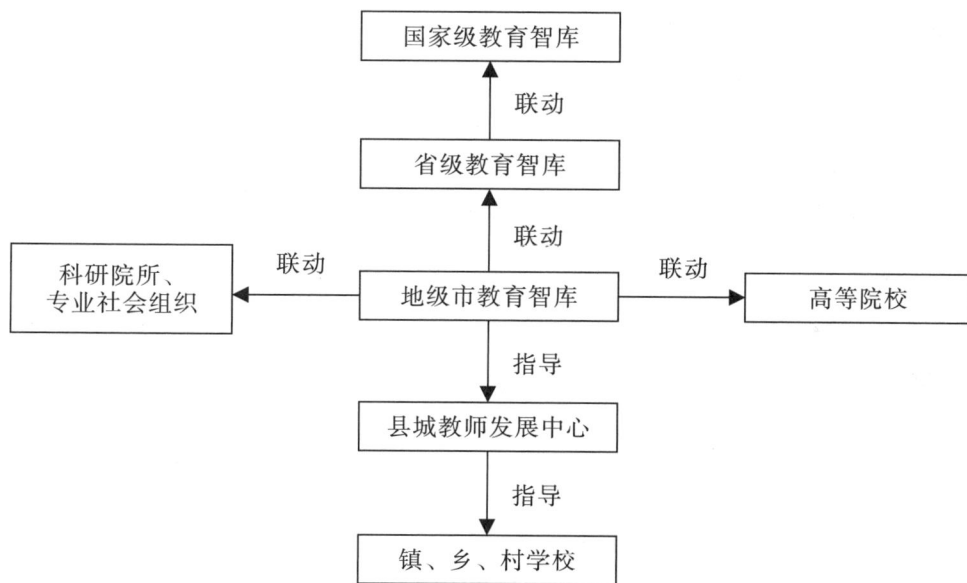

图6-1　"纵横联动"的教育智库体系

（2）不断壮大教研队伍，培养一支卓越、高效的教研队伍。教研员的素质和水平对教研质量的提升至关重要。选聘一批优秀教师为兼职教研员，实现全学科、全学段覆盖。建立专、兼职教研员定向联系学校制度，如一位教研员定向指导和服务若干学校的教研工作，具体定点开展教学研究、教学改革、教学管理和教学指导工作，并以其带动效果作为考核参考，评选年度优秀教研导师，不断发挥专家、名师的"头雁效应"和教研队伍渗透式"传、帮、带"的"乘数效应"。

二、构建开放式"三维四级"多方协同教师发展体系和研训平台，分类别、分梯次培养卓越教师

一是制订卓越教师队伍培养计划，构建开放式教师培养框架。教师专业发展贯穿于教师整个职业生涯过程，包括职前培养、入职教育和在职继续教育。学科教师、班主任和校长的专业水平在很大程度上影响着学校教育教学工作的质量和效果。卓越教师队伍的培养应遵循人才和教师成长规律。教育管理部门基于培养框架的确定，制订培养计划和培养方略。根据教师职业生涯发展的适应期、发展期和成熟期三个阶段，遵循人才成长规律，构建内外结合、纵横联动的"三维四级"教师队伍培养框架（如图6-2所示）。"三维"包括学科教师、班主任和校长三支队伍。学科教师的发展路径为"新教师—优秀教师—骨干教师—名教师（专家型教师）"，德育队伍的发展路径为"新班主任—优秀班主任—骨干班主任—名班主任"，学校行政干部队伍的发展路径为"行政管理干部—中层管理干部—校领导（正、副校长）—名校长（卓越校长）"。由此构成"四级"梯次教师队伍培养通道。其中，优秀教师和骨干教师、优秀班主任和骨干班主任均为学校中层管理干部、校领导的培养对象。卓越教师队伍的培养需要由政府统筹，中小学、高校和社会各方力量协同推进，并由教（科）研实践基地学校、教师发展学校、教育智库等机构提供有力支撑。

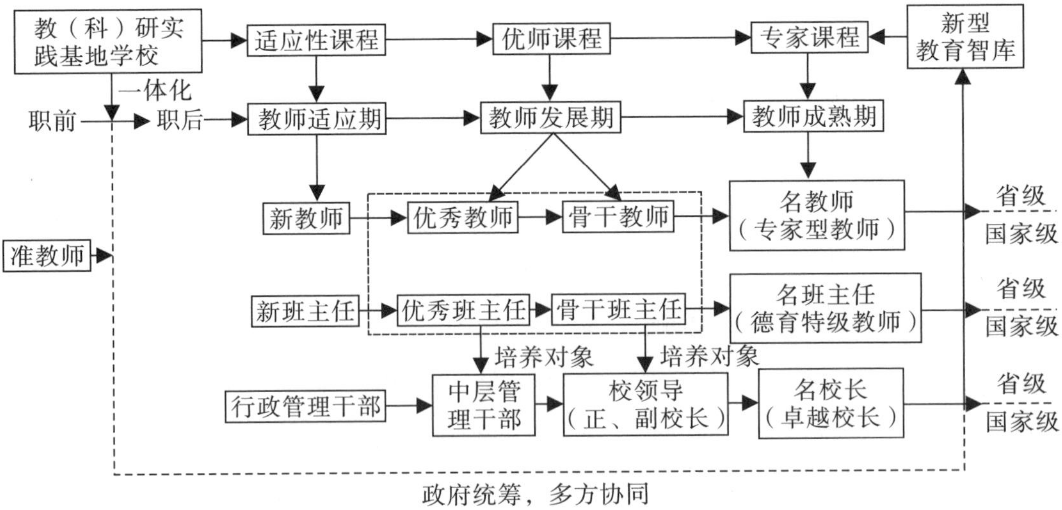

图6-2 "三维四级"教师队伍培养框架

二是建立分类别、分梯次教师队伍培养制度。重视校长队伍、班主任队伍和教师队伍梯度培养的顶层设计。为落实开放式"三维四级"教师队伍培养框架，应出台和完善系列支持教师专业发展的政策和制度。其中，包含建立教育骨干人才梯队选拔和培养制度，建立各级教育人才认定和评选办法，明确责任和权利，并配套细化的骨干教师、名教师遴选和管理的具体实施方案；制定"三名"人才工程的培训、教（科）研经费和专项奖励经费的投入保障制度和管理办法。

三是打造以地级市教育智库引领的教师学习共同体，搭建开放式分层分类"纵横联动"研训平台（如图6－3所示）。建立基于区域一体化的"校本研训—县域联片研训—地级市研训（教育集团研训）—省级研训（省培计划）—国家级研训（国培计划）—跨国研训（中外合作计划）"的开放式"纵横联动"教师研训体系。发挥区域优质教育资源的辐射带动效应，打造区域教研共同体。处于不同学历背景、年龄、教龄、专业发展阶段的教师在专业理念、专业知识、专业技能、态度和行为等方面具有不同的特点。同时，教师的每个发展阶段并不是孤立存在的，而是交叉重叠、紧密衔接的。因此，要加快教师专业发展，提高教育教学质量，就必须要适应教师专业发展阶段的特点和规律，为不同学段、不同学科、处于不同发展阶段的教师设计不同的培养方案和培训计划，开发优质的递进式研修课程，实现精准培训，满足教师专业发展的多元化需求，为教师提供职业道德、专业知识技能、教育教学能力、学术研究与教育研究能力等方面的提升课程。同时，实施名教师、名班主任、名校长海外研修项目，选送优秀培养对象进行外语强化培训，有针对性地组织培养对象到发达国家或地区进修培养或跟岗锻炼，拓宽其国际视野，更新教育理念。

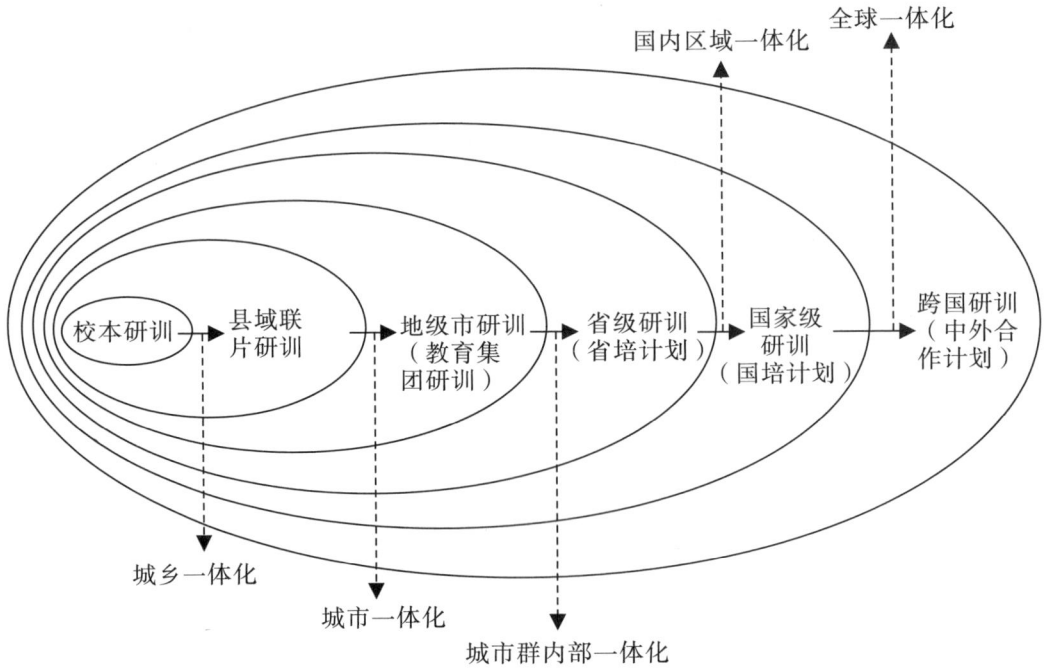

图 6-3 开放式分层分类"纵横联动"研训平台

　　四是实施建立分类别、分梯次教师队伍考核评价体系。教师队伍考核评价体系的构建应与学生核心素养体系保持内在契合，且教师评价价值取向应对学生核心素养有适度超越、引领性。从片面、局部考核，逐步向全面、全员、全程考核过渡。避免评价指标同质化，根据各类、各梯次教师的特点，形成分层、分类别的金字塔形评价体系。要推进学校行政干部队伍、学科教师队伍和德育队伍等三支队伍的考核、选拔晋升制度改革。为体现"三支队伍"的评价体系，构建科学的分层、分类别的教师队伍考核评价指标体系，即基于职能差异的教师分层分类全员评价"金三角"模型（如图6-4所示）。通过师德师风、专业水平和专业能力这三个核心维度对基于行政管理、德育和科任教师职能的三支队伍制定各分四级的梯次递进评价标准，呈金字塔式逐层上升递进。基于良好的分工和互动机制，三支队伍各司其职又互相紧密联系和影响，三个金字塔评价标准构成了"金三角"关系。教育行政管理部门、各级学校要打破"自上而下"的考核制度，出台分层、分类别的教师队伍考核、评聘办法和实施方案。

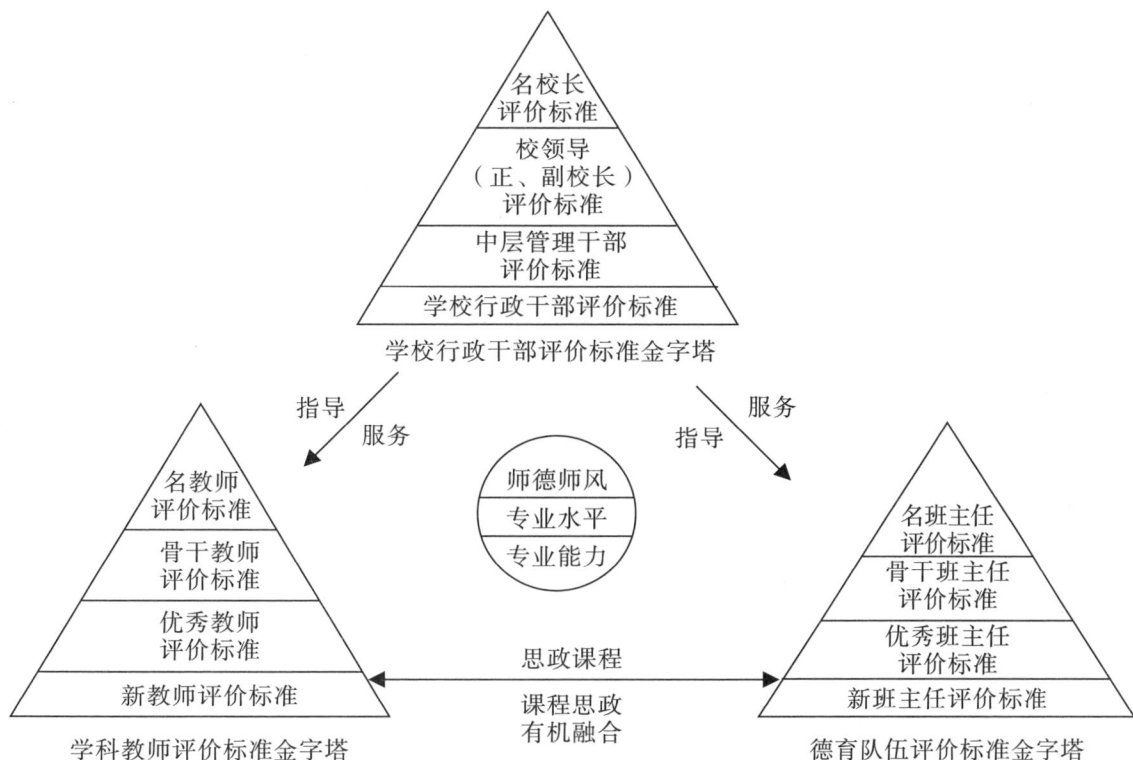

图 6 - 4　基于职能差异的教师分层分类全员评价"金三角"模型

第四节　构建优质教育资源共享新机制，
发挥优质学校辐射带动作用

一、基础教育集团化办学具有重要的实践意义

为什么要推进集团化办学？作为新型的教育治理形式和学校协作方式，基础教育集团指向优质均衡的学校关系重构，有利于创新教师交流和发展机制，加快优质师资队伍的培养生成。系统设计支持政策，推进集团化办学，充分发挥名校、优质校的引领、带动作用，共享师资，课程共建共享，促进教育资源优化配置和高效利用，推动

教育高位均衡发展，是破解基础教育城乡二元结构和区域不平衡的重要途径，助力发展"公平而有质量的教育"。

1. 集团化办学有利于推进基础教育均衡发展

集团化办学是推进教育均衡发展的有效方式。名校利用资源优势、管理优势和文化优势，通过"名校＋新校""名校＋弱校""名校＋农校""名校＋民校"等模式，向新建学校、薄弱学校、农村学校等输出师资力量、管理方式和办学理念等来提升它们的办学水平和促进它们的内涵发展。即名校通过共享优质教育资源，发挥名校的辐射作用，扩大优质教育的覆盖面，促进集团成员学校的改造、成长和发展。集团成员学校通过学习名校的办学历史传统、现代学校制度、良好的教学管理和实施体系，逐渐获得办学资源的支持、办学方法的指导，教育教学质量得以有效提升。名校与其他集团成员学校的教育差距能在较短时间内缩小，能在一定程度上改善优质生源"扎堆"名校，而普通学校缺少优质生源的局面。区域范围内整体教育水平得到提升，使广大的受教育者拥有一个相对公平的接受优质义务教育和高中教育的机会，能更好地满足人民群众对优质教育的需求，教育朝着更均衡、更公平的方向发展。

2. 集团化办学有利于推进义务教育体制改革

我国的教育体制改革鼓励创新办学体制。现阶段，我国的义务教育还是以公办学校为主，在集团化办学中，办学主体更加多元，办学形式更加多样，因而办学体制将会焕发活力，涌现出各种灵活、先进的办学理念。集团化办学可以优化义务教育资源配置方式。在名校的带动下，一些薄弱学校可以获得名校优质资源，从而实现自身的快速发展，而名校也可以通过集团化办学模式，对集团内部各项资源进行整合，以进一步扩大学校的品牌知名度和提升学校的核心竞争力，收获更大的发展空间，实现规模化发展。集团化办学可以盘活基础教育资源，优化资源配置方式，使其产生"1＋1＞2"的效益。集团化办学还可以促进学校管理机制创新，推动建立现代学校制度。集团成员学校拥有更大的办学自主权，可以在办学理念中融入更多的市场经济发展理念，在学校管理中体现现代化管理理念，创新学校管理制度和治理体系，持续提高办学效益和办学质量，使学校更适应时代发展的需求。

3. 集团化办学有利于促进教师专业发展

集团化办学可以开展多种形式的教师交流活动，推动教师交流机制的建立。学校可以通过访问交流、教师互聘、管理干部互访和教师跨校兼课等方式，进行教育教学观念、教学思想和经验以及管理思想的交流。集团化办学可以加强教师之间的良性互动，为教师提供更广阔的成长和发展平台，达到提升教育教学质量的目的，促进教师专业能力和素质的提升。集团化办学可以打破校际壁垒，通过集团内的优质教师对青年教师的"传、帮、带"，从教学技能、研究能力和综合能力等方面，以师徒结对的方式，带动青年教师的快速成长。这也能激发优秀教师自身专业发展的动力，使其突破发展瓶颈，踏进新的发展阶段。因此，集团化办学可以促进集团内教师队伍的共同发展。

二、探索基础教育集团化办学的实施建议

如何推进基础教育集团化办学？教育集团的成立，需要属地政府的重视和投入，明确办学和治理的开放性，邀请邻近中心城市的名校教育集团、高校、科研院所、知名企业和社会组织参与。打破校际壁垒，依托名校，实现学校的纵横联动、协同发展，需要区域教育行政部门的积极作为。区域教育行政部门需进一步解放思想，强化革新意识，树立服务型政府理念，加强集团化办学的政策引导、构建平台、配置资源，对区域内所有中小学进行科学合理规划，促进每一所学校建立现代学校制度和依法治校。避免内容泛化、形式简单化、目标淡化等合作效果不佳的办学形式，从顶层设计上为集团化办学实现师资引进、培训、考核和流动一体化，课程体系和教学管理一体化，教科研一体化提供制度保障。打破传统思维方式，探索教育集团内部合作共生机制，创新办学运行机制，建立互动机制、培养机制、激励机制三大机制，使集团成员学校管理、干部教师的交流培养、课程教学研究等都能高效运行。借助信息化手段，打造学习共同体，教育集团内部以"线上线下"结合的方式，建立"市、县（区）、校"三级教师学习互动和交流平台，促进线上线下资源的融合、重构和共享。

1. 推进基础教育集团化办学，可引进优质教育资源

以广东清远为例，其可以借助广州、深圳等粤港澳大湾区城市的优质教育资源，重点在提高学校管理水平、教科研能力及人才培养等方面实现突破。构建面向珠三角地区退休名校长、名教师的有偿引进新机制。引进先进的教育教学理念和方法，以提

升清远整体教育教学水平。探索民办公助、混合所有制等多种办学模式，创新名校办学体制机制、绩效机制，设立奖教奖学基金，为教育事业注入新活力。依托广州名校建立若干个教师培训基地，孵化培养一批名教师、名校长、名班主任。

2. 推进基础教育集团化办学，应注重培育本地优质学校

教育集团是由优质学校带头，通过将优质学校先进的教育理念和教育资源共享给成员学校，从而促进集团办学水平的整体提高。因此，优质学校是核心，也是关键。要推进基础教育集团化办学，需先培育优秀的教育品牌，即在当地知名度高、教育理念鲜明、教育质量突出、办学特色鲜明、拥有优秀的管理团队和师资队伍，并对同类同级学校具有带领和示范作用的中小学。在集团化办学初期阶段，政府和教育行政部门在进行规划时，通过深度调研和分析，对照集团化办学对龙头学校的要求，选取符合条件的优质学校，并投入资源，激励这些优质学校继续大力发展。同时通过优质学校的带领和辐射，提高薄弱学校的管理和教育教学水平，孵化和培育出新的优质学校。新的优质学校可以独立出来领导新的教育集团，从而形成集团化办学百花齐放的格局。

3. 推进基础教育集团化办学，可采取城乡结对互助共同体模式

城乡结对互助共同体模式是通过城镇学校与农村学校在学校治理、教师培训、教学管理、教学研讨等方面的结对互助，实现优质资源从城市向农村的流动，促进教育集团的整体发展。在城乡结对互助的集团化办学中，教育集团要对农村薄弱学校开展援助，采取资源倾斜，逐步缩小城乡学校教育资源的差距。合理实施集团内城乡间教师的交流活动，制定鼓励措施让一些城镇学校的骨干教师和管理干部到农村学校支教、担任教育教学管理干部或者校长，在直接提高农村学校教育教学水平的同时，对农村教师进行培训和指导，以原有的农村学校教师队伍为主体，努力建设农村优质教师队伍。加强教育集团内部的信息网络建设，建立"市、县（区）、校"三级教师学习互动和交流平台，同时打造可以延伸到农村学校的远程教育网络平台，共享优质教育教学资源，以信息化手段促进农村学校发展。集团化办学不仅要打破城乡区域间的有形边界，还要消除成员学校的心理边界。城镇学校不能一味带着城市的优越感，以高傲的姿态将自己的理念强硬地灌输给农村学校，而是要从心理上理解和认同乡土文化，保持对乡土文化的尊重，发现农村学校的闪光点，并

帮助它们培养出独特的办学特色。农村学校也要有自信心，主动发挥主观能动性，不断提高发展水平。

4. 推进基础教育集团化办学，应优化学校治理制度环境

学校治理制度环境包括外部正式制度和集团内部管理制度。外部正式制度指的是由政府制定的，可以全面推进集团化办学的政策保障。政府应充分认识集团化办学的价值和意义，制定相应的正式制度，出台集团化办学的规章和意见，使集团化办学有法可依。同时在教育经费、编制管理、职务聘任、学校治理等方面加强制度供给，保障集团化办学的有效推进。教育集团应探索建立现代学校制度，优化集团内部治理结构，改善职权配置，减少管理层级，使集团内各项教育资源的管理和运行更加顺畅。同时，进行权利的多元主体配置，将教师、家长、专家等利益相关者纳入成员学校的决策、监督和支持系统中。赋予教师更多的专业教学权利，让教师参与教研、备课等制度的设计；给予家长更多的知情权和选择权，让家长监督集团的办学；听取专家学者意见，让专家学者对集团化办学进行科学客观的评估，并提出有效的改进建议。建立实时运行管理机制，对集团化办学过程中的教育环境、教学质量、师资力量和办学特色等及时进行改进和引导，以持续有效提升办学品质。

第五节 创新"智慧教研"模式，构建学习共同体，实现从外部驱动转向自主发展

《教育信息化"十三五"规划》（教技〔2016〕2号）指出，要积极推动网络信息技术与现代教育融合创新发展，坚持不懈推进教育信息化、教育现代化，努力以现代信息网络为手段扩大优质教育资源覆盖面。2018年，教育部印发《教育信息化2.0行动计划》（教技〔2018〕6号），对进一步推进"智慧教研"，推动信息技术与教育教学深度融合提出了更明确的要求。利用现代信息技术，开展"智慧教研"，是当前教师专业发展，实现教育教学质量均等化的大势所趋。"智慧教研"是一种依托互联网信息技术工具，实现不同角色个体间跨时空共同参与的协作式、开放教育教学研究活动。"智慧教研"可以实现从"知识传授"到"学科素养"，从"专

家指导"到"学习共同体构建"的全方位全过程的教研模式。

一、"智慧教研"顶层设计与框架的构建

加强"智慧教研"顶层设计，明确教研员、工作室导师、专家、学科带头人和成员间的关系及各自的职责；制定一个能够确保"智慧教研"顺利运行的网络框架并提供专业化的指导服务，制定网络定期交流制度，创设"智慧教研"的运行保障机制，推动研究成果转型升级、落实应用。

"智慧教研"可以凭借其创新性、开放性，构建多元参与，网格化，即时性、互动性强的网络体系。可根据不同内容构建"网络教研团队网""信息技术研讨网"；根据不同学科构建"线上课程资源网""线上线下活动网""教研员信息交流群""教研项目研讨网"等。可分别从课题交流研讨，学习共同体、实践共同体的组建，课程资源共建共享和混合式教学研究活动组织实施推广等方面入手，着力解决教研中存在的交流难、协作难、落地难、推广难的问题。搭建沟通指导交流的平台，引导广大教研员、教师之间相互交流、互学互鉴、分享经验，增强教师之间、教研员之间、教师与教研员之间的互动，提高教师专业素养，为教学研究与实践注入强劲动力。

通过网络开展"智慧教研"，构建互动式、开放式的资源平台。开展有利于工作团队大范围进行的教学调查，利用大数据分析手段对调查数据进行精准分析，有效掌握各学科核心素养培养现状，为课题研究打下坚实基础。按学科类目建立课题研究网络资源库，依托云技术的存储能力和技术支持，将学科最新的课题研究资料，以及网络教研工作团队开展的各项研究的资料和成果进行档案化整理保存，提升课题研究的共建共享，实现研究的高效建设与推广。为进一步推广课题研究的成果，应加强"开放课程"建设力度。利用网络技术开展研讨和教学实践活动，更好地将"一师一优课、一课一名师"的成果进行延伸实践；利用平台共享名师优课，并进行优化创新，实现迭代式的同课异构，开发更多的优质线上课程资源。

二、"智慧教研"团队的组建

通过网络开展"智慧教研",可以建设网络化的工作室教研团队。基于不同的网络化的教研、科研、竞赛项目活动群,搭建一个"以名优教师为核心,骨干教师为指导,青年教师为主体"的"智慧教研共同体",实施"智慧教研",共同成长。学科带头人在网络中分享优秀教学成果,开展实时的"智慧教研"活动,指导骨干教师分析研究新趋势,制定研究思路与步骤,提升其专业研究素养;学科骨干教师以核心素养问题的研究为导向,突出"网络教研开展、网课资源开发"等,在此过程中提升自身的研究力、指导力,推动其向名优教师转变;同时带动工作室青年教师在网络教研活动的研修、体悟中,快速成长为骨干。

同时邀请各地市教研员,特级、正高级教师以特聘专家形式加盟对应的"智慧教研工作室"。建立名师网络面对面指导平台,协同各学科带头人和学科骨干教师成员,提升学科带头人指导团队的精准度和有效性。利用该平台,征集网络活动主题,通过"征集—遴选—研磨—实践"的方法,通过网络直播对工作室成员普遍反映的疑难问题进行答疑,定期开展后续项目实践的精准跟进。对于疑难问题还可以组织专家、骨干教师跟工作室成员一起进行联合会诊,探究解决问题的路径,提出解决问题的方法,指导成员改进实践。"智慧教研"打破了教研活动的地域和时空限制,最大限度地记录和呈现了教研活动的全过程。实时将教师教研活动的研讨、思考和心得记录下来,实现与不同地区的教师进行实时或者跨时间、跨区域、多层面、大范围的教研交流。"智慧教研"活动充分发挥各地教研团队的资源和人才优势,将各地教研力量整合在一起,为网络教研团队提供强大的智库保障。

附：

媒体专访与关注链接2：打造教育综合实力升级版

清远是广东省地域最大的地级市和少数民族主要聚居地，也是一座新兴而充满活力的城市，一直以来，珠三角"后花园"的良好形象深入人心。加快教育现代化，办好人民满意的教育，是这座"后花园"的人民群众的共同期盼。2015年8月，在圆满完成教育"创强"之后，清远在粤东西北率先启动"争先"工作，着力打造教育综合实力升级版。2019年，清远成为粤东西北首批"广东省推进教育现代化先进市"之一。清远教育优质发展积累了哪些经验？本刊记者于2019年11月走进清远，分别采访了清远市和清新区、阳山县教育局局长，并走访了10多所中小学和幼儿园。

绘优先发展蓝图

近年来，清远市委、市政府一直高度重视教育工作，始终把教育摆在优先发展的战略位置，坚持公平、优质、协调、开放的教育发展理念，坚持立德树人的根本任务，全市教育工作争先进位、出新出彩。

立德树人导向

培养什么样的人，是教育的首要问题。清远始终贯彻党的教育方针和社会主义办学方向，培养德智体美劳全面发展的社会主义建设者和接班人。

"学校坚持德育为先，把立德树人作为教育的根本任务，非常重视学生的心理健康教育。"清远市第一中学副校长朱劲向记者介绍，学校从文化认同、目标引领、习惯养成、主题突出四个要素规范德育课程体系，完善学生主动、教师促动、社会联动的"三动"心育模式。

据了解，清远一中现有3名专职、1名兼职心理健康教师，每名班主任都持有心理健康教育C证。面向学生，有心理健康周、健康月活动；面向班主任，有心育培训及相关活动。2017年，该校被评为"全国中小学心理健康教育特色学校"。

近几年，清新区未成年人思想道德建设工作引人瞩目。乘清远创建"全国文明城市"的东风，清新区在中小学广泛开展节日主题教育、美德少年等教育活动。同时，注重做好中小学禁毒教育工作。全区共建成26所省级毒品预防教育示范学校，

60 所区级示范学校，实现示范学校全覆盖。2017 年底，清新区教育局开发了广东首个 3D 虚拟互动毒品预防教育科普馆，以通俗易懂的方式再现毒品预防教育，并把禁毒知识考试与学生德育考核结合在一起，获国家版权专利。

清新区教育局局长梁镜河说："清新区不断创新德育工作方式、拓展德育工作渠道、丰富学校德育内容，开展丰富多彩的主题教育活动，进一步提高学校德育工作实效，促进学生健康成长。"

纵观全市，各级各类学校建立了党组织主导、校长负责、群团组织参与、家庭社会联动的德育工作机制，强化学校党组织的政治核心作用，形成全员育人、全程育人、全方位育人的德育工作格局。2018 年，清远市未成年人思想道德建设年度测评获全国第七、广东第一的优异成绩。

科学规划引领

以教育转型升级和优化发展推动经济社会持续快速健康发展，着力把清远打造成为环珠三角地区融入粤港澳大湾区先行市。在这一共识之下，清远把推进教育现代化作为加快人才培养，提供智力支撑，促进产业转型升级，实现经济社会可持续发展的首要任务。

2014 年，清远市委、市政府站在全局的高度，着眼全市经济社会长远发展的需要、人民群众现实的教育需求和全国教育改革发展的大格局，把发展教育作为全市融入珠三角发展的先手棋，提出了清远教育发展"三步走"的战略目标，即第一步打造成环珠三角的教育高地，第二步力争教育发展位居粤东西北的前列，第三步跟上珠三角地区的教育发展水平。

近年来，清远先后制定实施了《清远市中长期教育改革和发展规划纲要（2010—2020 年）》《关于调整清远市中心区域教育管理体制和学校布局的决定》《中共清远市委、清远市人民政府关于推进基本公共服务均等化的意见》《清远市推进基本公共教育服务均等化实施方案》《关于全面实施"强师工程"加强教师队伍建设的意见》《清远市教育现代化发展规划（2015—2020 年）》《清远市创建广东省推进教育现代化先进市实施方案》等一系列文件，为教育事业发展提供有力的政策支撑。

政府是推进教育现代化的主体。清远严格落实市、县两级政府的主体责任，严格教育发展问责制，把推进教育现代化工作成效作为各地、各部门领导政绩考核的重要内容，作为干部任用的重要依据，确保创建推进教育现代化先进市目标按时完成。

优先投入护航

清远属于广东欠发达地区，财政并不宽裕，但在教育投入上不遗余力，让清远人民实实在在享受到教育发展的"红利"。

清远市各级政府依法履行教育职责，不断加大教育投入力度，切实做到"两个只增不减"。清远市委、市政府要求各县（市、区）教育支出占财政支出的比例必须每年增加1百分点以上；城市教育费附加必须全额用于教育；农村税费改革省转移支付用于教育的比例不得少于40%；每年新增财力用于教育的比例不少于10%。市财政设立专项资金1.5亿元，对创建"推进教育现代化先进县（市、区）"工作给予奖补。据统计，2015—2017年，全市推进教育现代化投入专项资金共60.9亿元，其中市本级投入资金24.5亿元，各县（市、区）共投入资金36.4亿元。

县域内省教育强镇复评覆盖率达到100%是广东省推进教育现代化先进县的前提条件。2018年上半年，阳山县仍有9个乡镇未完成省教育强镇复评，大部分中小学教育教学设施、功能场室的配置不完善，校园建筑比较陈旧，运动场建有塑胶跑道的比较少，校容校貌欠缺现代化气息。"争先"申报迫在眉睫，需补强的项目多，资金投入不足，任务非常艰巨，面临的压力大。

为此，阳山县委、县政府统筹安排教育专项资金，加大财政投入。2018年暑假，各学校加快基建维修工程的实施，省教育强镇"补强"工作进展提速，大部分项目完成建设，全县各类学校进一步改善了办学条件，实现了教育装备升级。2018年9月下旬完成9个省教育强镇复评后，阳山县立即申报"广东省推进教育现代化先进县"，并顺利通过省督导验收。

阳山县教育局局长唐长远说："阳山攻克了决心不足、底气不足、资金投入不足的难题，实现了'弯道超车'。目前，阳山教育虽不是全市最优秀的，却是发展最快、进步最大的。"

教育经费的超常投入，极大地改善了学校的办学条件，一所所设施设备先进、花园式的现代化学校以全新面貌迎接师生，有力促进了清远教育事业城乡一体化的快速发展，加快了教育现代化进程。

固均衡发展根基

在科学规划引领和优先投入护航下，清远教育稳步前进。全市通过调整中心区域管理体制和学校布局，大大促进了市中心区域教育扩容提质，实现了市中心区域基础教育均衡、优质、可持续发展；通过全面实施农村学校标准化建设，大力发展公办学前教育，促进了全市教育南北之间、城乡之间、校际的均衡优质发展，为全面推进教育现代化打下了坚实的基础。

扩容优质学位

2019 年 9 月 2 日上午，阳山县黄埔学校举行了首届开学典礼，全校 1 600 多名师生参加。

阳山县黄埔学校建设工程是 2018 年阳山县"十件民生实事"之一。这是一所由对口帮扶的广州市黄埔区委、区政府出资、规划、设计的九年一贯制学校。目前，学校已部分启用，预计全部建设完成后，可提供 2 500 多个学位，大大缓解县城学位紧张的问题。

2016 年以来，阳山县政府约投入 3.58 亿元，建成幼儿园 3 所、小学 1 所、扩建幼儿园 1 所、小学 3 所，共新增学前教育学位 1 290 个、小学学位 2 205 个。

增加学位供给，是阳山县乃至清远市教育发展的当务之急。

针对学位供给最紧张的县城和中心区域，2018—2019 年，清远市政府连续两年都将"加大学前教育及中小学优质学位供给"列入民生实事重点推进。

据统计，2018 年全市共新增学前教育、义务教育学位 22 667 个，其中市中心区域新增学位 13 198 个，均超额完成年初所定目标。

2019 年，全市县城和中心区域新建、改扩建学校（幼儿园）19 所，新增学位 17 795 个，其中幼儿园 1 080 个、中小学 16 715 个。

值得一提的是，清远义务教育阶段全面消除了 56 人以上大班额，小学、初中起始年级班额均达到省定标准。

促进教育公平

目前，清远学前教育毛入园率由 2015 年的 95.4% 提高到 101.24%，高中阶段教育毛入学率由 2015 年的 92.5% 提高到 99.46%，适龄残疾儿童少年入学率达 98.8%。

2019 年，全市公办幼儿园和普惠性民办幼儿园占比达 83.94%，规范化幼儿园占比达 81.05%；全市公办、民办义务教育标准化学校覆盖率达 100%；全市特殊教育学校 7 所，特教资源中心 4 个，随班就读资源教室 83 间，在建特殊教育学校 2 所。

从上述数据可以看出，清远基本公共教育服务均等化建设成效显著，"读书难"问题得到较好解决，并逐步向"读好书"转变。

以清新区为例，通过实施"国办二十条底线"工程、"义务教育薄弱学校改造"工程、农村小规模学校和农村寄宿制学校建设工程、普通高中"改薄"工程等，推进教育资源向乡镇和农村下移，使义务教育向优质标准化发展，义务教育标准化学校覆盖率达 100%；普通高中优质特色发展，高中"改薄"全面完成，实现了普通高中优质学位全覆盖；中职教育结合地方和市场实际，注重内涵建设，强化校企合作，办出特色。全区 87 所义务教育阶段学校全部都是标准化学校，实现了全覆盖。

教师均衡是教育均衡发展的根本要素。清远通过创新农村师资配置机制，以教师的均衡配置促进义务教育均衡发展。一是创新农村中小学教师编制核定机制，农村中小学和教学点根据班级数量与班额核定教师编制数，而不是以简单的师生比核定编制，并规定每个教学点至少配备 2 名教师。二是创新农村中小学教师调配机制，市政府规定，编制部门统一核定县域内教师总编制，由教育部门统筹调配使用，并向农村学校倾斜。三是建立了义务教育阶段学校教师刚性和柔性流动制度，对在同一所学校工作满 10 年的教师有计划地进行轮岗。四是积极推进城镇教师对农村的支教工作，通过教师走教、支教、志愿服务等方式弥补农村小学和教学点学科教师不足。

破壁城乡二元

清远北部地区是山区和少数民族主要聚居区，受经济发展不平衡等因素影响，北部与南部的教育资源和办学条件存在一定差距，优质教育资源相对集中在南部地区。为破除城乡二元结构壁垒，清远大力实施"南联北扶"战略，并开展广州清远教育对口帮扶交流合作，加大对北部山区特别是少数民族地区的教育扶持力度。

伴随着阳山县"全域校车"民心工程的实施，阳山县第一批共 8 所学校实行全寄宿制办学，通儒中学便是其中之一。2019 年暑假，学校翻新了宿舍楼、饭堂，换了新的上下床，购买了洗衣机，尽心尽力完善住宿条件，受到家长和学生的一致好评。

通儒中学初三学生邱宇航说："我以前走读，虽然学校离家很近，花在路上的时间不多，但在家里自习容易分心。住宿后，我的学习时间很充足，生活自理能力提高了，与同学相处的时间也多了。"

阳山县教育局提供的数据显示，2018 学年，全县乡镇初中在校生 5 982 人，其中，寄宿生 2 314 人，占 39%；2019 学年，全县乡镇初中在校生 6 594 人，寄宿生 4 381 人，占 66%，同比增长 69%。

建设乡村小规模学校和乡镇寄宿制学校"两类学校"是清远推进教育现代化的一项重点工作。2018 年全市 497 所义务教育阶段学校中，有农村寄宿制学校 173 所，包括寄宿制小学 56 所、寄宿制初中 117 所（含九年一贯制学校 38 所）。农村寄宿学生 53 162 人，其中小学生 9 784 人、初中生 43 378 人，农村寄宿学生占全市中小学在校学生总数的 10.6%。作为广东省农村义务教育寄宿制学校建设工作试点市之一，清远市政府制定了具体的实施意见和寄宿制学校生活设施配备与管理标准，全面推进试点工作。

因成效明显，连南瑶族自治县被省教育厅定为全省乡村小规模学校和乡镇寄宿制学校建设现场观摩点，于 2019 年 1 月 9 日顺利承办了全省"两类学校"建设现场交流活动。当年 6 月，清远市教育局对全市 2018 年建设的 60 所农村义务教育寄宿制学校进行了交叉验收，通过整改，60 所农村义务教育寄宿制学校全部达到建设标准。2019 年全市继续投入 8 937 万元，用于第二批农村义务教育寄宿制学校标准化建设，完成改造 27 所农村寄宿制学校、改扩建 13 所农村寄宿制学校，新增寄宿制学位 3 441 个。

如今，清远北部地区基本公共教育服务水平已达到南部地区平均水平的 90% 以上，北部与南部地区的办学条件、办学水平差距明显缩小。

登优质发展阶梯

优质化是教育现代化的重要内涵。近年来，清远通过实施内涵提升、结构优化、强师兴教、开放引领和特色发展等举措，助力教育实现优质发展的新跨越。

提升办学品质

阳山县阳山中学坐落在贤令山下，位于韩山书院旧址，建校已有 85 年，校内有阳山县令韩愈的"钓鱼台"遗址。2016 年，学校确定了以韩愈文化为依托的"贤智"文化主题,要求教师围绕贤德、贤能、爱生、敬业等师德规范,把德育放在首位,把"贤"元素融入课堂教学,加快导学式教学改革,并积极围绕韩愈文化、山水文化、名胜古迹、风土人情等特色编写校本学习资料,现有教育系列和教学系列共 10 多本。

在"贤"文化的引领下,阳山县各校深入挖掘阳山韩愈文化内涵,打造"思贤、学贤、育贤、用贤"的思贤文化教育特色:坚持将"思贤"文化与县域优良传统文化相结合,建设"接地气"的环境文化;与顺应潮流的时代精神相结合,建设"养正气"的制度文化;与民族历史渊源的传承相结合,建设"蓄锐气"的精神文化;与本校的优势项目相结合,建设"长志气"的活动文化。

清新区各校都致力于提升办学品质,促进学校内涵建设。

清新区第二幼儿园积极融入本土文化元素,通过大环境创设、课程设置、班级"一班一乡镇""一班一特色"环创、具有清新本土特色的户外自主游戏、班级区域活动等方面,培养幼儿的乡土情怀和爱国主义精神,树立民族自信心和自豪感。

清新区太平镇初级中学坚持以科技教育为抓手,近三年,在各类科技创新实践能力挑战赛中屡获佳绩,其中获省级一等奖以上的就有 11 人次,学校被清远市教育教学研究院评为"2018 年清远市航空航天教育优秀单位"。

学校文化是一所学校的灵魂,是激发学校活力的源泉。2016 年 5 月,清远市教育局出台了《清远市教育局关于推进中小学校文化建设的实施方案(2016—2018 年)》,全面推开了清远市中小学文化建设工作。2017 年,市教育局评选了第一批共 20 所清远市学校文化建设示范学校。2018 年,市教育局评选了第二批 32 所学校文化建设示范学校。市政府设立推进学校文化建设示范学校奖励资金,两年共奖励 500 万元。2019 年,在综合各校交流展示和实地考评情况后,评选出 31 所学校文化建设示范学校。

经过几年的努力,清远涌现出一批特色明显、校园环境优雅、文化氛围浓厚、办学理念先进、管理模式民主规范的具有一定影响力的学校。

加强师资建设

教师是教育发展的第一资源。清远创新理念,大胆突破,把师资队伍建设作为推进教育现代化的基础工程。

一是坚持把师德师风作为评价教师素质的第一标准，把提高教师思想政治素质和职业道德水平摆在首要位置。二是深化教师管理综合改革，积极推进"县管校聘""局管校聘"等改革工作，深入实施校长"去行政化"改革，推行校长聘任制。三是实施继续教育工程。2015—2017 年，全市各级共划拨 2.62 亿元用于教师培训和学历提升。四是提高山区教师的地位和待遇。五是实施科研促教工程，引领教育改革与发展。

"目前，教师待遇全面实现了与公务员收入'两相当'，特别是连续 4 年提高山区教师津补贴，着力推动中小学教师待遇'两个不低于'，有力稳定了山区教师队伍，广大教师安教乐教。"清远市教育局局长张玉兰说。

记者走访发现，许多学校都非常注重教师专业成长。

作为全市幼儿园的窗口学校，清远市实验幼儿园实行分层式多样化师资培训，开展园长项目培训、骨干教师培训、青年教师培训，制订差异化培训方案，满足各个层级教师的发展需求。以专业技能竞赛、展示活动为依托，加快教师专业成长；同时，成立"刘婉芬名园长工作室"，通过协同发展、送教下乡、对外展示等，以点带面，彰显绿色教育特色，发挥示范园辐射作用，助力清远市名、优园长培养、成长。

阳山县碧桂园小学创办于 2016 年 9 月，校长胡国坚说："学校以'贤'文化为引领，以课题为抓手，努力锻造贤师团队，培育时代新贤。"短短几年，学校已有 13 个市级及以上课题，涵盖语、数、英、音、体、美等 7 个学科，还催生了 2 个市级工作室，培养了 1 个省级工作室、1 个省特级教师、1 个正高级教师和 6 个副高级教师。

清新区太平镇集华小学的教师积极参加课题研究工作，其中，数学科组的"农村小学数学利用思维导图提高复习课效率的实践研究"成功申报市级课题，实现学校教研零的突破。

这些学校都在积极搭建舞台，促进教师队伍素质不断提高，以满足教育事业改革和发展的需要。

建设职教之城

清远工贸职业技术学校立足于服务清远地方企业，加强与清远各大产业园区优质企业合作，按照"依托行业、对接产业、锁定职业、服务就业"的专业建设思路，不断优化专业结构，调整专业方向，以"订单班""冠名班"为抓手，大力推进"现代学徒制"人才培养模式，有效解决学生技能培养和对口就业等问题，实现校企有效对接。同时，通过校企合作将职业技术标准引入专业教材建设，开发与实践教学相配套、能反映生产实际、体现岗位技术要求和职业技术标准的立体化教材。近年来，编写校本教材 40 本，公开出版教材 16 本。这是清远职业教育发展的一个缩影。

清远职业教育在本土职校的努力下有了一定的积淀，如今职教城的到来，将改变清远教育的结构，成为全市教育发展的新拐点。

2019 年 10 月，广东省职教城首期工程完工，广东交通职业技术学院、广东建设职业技术学院、广东科贸职业学院、广东工程职业技术学院、广东财贸职业学院 5 所高职院校如期开学，首批招收约 2 万名学生。加上原有的清远职业技术学院、广东南华工商职业学院、广东岭南职业技术学院、广东碧桂园职业学院以及清远工贸职业技术学校，目前省级职教基地共有 9 所高职院校和 1 所中职学校，在校师生 6 万多人，2018 年引进的广东金融学院清远校区尚在建设中。

到 2021 年，清远市区将拥有 1 所应用型本科高校、9 所高职院校和 1 所中职学校，囊括中职、高职与应用型本科高校，涉及金融、交通、农业、建筑、工程、财贸等行业，职业院校聚集度在全省首屈一指。在校学生将超过 12 万人，每年可输送高技能人才 4 万人，为粤港澳大湾区的产业发展提供有力的人才支撑。

张玉兰表示，下一步，将统筹规划，合理布局，把职教城做大做强，形成"1 + 9 + N"大格局。充分利用清远作为全国第三批"现代学徒制"试点地区的优势，积极创建国家产教融合型城市试验区；依托职教城高校层次丰富和类别多样的优势，积极探索产教深度融合，中职、专科、本科、专业学位研究生衔接培养，学历教育和职业培训并举的现代职业教育体系，实施职业教育综合改革，争创国家级职业教育改革试验区，成为名副其实的职教城，为提升我省职业教育办学水平和高等教育毛入学率，为主动服务、加快融入大湾区作出"清远贡献"。

引进优质资源

清远市清新区第四中学于 2019 年秋季开学，是清新区人民政府和华中师范大学合作举办的一所公办初级中学，现有 150 多名教职工，2 409 名学生。以后每年将为清新区提供 1 200 个初中学位。

"我们来到清新之地，希望给清新教育带来一股清新之风。"校长狄聚学是华中师大委派而来的，他告诉记者，学校教师定期到华中师大附中跟岗培训，华中师大也会定期派专家团队来督学，提升学校教师水平。在建设一所新学校的同时，他们也把优质资源共享给区域内的其他学校。

2018 年，清新区在办学过程中，努力寻求突破，分别引入华中师范大学、江苏苏派教育集团开展合作办学，共建区五小、区六小。2019 年又共建了区四中。

梁镜河说："通过开展合作办学，建立交流合作的平台，依托华中师范大学和苏派教育集团在基础教育方面的特色优势，引进优质教育资源，为清新区教育发展提供保障。"

放眼清远，广清教育帮扶也为清远教育发展注入了强劲动力。近三年来，广州中小学结对帮扶清远 206 所学校，涵盖学前教育、义务教育、高中教育和职业教育学校，开展全方位、多层次的帮扶。累计组织近万人次教师、校长进行相互挂职和学习交流；培育骨干教师（校长）约 1.16 万人次；引进广州名校来清远办学 2 所、设立分校 1 所、建立"广清一体化"教育交流学校联盟 1 个、联合办学办班 18 个；广州市、区两级累计筹措资金约 1.8 亿元，支持清远学校添置教学设施设备、加快信息化建设、改善办学条件、增加学位等，新建、改扩建学校 23 所，增加学位 5 000 多个。特别是 2019 年，广州市教育局划拨 91 万元支持清远 3 所市直高中改善办学条件；建立"一校帮扶一镇"机制，一年来完成 23 个乡镇 30 所学校结对帮扶，推进了广清教育对口帮扶深度发展。

此外，清远把教育信息化建设作为一项民生工程，打通了教育信息化服务"最后一公里"，实现教育资源共享，以信息化支撑和引领教育现代化，全面提升教育教学质量。从 2013 年起，清远由市级财政"托底"，连续 5 年每年投入 1 459 万元用于全市，特别是偏远农村地区教育信息化建设。全市 100% 的中小学拥有了多媒体教室，为推进教育现代化奠定了坚实的基础。下一步，将着力推动全市智慧教育管理平台建设，进一步提升清远教育信息化应用水平。

（本文载于 2020 年 3 月《广东教育》。）

附录1 清远市人民政府关于全面实施"强师工程"加强教师队伍建设的意见

教育是立国之本，教师是兴教之基、强教之源。建设一支高素质的教师队伍，是推动教育改革发展、提高教育质量的关键举措，是建设教育强市、推进教育现代化的根本保障。根据《广东省人民政府关于全面实施"强师工程"建设高素质专业化教师队伍的意见》（粤府〔2012〕99号）、《中共清远市委、清远市人民政府关于推进基本公共服务均等化的意见》（清发〔2012〕28号）、《清远市人民政府办公室关于印发清远市推进基本公共教育服务均等化实施方案的通知》（清府办〔2012〕130号）等有关文件精神，结合我市实际，现就进一步加强我市基础教育教师队伍建设提出如下实施意见：

一、实施"强师工程"的总体要求和目标

（一）总体要求

深入贯彻落实科学发展观，以全面提升中小学教师队伍师德素养和业务能力为核心，以促进城乡教师队伍素质均衡发展、全面提高教育教学质量为目标，统筹规划，强化管理，形成有利于校长、教师队伍和教研队伍专业成长的长效机制，切实加强教师继续教育及岗位培训，深化改革，创新体制机制，优化结构，提高质量，努力建设一支师德高尚、业务精良、结构合理、充满活力的校长、教师和教研队伍。

（二）主要目标

（1）师德建设得到进一步加强。广大教师具有过硬的政治思想素质和优良的道德品质，爱岗敬业、教书育人、为人师表。

（2）教师队伍结构不断优化。农村教师队伍结构性矛盾有效缓解，幼儿园、小学、初中、高中阶段教育的教师队伍在学科、学段及区域结构上趋于合理。到2016

年,中等职业教育专业课教师中"双师型"教师比例达60%以上。各级各层次教育师生(从学前至高中阶段教育)比例更趋于合理,教师数量和质量满足教育事业发展的需要。

(3)教师学历层次普遍提高。到2016年,幼儿园、小学、初中教师,普通高中、中等职业学校教师全部达到国家规定学历。其中小学教师具有大专以上学历的比例达到95%以上,初中教师具有本科及以上学历的比例达到80%以上,普通高中、中等职业学校教师具有研究生学历的比例达到8%以上。

(4)教师业务素质明显提升。广大教师具有先进的教育思想和教学观念,掌握现代教育教学理论,具有较高的教育教学水平,适应教育现代化的需要。建立市级名师、骨干教师培养制度,教学名师等专家队伍不断壮大。到2016年,争取省特级教师达35人,省级学科带头人达200人,市级名教师达200人,市级学科带头人达600人,市级骨干教师达1 000人,市级名班主任达100人。

二、实施"强师工程"的主要任务和措施

(一)实施铸师魂工程,切实提高教师的职业道德水平

按照德才兼备、师德为先的要求,坚持把师德建设摆在师资队伍建设的首要位置。

(1)加强师德教育。全面贯彻落实《中小学教师职业道德规范》,引导和激励广大教师树立正确的世界观、人生观、价值观,引导教师自觉把师德建设转化为自身的实际行动,模范带头践行社会主义核心价值观,自觉担负起未成年人思想道德建设和学生良好品格铸造的重要责任,以良好的思想政治素质和道德风范影响教育学生,关爱学生。将师德教育纳入教师教育课程体系,将师德教育作为校本培训重要内容,记入培训学分。

(2)坚持师德导向。将师德宣传作为教育行政部门和学校重点工作。坚持正确舆论导向,大力宣传教师的地位和作用,树立和宣传优秀教师先进典型,展现当代教师的精神风貌,弘扬高尚师德这个主旋律,增强正能量。

(3)强化师德考评。将师德建设作为教育督导评估体系的重要指标,把师德表

现列入教师资格定期注册、业绩考核、职称评审、岗位聘用、评优奖励的首要内容和根本要求。完善师德考评办法，建立中小学教师师德档案，采取教师个人自评、家长和学生参与测评、考核工作小组综合评定等多种方式进行，构建学校、教师、学生、家长和社会广泛参与的师德监督体系。积极构建教职员工诚信体系，与相关部门建立教师个人信用信息共享机制，将教师师德与个人信用信息制度相衔接。

建立健全违反师德行为的惩处制度，对严重违反教师职业道德和学术道德的教师，师德考核不合格，且年度考核应评定为不合格，并在教师资格定期注册、职务（职称）评审、岗位聘用、评优奖励和特级教师评选等环节实行一票否决。对危害严重、影响恶劣者，要坚决清除出教师队伍。建立问责制度。对教师严重违反师德行为监管不力、拒不处分、拖延处分或推诿隐瞒，造成不良影响或严重后果的，要追究学校或教育主管部门主要负责人的责任。对涉及违法犯罪的要及时移交司法部门。

建立健全班主任工作制度，获得中级职称及以上的教师每 5 年原则上应有 1 年以上时间担任班主任工作，才能续聘和申报高一级职称。学校中层及以上干部和县（市、区）级及以上科研课题、名师工作室主持人等，可适当减免班主任工作年限。

（二）实施继续教育工程，着力提升教师业务素质

（1）切实落实教师继续教育制度。各地要积极构建以师范院校为主体、教师培训机构为支撑、现代远程教育为支持、立足校本的培训体系。各级教育行政部门和各级教师继续教育基地要根据《广东省教育厅关于中小学教师继续教育学时登记管理的暂行办法》要求，结合实际，细化教师继续教育学时认定办法，实施教师继续教育证书制度，规范教师继续教育平台建设，组织开展教师全员培训和专项培训。每年度要建立健全科学的、可操作性的市、县、校级培训方案，组织教师按类别、学科、职称层次等有针对性地参加专业培训。积极探索"走出去，请进来"、面授与远程教育相结合等多种培训方式。积极开展研训一体的教研活动，着力提高教师教学能力。市、县（市、区）两级教研员和教师进修学校教师必须熟悉中小学、幼儿园的教学和学生情况，每 3 年必须有一个学期以上时间到相应层次的学校、幼儿园兼课。大力加强职业教育教师培训，积极开展专业课教师定期下企业实践，落实专业课教师每两年不少于 2 个月以上时间到企业或生产服务一线实践的制度。把教

师企业实践作为职业学校教师继续教育的一种重要形式和教师职务（职称）聘任、晋升的必要条件。推动职业教育教师对外培训交流合作，拓展职业技能培训渠道。

落实 5 年一周期不少于 360 学时的教师全员培训制度，推动教师培训规范化、制度化。切实按省要求，每年中小学教师在职培训时间不少于 72 学时，其中公需科目一般安排 3 天或 18 学时，专业科目一般安排 7 天或 42 学时，个人选修科目一般安排 2 天或 12 学时。实践性培训课时应占 50% 以上。教师参加县（市、区）级以上教研部门组织的研训活动可计入培训学时。

（2）鼓励和支持教师在职进修提高学历层次。鼓励中小学、幼儿园教师参加高一层次的学历进修，达到本科学历的高中阶段学校教师要积极报读教育类或相应专业类的研究生学历。要制订具体的提高教师学历规划，从 2014 年 1 月开始，教师通过进修取得硕士学位（国民教育系列、专业对口）后，与用人单位签订 5 年以上合同的，由同级财政一次性补助学费 1.5 万元；取得博士学位后，与用人单位签订 5 年以上合同的，由同级财政一次性补助学费 3 万元。参加本科学历层次提高培训的奖励标准由各县（市、区）自行确定。

（三）实施教师均衡配置工程，突出抓好农村山区教师队伍建设

（1）合理配置城乡教师资源。加快建立县（市、区）域范围内教师交流机制，以教师队伍的均衡配置促进城乡义务教育均衡发展。义务教育阶段学校招聘的教师必须先安排到农村中小学任教。根据班级数量和班额为农村完小和教学点配备满足教学需要的教师。每个教学点至少应配备 2 名教师。采取补充专任教师、支教、走教以及通过"校校通"、"班班通"、实施远程同步教学相结合等方式，开齐开足英语、音乐、美术、体育和信息技术等课程，保障村小教学质量。切实落实农村教师岗位补贴制度，逐步提高补贴标准。鼓励优秀教师到边远地区学校和农村学校任教。边远地区学校和农村学校高级教师聘任职数上浮 10%。

创新农村教师队伍补充机制，优化教师队伍学科和年龄结构。针对当前农村中小学教师队伍年龄老化和结构性缺编严重的情况，各地要有计划地补充农村中小学急需的英语、计算机、音乐、体育、幼儿教育、历史、地理等学科教师，可用增编或从高校毕业生中以购买服务方式招聘。

（2）实施农村教师队伍素质提高工程。到 2015 年，各县（市、区）按省统一

要求对所属农村义务教育阶段学校教师开展一次全员轮训。充分发挥"三通两平台"效益，开展针对农村教师现代教育技术运用的专项培训，全面提升农村教师信息技术应用能力。鼓励和引导富余中青年教师进行转岗培训，转岗培训期间教师工资待遇不变。逐步解决农村中小学英语、计算机、音乐、体育、美术教师严重不足等结构性矛盾。

（3）实施教育"广清一体化"工程。充分利用广清合作帮扶，共享广州师资培训资源。通过挂靠等方式，选派名校长、名教师、名班主任参加广州"三名工程"培训。鼓励高中阶段学校与广州名校合作。每一所高中阶段学校分别与广州市各学校结对子，通过学校管理人员、优秀教师、学科骨干教师双向挂职锻炼，引进广州市名校退休教师到校任教等方式，实现学校之间紧密型合作与交流。清远市市属、各县（市、区）与广州结对帮扶区（市）学校"手拉手"，力争到2020年实现帮扶学校全覆盖。有关费用由本级财政划拨。

（4）建立教师有序轮岗的刚性约束机制。先试点，5年内实行常态化交流。以镇域、县域、市中心区域为单位，对在同一所义务教育阶段学校任教满10年的教师有计划进行轮岗，每年轮岗交流的教师占教师总数的10%左右（其中骨干教师应占5%以上），城镇中心小学中青年教师到农村边远村地区小学和教学点任教2~3年，作为职称评聘的必备条件。高中阶段学校教师也要有序交流。清远市第一中学、清远市华侨中学、清远市第二中学、清远市第三中学每年要选派2%的骨干教师到源潭中学、梓琛中学等普通高中支教交流。优质学校向薄弱学校每输出1名教师的同时，薄弱学校相应派出1名青年骨干教师到优质学校跟岗学习。支教交流时间至少为1年。

（5）实施城乡对口支教工程，提高农村教师的业务素质和教学水平。以县域为单位全面启动城市学校结对帮扶农村学校工程。各县（市、区）教育局要统筹安排城区学校与农村薄弱学校建立帮扶关系，从学校管理、教育教学、教育科研、教师骨干培养、教学设备添置等方面全方位帮扶。要健全和完善支援学校与受援学校之间的教研和联片教研制度，实行教师支教和跟班学习制度。县城学校要定期选派优秀教师到农村学校交流、支教，通过优秀教师的教学示范，引领、带动农村教师提高教育教学水平。在同等条件下，对到农村支教成绩突出的教师在评优评先、职称晋升等方面予以优先。凡申报评审或聘用中级以上职称的义务教育阶段教师，任现职期内必须要有 1 年以上农村中小学从教经历。各级财政必须设立专项资金给予交流、支教教师发放一定标准的交通、通信补贴。积极组织"特级教师巡回讲学""学科带头人送教下乡"等系列活动，发挥专家学者、学科带头人和骨干教师的引领辐射作用。加强农村中小学的校本教研、校本培训和校本课程资源的开发。结合农村中小学现代远程教育工程的实施，积极开发优秀教师示范课课件和教学光盘，将城镇优质教育资源送到农村中小学，实现优质教育资源共享。

（6）实施"夕阳红工程"，招募珠三角及本市优秀退休教师到北部地区支教。市财政每年安排专项资金，每年招募一批珠三角及本市优秀退休教师到北部地区、少数民族地区、农村乡镇薄弱学校支教，开展督教、督学和巡回讲学，培训骨干教师。

（四）实施科研促教工程，增强教师专业水平和教学能力

（1）增强教育科研意识，积极开展课题研究，夯实教师的理论功底。各县（市、区）教育部门及学校要精心组织和鼓励教师积极申报省、市、县教研课题，以课题研究带动校本教研，深入开展校本教研活动，营造良好的教研氛围。课题研究以教育教学实践性研究为主，真正使课题研究过程成为教师学习交流的过程，成为解决教学实际问题的过程，成为促进教师专业发展的过程和提高教育教学质量的过程。到 2015 年，全市 75% 的中小学有市级以上（含本级，下同）课题研究项目，90% 的学校有县级以上课题研究项目，100% 的学校有校级以上课题研究项目。市每年开展一次"清远市教育科研课题申报评审"（计划每年评定 200 项），并对市级立项课题给予专项经费资助（每个 3 000 元），县（市、区）和学校必须设立相应的配套资助经费。

（2）建立健全学校教研组管理制度，搭建教师专业发展的平台。各县（市、区）要进一步加强学校教学教研管理，组织开展争创省、市、县（市、区）级示范性学科教研组活动，定期开展评优表彰和经验交流推广活动（市每三年开展一次先进学科教研组评选表彰活动），学校必须制定具有可操作性和实效性的教研管理制度，强化管理，提高学科教研组、备课组的工作效能。启动市级"校长工作室""教师工作室""班主任工作室"建设。从 2014 年开始，每年遴选"校长工作室"（10 个）、"教师工作室"（60 个）、"班主任工作室"（30 个），三年一周期，每年

市财政给予 5 000 元/室的工作经费补助，每一周期共 15 000 元/室的工作经费补助。县（市、区）学校也应给予相应的配套经费，建立名校长、名教师、名班主任工作室。积极探索建立"研训一体"的工作机制。各县（市、区）可以依托品牌特色学校，分别建立从幼儿园到小学、初中乃至高中教师教研中心。要为骨干教师和后续骨干力量成长搭建平台，使教研、科研、培训与教学四位一体，同步推进，有效促进教师专业发展。

（3）建立教育科研激励机制。每两年举办一届"清远市教育科研成果奖评比"活动。每年组织一次"清远市教育教学优秀论文评比"活动。实行教育教学科研与教师职务评聘挂钩制度。中级职称教师每三年有 1 篇教育教学论文在市级以上正式刊物发表或在市级以上教研院（教育学会）组织的教研论文评比中获三等奖及以上奖励的要求。高级职称教师每三年有 1 篇教育教学论文在省级以上正式刊物发表或在市级以上教研院（教育学会）组织的教研论文评比中获二等奖及以上奖励的要求。未达标者将作为被学校缓聘或降级聘用的主要依据。2013 年至 2016 年，市财政每年安排中小学教育科研专项经费 200 万元，并随着财力增长状况以后逐年增加。各县（市、区）财政必须划拨教育科研专项经费。中小学校要划拨专项经费用于促进教师队伍素质提升，小学、初中、高中学校的教育科研活动经费占学校年度总运作经费比例分别不低于8%、9%、10%。

（五）完善教师队伍管理体制和机制

（1）落实以县（市、区）为主的中小学师资队伍管理体制。县（市、区）教育行政部门负责本地中小学教师队伍建设工作的规划和管理，按照国家、省和市有关规定履行对中小学教师的资格认定、职务评聘、培养培训、考核奖惩等管理职能。依法实施教师资格制度，严禁聘用未取得教师资格的社会人员担任教师。

（2）构建科学的中小学（幼儿园）教职员编制管理机制，盘活教师资源。县级教育行政主管部门在机构编制部门核定的中小学编制限额内统筹使用本地区中小学教职员编制，并报同级机构编制部门备案。适当增加农村边远地区教师编制，农村小学、教学点年级学生未达到省定生师比标准的，需保证每个教学点有 2 名以上教师，确保开齐课程，开足课时。突出抓好学前教育教师队伍建设。当前，学前教育是基础教育的短板，学前教师数量和素质不适应学前教育发展的需要。为此，必须足额配备公办幼儿园和农村学前班的幼儿教师。公办幼儿园由编制部门根据实际情况纳入公益事业单位分类管理。中职学校在核定教职工总编制基础上，原则上只配备 70% 的固定专任教师，另 30% 的编制为临时或短期聘用教师编制，主要用于外聘企业、行业的工程技术人员作为动态的专任教师。该 30% 编制的人员经费，如实行财政全额供给的学校，由财政部门按当地政府购买服务人员经费标准划拨给学校；实行生均综合拨款制度的学校，由学校统筹解决，财政不再负担。

（3）深化中小学人事制度改革。根据"按需设岗、公开招聘、平等竞争、择优聘任、科学考核、合同管理"的原则，全面推行教职工全员聘用制，建立教师能进能出的流动机制。各县（市、区）政府可根据本地中小学校的生源实际和教师配备状况，对在职在编的男满 57 周岁、女满 52 周岁的专任教师采取灵活措施予以调整。新调整出来的编制用于招聘学科紧缺的年轻教师，并优先安排到农村学校任教。

（4）健全考核制度，建立激励机制，调动教师工作积极性。

①完善教师考核评价机制。严格执行教育部《中小学幼儿园教师专业标准（试行）》，积极探索科学的教师考核评价机制，逐步推行教师淘汰制。对师德不正、工作不负责任、教学能力差、教学水平不高的教师实行正常淘汰，及时清退不合格教师。对年度考核不合格的教师实行待岗，待岗期间实行边教学、边学习的形式。待岗期间其工资待遇按《关于广东省事业单位实施绩效工资有关问题的通知》（粤人社发〔2013〕156 号）等相关政策执行。连续两年考核不合格的按照有关法律法规予以辞退。学校要建立完善规范的学校内部管理制度，加强对教师业务能力和师德素养的考评，建立教师工作绩效、师德师风和业务水平等考评档案。

②实行教师绩效考核制度。制定并逐步完善教师绩效考核办法，严格绩效考核和绩效工资管理，完善教师绩效工资制度。最大限度地发挥绩效工资的杠杆作用，切实贯彻多劳多得、优劳优酬、以业绩和贡献主导分配的原则。强化岗位管理，实行以岗定薪，岗变薪变。探索重能力、重实绩、重贡献的分配激励机制，实行按任务定酬、按业绩定酬、按项目分配的办法，全面调动广大教职工的工作积极性、主动性和创造性。

③建立优秀教师激励机制。市和各县（市、区）通过设立奖教基金等方式表彰奖励一批优秀教师、优秀班主任和优秀教育工作者。

④实施名校长、名教师、名班主任培养工程，着力打造一支名校长、名教师、名班主任队伍。采取理论学习、探究交流、专家辅导、挂职锻炼等有效途径，切实实施"三名工程"。2014年至2016年，全市每年培养5名省级名校长，10名市级名校长；60名市级名教师，200名市级学科带头人；30名市级名班主任。在全市范围内遴选15名名校长、70名名教师（其中山村教师20名）、25名名班主任进行重点鼓励和培养，市财政从"强师工程"专项经费中按每人每月500元安排进修培训经费。2014年和2016年各评选一次，每两年为一个周期，周期结束，进修培训经费自行截止。

⑤建立骨干教师、学科带头人激励机制和名师遴选培养机制。市每年评选学科骨干教师100名，每两年开展一次学科带头人评选活动（每次评选100名），每三年开展一次教学名师评选活动（每次评选100名）。采取"导师制""名师工作室""结对帮带制""名校研修制""教学科研课题招标"等方式，为名师成长搭建良好的发展平台。充分发挥"名师工作室"的引领作用，通过教学技能竞赛、教研交流、名师辅导、承担教研科研任务等形式，培养一批有较高知名度的研究型教师和教育专家。

⑥鼓励学校行政人员"双肩挑"。"双肩挑"的学校行政人员要适应岗位设置要求及教学需要，要承担相应的教学任务，要深入课堂听课并对课堂教学进行指导，并以此作为绩效考核和评优评先的依据之一。校长要带头兼课、听课、评课，原则上每周任课不少于2节，每学期听评课不少于20节。

⑦规范民办学校（幼儿园）教师队伍管理。民办学校（幼儿园）教师与公办学校（幼儿园）教师在职务评聘、培训进修、政府奖励等方面享受同等待遇。加强民办学校（幼儿园）教师培养培训，把民办学校（幼儿园）教师培养培训纳入全市教师队伍培养培训统一规划。民办学校（幼儿园）应严格执行粤府〔2012〕99号文规定，聘任具有国家规定任教资格的教师，并依法保障教职工的工资、福利待遇，为教职工缴纳基本社会保险费和住房公积金。民办学校（幼儿园）教师必须造册登记。教师基本信息表及学历、职称、评先评优、继续教育等证件复印件每年9月30日之前报教育部门备案。加强民办学校教师考核，秋季学期于9月底之前、春季学期于2月底之前将教师考核情况报教育部门备案。

三、进一步完善"强师工程"的体制机制

（一）强化政府职责

各县（市、区）政府要把"强师工程"作为一项战略任务来抓，制订教师队伍建设规划，完善政策措施，及时研究解决教师队伍建设中的突出问题，切实帮助教师特别是农村教师解决工作生活中的实际困难。各级编制、财政、人社等部门要各司其职、密切配合，形成共同推进教师队伍建设工作的合力。完善政府督学制度，建立督学责任区，聘任一批高水平的兼职督学，对学校的教育教学工作进行随机督导检查。财政部门要与教育部门进行沟通，落实教育督导工作的经费安排。各县（市、区）也要参照市的做法，落实教育督导工作的机构、人员和经费。

（二）加大经费投入

坚持政府投入为主，多渠道筹措教师继续教育经费，逐步形成政府、学校、教师个人分担的机制。从 2014 年起，市财政每年投入"强师工程"经费 1 000 万元以上。各县（市、区）政府要落实"强师工程"专项经费，切实执行《广东省专业技术人员继续教育条例》的相关规定。培训经费按教师工资总额的 2% 的比例、教育费附加总额 5% 的比例列入同级财政预算。中小学（含幼儿园、中等职业学校）按照年度公用经费预算总额的 5% 安排教师培训经费。

（三）切实保障教师工资收入"两相当"

严格执行教师工资和地方补贴发放的政策规定，全面落实义务教育公办学校教师绩效工资政策，确保按时足额发放，保证县域内教师平均工资水平与当地公务员平均工资水平大体相当、县域内农村教师平均工资水平与城镇教师平均工资水平大体相当。

（四）进一步完善绩效工资制度，发挥绩效工资的杠杆作用

市教育局、市人力资源和社会保障局、市财政局提出完善绩效工资的措施办法，各县（市、区）参照执行。

附录2 乡村振兴战略背景下城乡教育一体化发展的实践与探索[①]

习近平总书记在党的十九大报告中提出实施"乡村振兴"战略的决策，从国家战略的高度确立了要优先发展乡村，推进城乡联动协调发展。《中共中央国务院关于实施乡村振兴战略的意见》强调：乡村振兴，生活富裕是根本，人才振兴是关键。农村教育作为内生性可持续脱贫的重要手段，不仅有利于提高农村居民的生活水平，而且可以促进个体素质的提升。因此，必须优先发展农村教育事业。自乡村振兴战略的实施，特别是精准扶贫的高效推进，农村地区的教育环境正在发生深刻的变化。但是，外出务工家长的回流、城镇化的发展、乡村文化的建构与传承创新等，都对未来农村教育事业的发展提出了新的挑战、新的目标和新的要求。

一、实施乡村振兴战略给农村教育带来难得的发展机遇

2018年中央一号文件把优先发展农村教育事业放在提高农村民生保障水平、补齐农村基本公共服务短板的第一位。这个战略规划分别对农村地区的学前教育、义务教育以及师资配置问题作了相关要求，为农村教育事业的发展提供了机遇。

1. 城乡一体化极大地推进农村教育优质均衡发展

我国的城市和农村之间长期存在着教育不平衡问题，造成这种不平衡的一个重要原因就是城乡二元结构体制，优质的师资和大量优质的教育资源集聚于城市或乡镇，农村教育相对处于弱势地位。城乡一体化极大地推进了农村教育的发展。从系统论的角度来审视，城乡一体化将有力地推动城乡教育一体化。把城市教育和农村教育看作一个整体，可以避免农村教育发展的边缘化，"发挥城市辐射带动优势和

---

① 本文为清远市教育局前局长林海龙关于教育均衡发展的思考。

城乡之间的关联优势，使城乡资源共享，共赢共荣"。随着城乡一体化的推进，农村学校的教学环境不断改善，教师待遇不断提高，农村社会发展的向心力逐渐增强，实现了城乡教育资源之间的良性交流。

2. 推进农业农村现代化为改善农村学校办学条件奠定基础

乡村振兴战略把推动农村基础设施提档升级作为建设美丽乡村的一个重要环节，这不仅有利于改善农村学校的硬件环境，而且还可以通过实施数字乡村战略推动农村教育信息化。一个良好的外部环境对于教育来说能够起到促进作用。但是长期以来，农村地区交通基础设施、信息化建设滞后等因素都制约了农村教育事业的发展。在学校内部，也存在教学楼破旧、学生宿舍简陋以及缺乏现代化教学设备等问题。自乡村振兴战略提出建设美丽乡村以来，很多地方的村容村貌发生了根本性的改变，这种干净整洁的社会环境对人的精神健康都是大有裨益的。

3. 人才乡土化为提升办学水平提供保障

乡村振兴战略提出要汇聚全社会的力量，强化乡村振兴人才支撑，这种人才的汇聚对于农村教育最直接的影响就是教师队伍素质的提高。农村学校的教师队伍一直处于量少质弱的状态，乡村振兴战略的实施，将直接改善农村教师的工作环境和生活水平，有利于建设一支高素质、专业化的农村教师队伍。

4. "县管校聘"的教师队伍管理体制，为推进县域内教师交流轮岗提供制度保障

2014 年，教育部等下发文件，对推进校长、教师交流轮岗工作做出全面部署。地处粤北的清远市，率先推进义务教育教师队伍"县管校聘"管理体制改革，使教师由"学校人"变为"系统人"，打破教师交流轮岗的管理体制障碍。按照"优秀教师刚性流动，普通教师基本稳定，薄弱教师培训提高"原则，统筹安排办学水平较高的城镇学校中的 10% ~20% 的优秀教师到农村学校任教。这些举措的实施，为农村学校输送了大批优秀教师，大大优化了教师队伍的年龄、职称、学历结构。

5. 联片教研为教师专业成长搭建平台，有效提升教师的专业素养

联片教研相当于下移了县域教研的重心，集合片区内城市优质教研资源、城乡教学骨干和优秀教师的力量，围绕片区内教育教学问题，特别是个别学校校本教研难以解决的瓶颈问题进行研讨攻关，为农村学校、薄弱学校提供指导，雪中送炭。同时给予片区内教师思维启迪、经验分享和资源共享，推动了教学改革。联片教研

作为校本教研的一条新路子，在很大程度上缓解了教研中专业引领缺乏的现状，也有效地提高了农村教师的教研意识和教研积极性，促进了教师专业素质的发展。

6. 教育信息化推进了农村教育现代化

教育信息化作为推动城乡教育一体化发展的重要手段，对扩大优质教育资源的辐射、覆盖、共享，促进教育优质均衡发展，促进教师专业成长，提升教育教学质量，推动薄弱学校跨越发展等，有着非常重要的作用。近年来，党和政府对教育信息化建设越来越重视，投入不断增加，随着一系列教育信息化工程的实施，我国教育信息化建设取得显著成果，教育信息化已成为促进教育改革和发展，推动农村教育现代化进程的重要支撑。

7. 提高农村教师待遇，引导优秀教师到农村学校任教

2015 年国务院办公厅颁布《乡村教师支持计划（2015—2020 年)》，从制度上保障农村教师的切实利益，全方位改善农村教师待遇，有效缓解了农村教师流失问题。近年来，各地通过建立中小学教师平均工资水平不低于当地公务员平均工资水平机制，统筹实施义务教育阶段学校绩效工资与当地公务员津贴补贴持平机制，完善农村教师工资经费保障机制，建立山区和农村边远地区义务教育阶段学校教师岗位津贴制度，对长期在农村基层和艰苦边远地区工作的教师实行工资倾斜政策等举措，全面保障农村教师待遇，激励了更多的教师扎根农村、服务农村。

二、工业化城镇化背景下农村教育面临的挑战

实施乡村振兴战略为农村教育的发展带来了机遇，但在新的时代，农村教育也面临着巨大的挑战。只有正视这些挑战，才能做到未雨绸缪，保证农村教育正确的发展方向。

1. 工业化、城镇化、市场化的挑战

这种城镇化主要是指受"城市中心论"的影响，农村教育的价值取向、目标、内容、评价体系和资源配置等以城市主导为发展取向。在实施乡村振兴战略的过程中，城镇一体化程度势必会不断提高，但是随之而来就是市场化经济思维和城市、乡镇的虹吸效应对农村的影响越来越大。在工业化、城镇化快速发展的背景下，农

村教育不断异化为城市教育的附庸和城市劳动力的供给地。这种错位的培养目标，会导致农村教育的唯城市性，把学生考入城市学校的升学率作为首要任务，忽视了教育本身对于学生个人发展的关爱。

2. 农村中小学内生发展动力不足

农村中小学在教育管理上过多依赖上级文件政策的规定，忽略自身管理机制的建设和完善，缺乏科学、规范的管理制度。面对新旧教育模式更替的挑战，农村中小学教育既缺少实质性的激励制度，也缺少有效的约束机制，这造成了教师教学工作消极倦怠。评价教育教学质量的方法缺失，制度的效益化难以发挥，又难以有效地进行全方位调节。现行的教师评估制度主要以分数为衡量标准，教师素质和业务水平良莠不齐，且课程设置不合理、开设不齐全，一些课程形同虚设，教学效果不太理想。偏远地区中小学存在布局分散、规模较小、质量较低等突出矛盾，表现为教育教学管理弱化，规范化、标准化不足，教学设备简陋、利用率低等，这些成为制约农村中小学快速发展的瓶颈。

3. 农村教师老龄化比较严重

以粤北清远市为例，大部分农村中小学教师的平均年龄都在 45 岁以上，尤其是一些小学和教学点，教师的平均年龄已经通过 50 岁。教师年龄大、身体差，且教学任务重，教学质量难以保证，他们中大部分人对教学心有余而力不足，缺乏活力，只是循规蹈矩地按照自己多年形成的教育教学的传统套路——传道、授业、解惑，而忽视了对学生创新思维、创新能力以及个性的培养，忽视了与学生的沟通和关心学生个性的发展。从某种程度上说，由于教师年龄老化严重而制约了教育的发展。

4. 农村教师与学生比例失调

随着我国城镇化进程的不断加快，农村学龄人口的主动流出或自然减少，一些农村义务教育阶段学校教师与学生比例失调。就许多农村学校而言，教师总数可能已经充足，按生师比不存在缺编问题。但一些学科人员富余，另外一些学科却无人任教，导致出现教师结构性缺编的现象，学科结构不够优化，音乐、体育、美术、英语、信息技术等教师短缺比较严重，学科教育出现"瓜代菜"现象，不适应素质教育的要求。

5. 社会对教育的需求已从量的扩张向质的提升转变

学校必须走内涵发展之路，其落脚点就在学校，领军人物就是校长。陶行知先生说："校长是一个学校的灵魂。"目前，在我国农村中小学校长队伍建设中仍存在着诸多不尽如人意的地方，诸如：一些校长缺乏坚实的理论功底，立足点不高，看问题不能登高远望，想问题缺乏深度，解决问题常常因循守旧，缺乏创见等。因此，加强农村中小学校长队伍建设，既是教育发展的需要，也是加强学校管理，提高教育教学质量的要求。

近年来，国家实施了全面改善贫困地区义务教育薄弱学校基本办学条件等一系列重大工程项目，出台了全面加强乡村学校建设的一系列重大政策措施，深入推进县域义务教育优质均衡发展，有效促进了教育公平，增强了人民群众的获得感。随着城乡义务教育的统筹推进，农村学校的办学状况有了很大改观。但也应该看到，农村学校的变化更多的是停留在改善办学硬件设施方面，依然存在管理水平低、教学质量差、办学无特色的情况，农村学校治理能力和水平亟待提升。

6. 家庭教育弱化，学校教育难度加大

家庭教育是孩子成长的重要基石，良好的家庭教育对孩子的成长具有巨大的作用。随着农村城镇化水平的不断提高，农村劳动力外出务工经商的趋势不断增强，这将直接增加传统型留守儿童和流动到城市里的农村子弟数量。传统型留守儿童在农村中缺乏父母的关爱和教育，无法与农村学校教育形成良好的互动，学校管理难度加大。而由父母带到城市读书的农村子弟，由于父母工作的原因大多也无法得到较好的家庭教育。农村教育与城市教育存在差别，导致农村子弟对学习群体的归属感淡化，这种认同危机也不利于学校教育。就农村家庭教育主体来说，他们对于教育现代化的认识是逐渐增强的，但是在实际的教育实践过程中，农村家庭教育呈现出欠缺早期教育、忽视素质教育、重分数轻德育的特点，对于农村子弟在青春期表现出来的问题束手无策或直接忽视，这直接给农村学校的教育增加了难度，学校教育与家庭教育难以形成合力。

7. 原生家庭的教育观念桎梏了农村地区教育发展

由于缺乏对社会经济发展和人才市场的判断，以及受根深蒂固的观念影响，部分农村子弟在初中毕业之后就离开学校走向社会。一方面，受到父母或长辈外出务工的影响，农村子弟在这些人的带领之下来到城市寻找适合自己的工作，帮助家庭减少压力。另一方面，农村家庭的教育投入与预期收益的暂时不平等导致"读书无用论"在农村产生一定的影响。教育对公民的思想道德素质和科学文化素质的提升起到基础性、根本性作用。但教育对一个人综合素质和能力的提升是长期的、隐性的，而且在接受教育期间，不能走向社会就业，给家庭带来一定的负担。因此，一些比较短视的家长对子女的教育就不那么重视，这种思想意识对农村孩子产生了较大的负面影响。

三、实施乡村振兴战略背景下城乡教育一体化发展的思路和路径

实施乡村振兴战略是我国一项重大战略部署，一二三产业融合发展、城市与农村融合发展是历史发展的必然趋势。农业农村现代化，呼吁高水平、高质量农村教育为其服务。农村教育要充分利用乡村振兴带来的发展机遇，积极面对挑战，提高教育教学质量。

1. 以城乡一体化为契机，推进城乡教育一体化

城乡一体化为促进城乡教育的公平提供了契机，农村教育和城市教育有望同等对待、共同发展和繁荣。但是，农村教育在发展过程中要避免消极的城镇化影响，消除以"城市中心论"为核心的价值取向。这就要求我们教育主管部门和农村学校要建立面向全体农村子弟的大众教育取向，办好每一所农村学校，为每一位农村学生的全面发展负责，树立正确的农村教育发展目标和办学方向，特别是城乡一体化的教育公平理念。农村教育在办学定位上，要改变城市高中生源地的取向，把培养乡村振兴的主力军和实现农村现代化的建设者，以及促进每位学生的全面发展作为农村教育的发展目标。从思想上改变农村教育和城市教育分别对待的思想观念，消除城市教育比农村教育重要的观念，树立一体化的思维，把城市教育和农村教育看成一个相互联系、密不可分的大系统，改变"重城轻乡，城乡两策"的思路。只有把城市教育和农村教育看作一个有机整体，在教育发展中才能产生新的教育功效。对于学校来说，从新时代的社会发展背景出发，对我国农村教育加以定位，培养的学生才能符合城乡融合发展的需要，既避免了脱离农村实际，也有利于农村学生内化未来社会的主流文化。

2. 坚持以人为本，提升农村中小学的治理能力和水平

农村中小学教育教学质量的提升，依赖科学完善的教育治理。学校管理是多因

素的，管理的科学、有效直接影响着学校健康、有序的发展。农村中小学治理体系应该与当地经济发展相契合，以人为本，以营造教育教学文化氛围为出发点，积极与政府教育政策相适应，在管理体制中注重创新，制定完善的管理策略，更新现代教育发展理念，优化教师队伍结构，提高教师队伍素质，提高教育教学质量，让学校拥有更多的自主权和选择权，激发农村教育事业的活力。教师管理是教育管理中的第一要素，要树立"以师为本"的管理思路，营造相对宽松、和谐的管理环境，创造畅通的管理渠道，采取柔性和开放的管理措施，引导教师树立主人翁意识，激发教师积极、主动参与学校治理，实现良好的教学环境和高效益的管理。要从更新教育管理观念，构建科学、规范的教育管理空间和创造特色的管理模式出发，努力调动农村教师的积极性、主动性和创造性，提高教师自我价值观，增强教师的职业幸福感和获得感。

3. 以家长学校为抓手，家校联动

目前，许多农村学校都建立了家长学校，这个平台不仅可以加强家长与学校的联系，同时也是提高家庭教育水平的培训基地。农村教育要把家长纳入其中，有计划、有组织地对学生家长进行培训，使他们树立正确的家庭教育观，配合学校做好学生的教育工作，发挥优秀家长在家庭教育中的榜样示范作用。同时，学校也要主动承担部分家庭教育的职责，通过形式多样、内涵丰富的校园文化活动，给予那些流动儿童和留守儿童更多的关爱，增强他们的归属感。在课程设置上，增加一些博雅教育课程和感恩教育，提高学生的综合素质能力；在日常管理上，要建立留守儿童等特殊学生档案，全面把握他们的学习、生活和思想动态，时刻关注学生的动向，并及时与家长沟通；在制度建立上，要结合精准扶贫工作，对一些特殊学生实行一对一帮助，并及时向学校通报情况。只有通过家校联动的方式，形成教育合力，才能切实提高农村教育的成效。

4. 实施教育扶贫工程，充分发挥农村教育阻断贫困代际传递的作用

物质决定意识，教育功利主义等思想的出现和传播最根本的是物质基础问题。农村困难家庭在孩子上学问题上承受着一定的经济压力，而学生毕业进入社会的收入反差是教育功利主义等思想在农村蔓延的根本原因。要阻止这种思想的传播就要从"头"和"尾"两个方面入手。从"头"开始，就是要解决农村家庭在投入教

育方面的压力问题，这就需要创新农村教育精准扶贫治理路径，树立生态化的农村教育精准扶贫新理念，在建设物质文明的同时重视精神文明建设。农村教育也要立足长远，把每个地区的优势产业和文化嵌入学校教育的课程内容中，提升学生的学习获得感。大力发展农村职业教育，让一些立志投身于乡村振兴的青年，可以通过职业教育获得相关技能，使他们可以更好地利用农村资源，参与新农村建设。同时，要加强国家对农村教育投入资金的监管，确保每一分钱都落实到发展农村教育本身，切实保障师生群体的利益。

　　百年大计，教育为本。农村教育是国家教育体系的重要组成部分，也是我国教育改革和发展的重点环节。发展农村教育，办好农村学校，对农村教育优质均衡和可持续发展具有重要意义。乡村振兴战略的实施为农村教育的发展提供了难得的发展机遇。期望各级党政领导、全社会、广大教育工作者共同发力，形成教育发展合力，在更高目标、更高层次、更高水平上推动农村教育优质均衡发展，加快推进城乡教育一体化进程。

附录3 构建教育共同体，消除义务教育城乡二元差距①

2018年，习近平总书记到广东清远视察，提出了努力破解城乡二元结构的问题。2019年4月，省委书记李希到清远调研时强调，清远要传承和弘扬敢闯敢试、敢为人先的改革精神，打造乡村振兴、破解城乡二元结构示范区，全力筑牢粤北生态屏障，建设全面融入粤港澳大湾区先行市。8月15日，广东省省长马兴瑞到清远调研，结合开展"不忘初心、牢记使命"主题教育，研究推动破解城乡二元结构改革试点工作。目前，清远市正全力打造全国破解城乡二元结构实验区、全省乡村振兴排头兵。破解城乡二元结构，也是我们教育人的责任和使命。近几年，清远市大力实施基本公共教育服务均等化，推动教育均衡发展，推进教育现代化先进县创建工作，南北部教育差距进一步缩小，但从义务教育质量监测数据来看，"城镇挤，农村弱"的现象仍然比较严重，南北部、乡村城镇以及校际的教育差距依然存在。

为全面落实党的十九大、全国教育大会精神和习近平总书记视察清远讲话精神，扎实有序地推进教育改革，增强全市教育办学活力，根据工作实际，我们提出了"组建教育发展共同体、推进义务教育集团化办学"的构想，基信科也草拟了《关于建立教育发展共同体 推进义务教育优质均衡发展的意见》，该意见已征求了市政府相关部门和各县（市、区）意见，预计在下一年会正式出台。今天我们在这里组织市县两级教育局局长、分管义务教育阶段学校副局长、相关科室负责人以及义务教育集团化办学试点学校校长共90人开展集团化办学管理人员培训，学习了解集团化办学模式的基本知识，以及如何组建集团化流程，人、财、物管理体系，从而提升义务教育管理人员的集团化办学规范化管理水平，为我市全面推开学区化、集

---

① 本文为清远市教育局局长张玉兰在2019年清远市义务教育阶段集团化办学管理人员培训班开班仪式上的讲话。

团化办学打下基础。

市教育局提出组建教育发展共同体，主要基于以下考虑：一是促进教育均衡发展是国家的要求，是党和国家近年来的惠民建设内容。二是义务教育发展不均衡，与人民群众的期望值有差距，尤其表现在择校、大班额问题以及校际差距比较突出上。三是区域义务教育彼此交流与合作不够，整体协调发展缺乏有效指导。四是推进清远市义务教育优质均衡发展被市委市政府列为破解清远市城乡二元结构，教育入珠融湾的重点项目之一，受到广泛关注，形势逼人，时间紧迫。因此，市教育局搭建这样一个工作平台，就是要建立全市义务教育学区与学区之间、学校与学校之间加强交流与协作的长效工作机制，让大家在交流与协作中取长补短、共同发展；就是要把全市义务教育均衡、优质发展问题作为推进教育改革和发展的重大问题，作为当前和今后一个时期全市义务教育科学发展的重点工作，采取切实有效措施，解决长期困扰清远市义务教育均衡发展的问题。

为了把这项工作抓实抓好、抓出成效，下面我谈以下几点意见。

一、高度重视教育发展共同体对教育均衡发展的重要性

1. 教育发展共同体，是促进全市教育均衡发展的有益探索

教育发展共同体是在义务教育学校中实施的"联合式"办学，可采取帮扶式、联盟式、集团式等多种形式，目的在于融合各校的教育优势，搭建校际共同发展、齐头并进的教育平台。用教育发展共同体的管理理念来塑造教师队伍，通过共同体的建立，实行资源共享，优势互补，达到逐步共同提升办学水平的目的，进而促进区域内校际形成稳定的共建机制，提升整体教育质量。从系统论考量，教育发展共同体实际上是一个具有一定结构的发展系统。

2. 教育发展共同体，是提高学校管理水平和执行力的有利平台

教育发展共同体是一种提升区域教学质量、促进各校均衡发展、扩展教学理念的崭新模式。在执行的过程中，为了能够更快、更好、更有效地发挥学校共同体的作用，各校必须高度重视、切实真抓实干、务必紧密结合，确保教育发展共同体的管理体制行之有效，运行效果切实到位。①县（市、区）教育局引领是前

提。每个共同体的建立、发展都离不开县（市、区）教育局层面的组织管理和促进。学校作为教育的基本单位，虽有校际联动的良好意愿，却缺乏有效推动联合体形成的干预力量。需要县（市、区）教育局在管理层面给予组织协调。②共同志愿是基础。参与教育发展共同体的单位必须体现共同的兴趣和自愿的原则。我们建立的教育发展共同体应该是团结合作、集思广益、共享智慧的组织形式。要有大教育观、无私的胸怀、大气的风范，要积极协作、多交流。③交流展示是保证。教育发展共同体的工作经验和成果只有在区域层面得以共享，才能更好地体现其作为教育发展共同体的核心价值。交流展示要做好充分的准备工作，要集中力量做好工作经验的总结；交流展示的形式可以多种多样，要确保交流展示的效果和成果共享的范围；交流展示的成果可以丰富多彩，要力争使核心成果让人理解、引起关注和便于推广。

3. 教育发展共同体，是实现教育公平的有效途径

通过组建教育发展共同体，建立更为合理、科学、可行的教育资源配置机制；探索教师流动、教学管理、教师研训、考核评价等新机制；构建横向的沟通机制和纵向的中小学衔接机制。变封闭办学为开放办学，变孤立发展为联合发展。组成教育发展共同体的学校虽然在教学质量上不一定强弱悬殊，但校际在管理模式、师资能力分配以及教学方法上都各有不同，各有优缺。所以，我们通过创建"合作、竞争、向上、和谐"的教育发展共同体文化，积极构建现代学校制度，达到结成发展共同体的学校、教师"多赢"之目的，进一步实现教育的公平合理。

二、准确把握教育发展共同体的主要内涵和重要任务

教育发展共同体合作联动，是由科学发展观引领教育自主改革，既尊重共同体内不同学校自己的历史传统和发展特色，又充分汲取兄弟学校的优点和长处；既有行政管理和业务指导部门的强力推手作支撑，又以共同体学校的主观愿望为动力。这项行动 2020 年正式启动，到 2021 年，各县（市、区）义务教育阶段教育发展共同体的办学模式和新机制初步形成；2023 年，打造一批管理运行比较成熟的帮扶式、联盟式和集团式共同体，确保农村义务教育阶段学校全部参与城乡学校结对帮

扶共同体建设，形成管理科学、运行高效、质量提升的全市义务教育协同优质均衡发展新模式。

1. 加强顶层设计，构建共进模式

各县（市、区）根据本区域学校办学实际，探索以优质学校为核心，带动其他学校构建教育发展共同体，既聚焦学校全方位工作的精准委托管理，又聚焦单个关键项目的互助成长计划，将办学条件、师资队伍、发展水平相对接近的学校或处于不同发展层次的学校、不同空间区域的学校，组建为教育发展共同体，通过优质学校输出办学理念、文化品质、管理模式、课程资源、干部教师等方式，带动新建学校、薄弱学校、农村学校共同发展。

2. 坚持量质并举，创新管理体制

不断创新办学体制和共同体建设模式，把关注质的提升与量的扩张紧密结合起来，以加强优质学校输出的品牌、师资、管理为重点，建立从"聚变"到"裂变"的再生性教育共同体发展机制。实行"一校长多校区"的管理体制，鼓励有需求、有条件的县（市、区）加大改革力度，跨县（市、区）聘任总校长。深化"管办评"分离改革，明确教育主管部门与教育发展共同体的责权关系，探索实行"一套大班子、多套小班子"的模式。

3. 坚持因地制宜，推进品牌建设

构建教育发展共同体要从核心学校、成员学校的实际出发，结合学校的历史文化、发展环境、师资水平、层级差异等因素，探索不同办学模式下优质教育资源的辐射和带动机制，积极打造"1 + X"共同体办学品牌。注重优质学校文化在共同体内部的培植和发展，大力塑造教育发展共同体的文化品牌，在办学理念、学校文化、课程设置等方面形成共同体共性的发展特质"1"，同时，尊重成员学校的文化特色，使成员学校既有共同体的共同烙印，又有自身特色化的个性品质，即各个学校不同特色的"X"，形成共同体个性鲜明的文化品牌和多样化的办学格局。从县域总体层面上，在教育发展共同体的"扩容"及同一个教育发展共同体的"增容"方面，坚持适度扩张、适量控制，优化规模结构，确保有序推进，提升集聚效益。

三、勇于承担教育发展共同体的使命并确保行动取得实效

1. 明确任务责任，保证工作落到实处

教育发展共同体实施行动是个系统工程，需要整合各方面力量。各县（市、区）要尽快成立共同体建设工作领导小组，研究制订工作方案，确定试点学校，尽快投入到脚踏实地开展共同体建设的工作之中，努力完成好共同发展的任务，将集团化办学工作做实、做好、做出成绩。

2. 开放心胸，实现互补共赢

实施教育发展共同体行动，要跳出自身发展的小圈子，以更广阔的视野、更强烈的责任感去思考县域内教育均衡发展课题。通过教育发展共同体这个平台，形成资源共享、优势互补、共同进步的良好局面。要坚决摒弃故步自封的本位主义思想，摒弃别的学校发展与己无关的关门主义思想，坚决杜绝把教育发展共同体行动简单等同于教育结对，杜绝工作不深入、行动走过场的形式主义。

四、要遵守纪律，安心学习，确保培训各个阶段都圆满成功

培训不仅是一次理论知识和工作方法的集中学习，也是一次严格的组织纪律性强化训练。这次培训的内容丰富，形式多样，不仅有理论课学习，还有现场参观与观摩，每一个环节都是有针对性的，希望在座的各位学员做到：

1. 加强纪律性

在培训期间，大家一定要遵守学习的纪律，遵守学习的作息时间安排，在听课中做到精力集中、精神饱满、秩序井然；在参观学校时要注意个人形象，不能做有损教育部门名誉的事情；在课余既要注意人身安全、财务安全，更要注重政治安全、网络安全，特别是不能随意发送微信朋友圈。

2. 增强主动性

在学习的过程中，一定要有主动意识，一定要有问题意识，要积极与专家交流，与一起学习的学员们互动，使我们的学习充满更多的热情、更多的感悟、更多的讨

论、更多的提升，在学习中互通信息，结成友谊，共同提高。

3. 突出应用性

在聆听专家讲座、观摩学校的同时，大家要带着问题学，带着问题思，回去后带着问题行，在学习中感悟，要重视学习成果的转化。大家在学习中要积极思考，努力做到学以致用，将学习到的知识、好的经验做法纳入自己的知识结构体系中，真正把专家的思想转化成促进工作的新理念，转化成提高教育质量的新办法。

同志们，希望大家在此次学习中学有所成，将福州集团化办学的优点和经验转化为实效，推动我市义务教育又好又快发展，为全市破解城乡二元结构和入珠融湾战略贡献力量。

参考文献

［1］王芳，许燕．中小学教师职业枯竭状况及其与社会支持的关系［J］．心理学报，2004（5）．

［2］汪鹤飞．职业倦怠：教师职业发展中一个不可忽视的问题［J］．现代教育科学，2004（5）．

［3］徐富明，朱从书，黄文锋．中小学教师的职业倦怠与工作压力、自尊和控制点的关系研究［J］．心理学探新，2005（1）．

［4］刘晓明．职业压力、教学效能感与中小学教师职业倦怠的关系［J］．心理发展与教育，2004（2）．

［5］李培忠．职业倦怠的理论研究及对策［J］．辽宁师专学报（社会科学版），2005（1）．

［6］伍新春，曾玲娟，秦宪刚，等．中小学教师职业倦怠的现状及相关因素研究［J］．心理与行为研究，2003（4）．

［7］王国香，刘长江，伍新春．教师职业倦怠量表的修编［J］．心理发展与教育，2003（3）．

［8］徐富明，吉峰，钞秋玲．中小学教师职业倦怠问卷的编制及信效度检验［J］．中国临床心理学杂志，2004（1）．

［9］操太圣，卢乃桂．教师赋权增能：内涵、意义与策略［J］．课程·教材·教法，2006（10）．

［10］MAEROFF G. The empowerment of teachers, overcoming the crisis of confidence［M］. New York：Teachers College Press，1988.

［11］王丽云，潘慧玲．教师彰权益能的概念与实施策略［J］．教育研究集刊，2000（1）．

［12］钟任琴．教师专业全能之研究：理论建构与实证分析［M］．台北：五南

图书出版有限公司，2000.

［13］冯海洋，宋崔．中小学教师专业发展影响因素之探析［J］．教师教育论坛，2014（2）．

［14］章亚骏．教师专业发展的影响因素研究［J］．教育探索，2016（1）．

［15］刘洁．试析影响教师专业发展的基本因素［J］．东北师大学报（哲学社会科学版），2004（6）．

［16］林琳琦，陈文胜．师范和非师范教师教学能力比较研究：以厦门市小学数学教师为例［J］．内蒙古师范大学学报（教育科学版），2018（1）．

［17］殷骁．硕博士中学任教并非"大材小用"［N］．安徽日报，2019－11－26.

［18］张立美．清北硕博当中学老师喜与忧［N］．中华读书报，2019－11－13.

［19］韩佶颖，尹弘飚．教师动机：教师专业发展新议题［J］．外国教育研究，2014（10）．

［20］许亚文．小学新手教师专业学习力现状及提升策略研究［D］．天津：天津师范大学，2020.

［21］尹文善．朝鲜族小学教师学习力现状与对策的研究［D］．延吉：延边大学，2019.

［22］张宁．自主成长型教师专业发展研究［D］．芜湖：安徽师范大学，2012.

［23］薛志华．社会期望对教师专业发展的影响：促进与抑制［J］．当代教育科学，2006（6）．

［24］李云吾．学校制度文化影响教师的专业发展［J］．现代教育论丛，2010（2）．

［25］赵敏，何云霞．从谋生、职业到事业：教师发展与培养的制度策略［J］．云南教育（中学教师），2010（10）．

［26］张志刚．欠发达地区农村教师专业发展的问题及对策［J］．中国教师，2014（13）．

［27］陈雅雯．试论城乡经济发展对基础教育水平的影响：以湖北省武汉市、大悟县宣化店镇为例［J］．经贸实践，2017（22）．

［28］蔡华健，曹慧英. 经济发达地区农村教师专业发展的问题与对策［J］.
湖南第一师范学院学报，2015，15（1）.

［29］文丰安. 教师专业发展共同体的建构策略［J］. 教育理论与实践，2015，
35（17）.

［30］郭红，曹勇. 影响中小学教师专业发展的学校因素［J］. 基础教育参考，
2007（11）.

后　记

做师德的表率、育人的模范、教学的专家是卓越教师永恒的价值追求。关注自身专业的成长，实现生命价值和职业价值为教师的职业发展注入不竭的内生动力，也使教师充满了职业获得感、成就感和幸福感，从而有效地克服教育教学工作中苦恼、倦怠和困惑的消极心态。

当今世界正处于大发展大变革大调整之中，新一轮科技和工业革命正在孕育，新的增长动能不断积累。教育信息化、智能教育和智慧课堂催生了教育新业态、新教学组织模式。教育新业态、新教学组织模式对教师的素质和能力提出了更高的要求，教师面临新的挑战和新的历史使命。教师要主动适应信息化、人工智能等新技术变革，积极开展有效教育教学，努力把自己打造成为高素质、专业化、创新型的新时代"四有"好教师。

在专业化发展的道路上，教师应更加明确自己的发展方向，找到发展的动力源，成就最好的自己。在教学改革、课程变革、人才培养模式创新的实践中，我们必须建构一种健康向上、张弛有度的教育生态。让学生成为学习的主人，唤醒自我，激励自我，塑造自我，成就自我，这个重任直接落到教师的肩上。因此，教师必须有高度的责任感和崇高的使命感。

教育发展永无止境，教师发展永无止境；实践永无止境，探索永无止境。我们将在原有研究探索的基础上，不断推进教师发展的实践创新、制度创新、理论探索与建构。期望为教师发展提供更多更好的理论引领和实证案例参考。

何晖、邓惠惠、肖卓霖、陈振兴、许美思等人参与了本书有关内容的撰写工作，在此表示衷心的感谢。

林海龙　张玉兰

2020 年 8 月